“十四五”职业教育国家规划教材

U0649483

# 城市轨道交通车辆构造

邱志华　彭建武　主　编

刘　亚　副主编

陈　刚　主　审

## （第3版）

人民交通出版社

北京

# 内 容 提 要

本书为"十四五"职业教育国家规划教材。全书共 10 个模块,分别为:城市轨道交通车辆基本知识、车体、转向架、车门、车辆连接装置、制动与供风系统、牵引系统装置、辅助电源系统装置、列车通信系统和空调系统。

本书取材涵盖了当前城市轨道交通主要车型,系统地介绍城市轨道交通车辆结构,包括从城市轨道交通车辆的发展、基础知识到车辆机械和电气部件,从设备认知到人员岗位职责,全面系统剖析城市轨道交通车辆系统构造。同时,注重校企合作、产教融合,旨在培养专业群学生能够按照岗位技能要求,系统认识城市轨道交通车辆系统的结构,掌握重要总成和部件的工作原理,同时为后续专业课程的学习奠定基础,也为学生毕业后从事城市轨道交通车辆生产、检修与运用工作增强职业技能。

**\* 本书配套资源丰富,包括 PPT 课件、教案、视频动画、案例、实训工单等,任课教师可加入"职教轨道教学研讨群"获取( QQ 群号:129327355)。**

## 图书在版编目(CIP)数据

城市轨道交通车辆构造/邱志华,彭建武主编.
3 版. —北京:人民交通出版社股份有限公司,2025.
8. —ISBN 978-7-114-20435-7

Ⅰ. U270.3

中国国家版本馆 CIP 数据核字第 2025ZU1866 号

"十四五"职业教育国家规划教材
Chengshi Guidao Jiaotong Cheliang Gouzao

| | |
|---|---|
| 书　　名: | 城市轨道交通车辆构造(第 3 版) |
| 著 作 者: | 邱志华　彭建武 |
| 责任编辑: | 司昌静 |
| 责任校对: | 龙　雪 |
| 责任印制: | 张　凯 |
| 出版发行: | 人民交通出版社 |
| 地　　址: | (100011)北京市朝阳区安定门外外馆斜街 3 号 |
| 网　　址: | http://www.ccpcl.com.cn |
| 销售电话: | (010)85285911 |
| 总 经 销: | 人民交通出版社发行部 |
| 经　　销: | 各地新华书店 |
| 印　　刷: | 北京市密东印刷有限公司 |
| 开　　本: | 787×1092　1/16 |
| 印　　张: | 17.5 |
| 字　　数: | 415 千 |
| 版　　次: | 2013 年 5 月　第 1 版 |
| | 2021 年 2 月　第 2 版 |
| | 2025 年 8 月　第 3 版 |
| 印　　次: | 2025 年 8 月　第 3 版　第 1 次印刷　总第 14 次印刷 |
| 书　　号: | ISBN 978-7-114-20435-7 |
| 定　　价: | 52.00 元 |

(有印刷、装订质量问题的图书,由本社负责调换)

# 第3版前言
## PREFACE

**【课程定位】**

城市轨道交通车辆是集机械、电气、控制、材料和通信等多专业先进技术于一体的机电设备,是城市轨道交通运输最为核心的设备。作为城市轨道交通电客车司机和从事城市轨道交通车辆运用与检修的一线生产技术人员,了解和掌握城市轨道交通车辆构造知识不可或缺。因此,城市轨道交通车辆构造在城市轨道交通类专业课程体系中具有重要的作用,既是城市轨道交通车辆技术专业的核心专业课程,也是城市轨道交通其他专业的重要专业基础课程。

**【内容特点】**

本教材车型主要取材于北京、广州、武汉、深圳等城市轨道交通车辆,系统地介绍城市轨道交通车辆的结构,内容涵盖从城市轨道交通车辆的发展、基础知识到车辆机械和电气部件,从设备认知到人员岗位职责,全面系统剖析城市轨道交通车辆系统。同时,注重校企合作、产教融合,旨在让专业群学生能够按照岗位技能要求,系统认知城市轨道交通车辆系统的结构,掌握重要总成和部件的工作原理,培养专业兴趣,同时为后续专业课程的学习奠定基础,也为学生毕业后从事城市轨道交通系统车辆生产、检修与运用工作增强职业技能。

**【修订要点】**

新版教材在上一版教材的基础上融入了课程思政元素,增加了素质目标;根据最新的标准、规范更新了部分内容和术语;按照轨道车辆的发展,调整和优化教材的内容,增加了城市轨道交通车辆的最新技术。在编写过程中突出实用性,并根据岗位能力要求采用模块化的设计,强调以学生为中心,突出职业教育教学的特点;修订实训任务单,将世界技能大赛、中华人民共和国第二届职业技能竞赛、金砖国家技能大赛和深圳市职工技能大赛的轨道车辆技术规程融入实训任务,使实训任务更具有学习价值和典型性。

**【编写分工】**

本教材由广州市交通运输职业学校邱志华和湖北铁道运输职业学院彭建武担任主编,广州市交通运输职业学校刘亚担任副主编,广州市交通运输职业学校余浩、罗怀英、济南工程职业技术学院严善林和郑州捷安高科股份有限公司马超参与编写。具体分工为:邱志华编写模块1、模块2和模块5;刘亚编写模块4和模块6;彭建武参与编写模块7和模块8,罗怀英参与编写模块7;余浩编写模块3和模块9;严善林编写模块10;邱志华编写实训任务单1至实训任务单6,罗怀英编写实训任务单7和实训任务单8,马超编写实训任务单9。全书由邱志华统稿,由广州地铁集团有限公司陈刚担任主审。

**【配套资源】**

本教材配套建设辅助教学资源,包括电子课件、任务单、案例分析、课程标准等。

**【致谢】**

本教材在编写过程中,得到了广州地铁、深圳地铁、武汉地铁、广州中车轨道交通装备有限公司、南京康尼科技实业有限公司和郑州捷安高科股份有限公司等单位在技术资料方面的支持,在此表示感谢! 同时,在编写过程中,编者参考了大量专业书籍、杂志和学位论文等,在此对其作者表示衷心的感谢!

由于编者水平有限,书中疏漏或不足之处,敬请读者批评指正。

作　者
2025 年 2 月

# 数字资源

**RESOURCES**

# 目录

CONTENTS

## 模块 4　车门　/ 073

## 模块 5　车辆连接装置　/ 095

## 模块 6　制动与供风系统　/ 123

## 参考文献 / 237

## 附录 实训任务单 / 239

# 模块 1
# 城市轨道交通车辆基本知识

## 知识目标

1. 了解城市轨道交通车辆发展历程与特点；
2. 理解城市轨道交通车辆的组成与作用；
3. 掌握城市轨道交通车辆相关技术参数；
4. 理解列车编组、标识方法和城市轨道交通车辆限界。

## 能力目标

1. 能识别城市轨道交通车辆主要的车辆设备；
2. 能根据给出的列车设备名称找到相应的车辆设备；
3. 能根据城市轨道交通车辆典型技术参数判定车辆类型。

## 素质目标

1. 学习城市轨道交通发展史，增强自主创新意识；
2. 阅读城市轨道交通车辆发展历程，树立专业认同；
3. 增强从事城市轨道交通行业工作的自豪感。

## 建议学时

6 学时。

## 单元 1.1 ｜ 城市轨道交通车辆发展与特点

### 一、城市轨道交通车辆发展

北京地铁始建于 1965 年 7 月 1 日，于 1969 年 9 月 20 日一期工程建成。这是我国最早建设的城市轨道交通。根据电气牵引系统的不同，我国城市轨道车辆历经了凸轮调阻车、斩波调阻车、斩波调压车和调频调压车四个发展阶段。前三个阶段均采用直流牵引电动机，第四阶段采用节能效率高的交流牵引电动机。随着大功率半导体控制技术的发展及客运需求大幅上升，其车型历经多次更新换代。我国大部分城市的地铁都是 20 世纪 90 年代后期才开始运营，在用车辆均为调频调压交流牵引电动列车。

1. 第一代：凸轮调阻车

第一代凸轮调阻车也称变阻控制器车，于 20 世纪 60 年代末期至 90 年代中期生产，典型型号有 DK2、DK3、DK4、DK20、BD1 等，如图 1-1 所示。DK20 车身最大长度为 19000mm、最大宽度为 2800mm、最大高度为 3695mm、最高速度为 80km/h；采用直流牵引电动机驱动，控制方式为凸轮调阻制动，即由列车司机给出牵引（或电制动）指令，凸轮变阻控制器受控旋转 20 个级位，实现逐级改变起（制）动电阻，从而调节牵引电动机的转速。凸轮调阻原理示意图如图 1-2 所示。常用制动方式为电阻制动和空气制动，紧急制动是纯空气制动；客室内采用自动报站广播，设有供乘客向列车司机紧急报警的按钮。

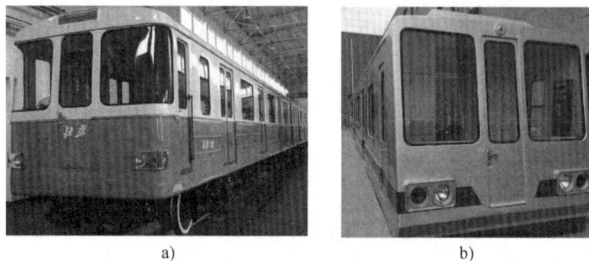

a)                    b)

图 1-1  第一代国产凸轮调阻车

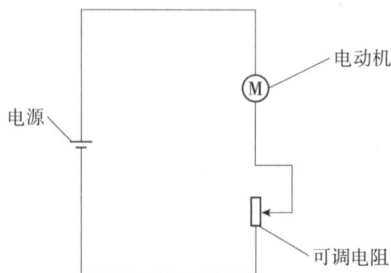

图 1-2  凸轮调阻原理示意图

2. 第二代:斩波调压车(斩波调阻车)

到 20 世纪 70 年代,由大功率可控硅组成的斩波器取代了凸轮片调阻。斩波调阻车与斩波调压车(图 1-3)都是直流牵引电动机列车,它们近乎平行发展共存了三十多年。这两类车型的共同点是,避免了凸轮调阻车经常发生的变阻控制器卡位故障。

斩波调阻车是利用斩波器替代凸轮变阻控制器控制起(制)动电阻,能耗与凸轮调阻车相同。斩波调压车不存在起动电阻,且可以实现再生制动,所以在直流牵引电动机列车中,斩波调压车具有极为优秀的节能表现。它的斩波机组由逆阻型快速晶闸管构成,还可由新型的逆导晶闸管、可关断晶闸管(GTO)构成。斩波机组中主晶闸管串入牵引电动机电路中,并以适当的频率(一般不超过 220Hz)接通或切断电路。根据晶闸管导通与关断的时间比(导通角)不同,使牵引电动机端电压的平均值也发生变化,从而实现调速。

图 1-3 斩波调压车

斩波器工作方式有两种:一是脉宽调制方式,周期不变,改变通电时间;二是频率调制方式,通电时间不变,改变周期。斩波调压原理示意图如图 1-4 所示。

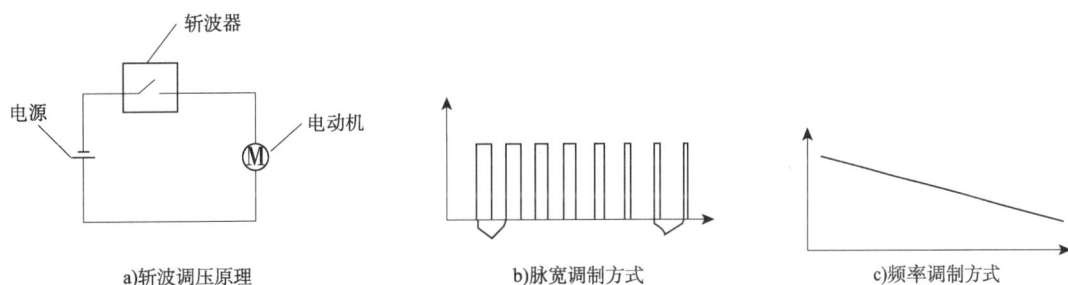

a)斩波调压原理　　　　　b)脉宽调制方式　　　　　c)频率调制方式

图 1-4 斩波调压原理示意图

3. 第三代:调频调压车(VVVF)

20 世纪 80 年代,随着电力半导体开关的可靠应用,大功率变频装置得以实现,使得性能优越的鼠笼式三相交流电动机在电动列车上得以应用。调频调压车(图 1-5)通过牵引逆变器来改变频率和电压,实现电动机转速(和频率成正比)与转矩的控制。调频调压即为可变电压、可变频率,简称 VVVF(Variable Voltage and Variable Frequency)。与直流传动系统相比,交流传动系统采用牵引逆变器(VVVF)无触点控制鼠笼式三相交流电动机,省去了直流传动所需的正反向转换开关和牵引制动转换开关,实现了牵引系统小型化、轻量化,且维修作业量显著减少;电能再生率达 35% 左右,节电效果显著。因此,调频调压车成为城市轨道交通车辆的主流。调频调压原理如图 1-6 所示。

4. 全自动无人驾驶车辆

全自动无人驾驶车辆是在没有司机参与的情况下,实现列车全自动运行。2014 年 8 月

9日,上海地铁10号线正式启动全自动无人驾驶运营模式,是我国第一条自动化等级达到最高级(GoA4级)的无人驾驶地铁线路,填补了全自动无人驾驶领域的空白。全自动无人驾驶列车可实现自动唤醒、自检、自动运行、精确停车、开关车门、自动洗车、休眠,以及在故障情况下实现远程复位等功能,具有减少人为操作失误的影响,保证操作准确性,缩短发车、折返时间。

图1-5　调频调压车

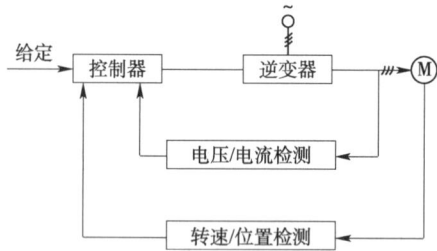

图1-6　调频调压原理

全自动无人驾驶车辆与传统车辆在运行模式、控制方式、车辆状态监控的主要差异项点如下。

(1)运行模式。在传统车辆所具备的各驾驶模式基础上,新增FAM模式、CAM模式。

FAM模式为ATP监控下的列车自动运行模式。FAM模式下车辆可实现站台自动对位,当车辆出现停车对标不准时,系统可自动进行对位调整,实现车门与站台门的对标。

CAM模式为FAM模式下的应急模式。当车辆因故障停车,经控制中心(OCC)确认,车辆由FAM模式转换为CAM模式。CAM模式下,ATP监控列车以不超过25km/h的速度自动运行至车站对标停车,自动打开车门完成乘客的乘降后,在站台等待工作人员上车,对故障进行处理。

(2)控制方式。传统车辆的电气设备由司机来操控,全自动车辆的电气设备增加了远程控制功能,以实现无人驾驶。全自动车辆远程控制功能主要有:远程唤醒、休眠,实现列车远程控制激活与断激活;远程控制空调、照明、受电弓、车门、刮雨器、电热玻璃;牵引/辅助系统由于故障原因被隔离,可尝试通过远程牵引/辅助软复位,将隔离的牵引逆变器/辅助逆变器重新投入运行;远程复位断路器和单个转向架空气制动单元;远程设置车辆参数;远程广播和紧急广播;远程紧急对讲;远程下发紧急广播条目;远程特殊运行模式设定(洗车、蠕行、正线运行)和设置清扫时间。

(3)车辆状态监控。车辆状态监控分为车辆设备运行状态监视、乘客界面相关功能监控和障碍物/脱轨检测。具体如下:

①车辆设备运行状态监视。传统车辆由司机监控运行,车辆出现故障时由司机处置并报行车调度员,行车调度员依据司机报告的车辆状态进行运营组织决策。全自动运行系统

在地面设置车辆专家工作站,来替代行车监控功能。车辆专家工作站通过车地无线传输通道接收全线车辆实时的状态信息,对全线车辆的运行状态进行实时监控。对车辆出现的故障情况提供建议的处置措施。对于回库车辆,由车辆将当天的运营状态数据自动上传至车辆专家工作站,车辆专家工作站对车辆的运营数据进行统计分析,建立专家知识库,为地面指挥地铁运行故障应急处置提供一手的信息支持。通过分析车载设备工作参数,为故障分析和运用检修提供技术支持和决策依据。

②乘客界面相关功能监控。有人驾驶模式,由司机负责对乘客紧急对讲请求、车门紧急解锁、车门状态丢失、车门检测到障碍物、逃生门盖板被打开、司机操作台盖板被打开、电器柜门被打开、灭火器被移动、感烟感温组合探测器检测到火灾等应急场景进行处置。在全自动运行系统中,上述应急场景需要通过综合监控、通信、车辆专业的场景联动,由控制中心(OCC)进行处置。当车辆有以上应急场景发生时,通过视频联动将事件发生位置的画面推送到 OCC 大屏上,由 OCC 对车辆上发生的应急场景进行监控。对发生在车辆上影响安全的应急场景,除推送视频画面外,同时激活相邻位置的紧急对讲装置,通过 OCC 与车上乘客对话,了解车辆上的详细状态,进行应急处置。

③障碍物/脱轨检测。全自动车辆通过安装障碍物/脱轨检测系统,来检测轨道是否有影响车辆运行的障碍物及列车是否脱轨,如该系统检测到障碍物/脱轨信息,立即触发列车的紧急制动,同时将障碍物/脱轨检测信息作为紧急信号报送给 OCC 行车调度员。

● **知识拓展**

**全自动运行线路成为新线路的主流**

截至 2024 年底,中国内地共有北京、上海、深圳等 23 个城市开通全自动运行城市轨道交通线路 54 条,已投运的全自动运行线路总长度 1486.01km,占已投运城市轨道交通线路总里程的 9.37%。其中,上海地铁已开通 5 条 GoA4 级、3 条 GoA3 级全自动运行城市轨道交通线路。

5. 中国标准地铁车辆

为突破关键核心技术,打造适应我国需求、技术先进的标准化地铁列车平台,2019 年7 月,中国中车联合中国城市轨道交通协会、各地铁公司、科研院校及协作单位,共同实施了系列化中国标准地铁列车研制及试验项目。2021 年 6 月 28 日,首列中国标准地铁列车在郑州下线。中国标准地铁列车(图 1-7)拥有完全自主知识产权,"中国标准"覆盖率达到 85%以上,核心技术、关键部件全面自主研发,所有关键零部件均实现自主研发制造。中国标准地铁列车的下线,完善了我国地铁车辆标准体系,引领我国城市轨道交通装备标准化发展,降低城市轨道交通全寿命周期成本,提升我国城市轨道交通装备技术核心竞争力,为实现城市轨道交通高质量可持续发展、助力交通强国战略提供重要的装备支撑。

此外,2017 年 12 月 30 日,北京首条中低速磁浮线路 S1 线开通。目前,北京地铁多条线路已经采用了基于 ATO、DTO、UTO 控制技术的自动驾驶运行模式,其中在大兴机场线运营的列车最高速度已达到160km/h。

图1-7  中国标准地铁列车外观图

## 二、城市轨道交通车辆特点

城市轨道交通车辆是用来运输乘客的运输工具，不同类型的城市轨道交通车辆各有特点，但车辆总体上是朝轻量化、节能、少维修、舒适、高可靠性、高安全性的方向发展。现代城市轨道交通车辆具有以下特点：

（1）列车动力分散布置，车载设备设计紧凑。能根据需要由各种非动力车和动力车组合成相对固定的编组，两端设置驾驶室；考虑隧道界限的限制，车辆和各种车载设备设计紧凑。

（2）列车运行快速准时，安全舒适。城市轨道交通车辆在专用的轨道上行驶，不受其他交通工具的干扰和影响，不会产生线路堵塞现象。其特定的路权方式使得系统安全可靠，能够实现高密度运转，列车运行间隔时间、候车时间短，同时能提供给乘客相对舒适的环境。

（3）列车车体轻量化。采用大截面中空挤压铝型材结构和整体承载结构，在满足安全和强度的前提下，能最大限度地减轻车体自重。

（4）相邻车辆之间采用车钩进行机械、电气和气路的连接；车厢之间采用全封闭贯通道连接。这既增加了车厢内的客容空间，便于均匀分布乘客，特殊情况下也是相邻车厢间的应急疏散通道。

（5）列车车门数量多。为使列车停站时能大量上下乘客，在较短时间内尽可能完成客流交换，车门数量较多，每辆车车门数达6~10个。

（6）列车采用调频调压交流传动。为降低能耗，列车制动时采用电气（再生制动、电阻制动）和空气的混合制动。

（7）列车具有先进的微机控制技术及故障自诊断功能。列车采用列车自动控制（ATC）、列车自动驾驶（ATO）和列车自动防护（ATP）等自动控制设备，并配备相应车载设备，实现了信号控制和行车控制自动化。有些城市轨道交通线路已经实现了列车无人驾驶运营模式。

（8）车辆系统的部件设计和材料选用都以列车运行和乘客的安全为首要原则，设备正常功能失效时,其响应都将以安全为导向目标。

### 三、国内外轨道交通车辆企业概况

　　世界著名咨询公司德国 SCI Verkehr 公司发布了 2015 年度世界轨道交通装备企业的排名,这一排名以轨道交通装备企业的新造车辆销售额为标准,中国中车股份有限公司(以下简称中国中车)以超过 220 亿欧元的销售收入居于首位,毫无悬念地位居全球轨道交通装备行业冠军,且 2015 年的销售收入大于第二名、第三名和第四名销售收入的总和。

　　位居第二名至第十名的企业分别是加拿大庞巴迪、法国阿尔斯通、德国西门子、美国通用电气公司(GE)、美国三一工业公司、德国克诺尔公司、美国西屋制动公司、日本日立铁路系统、美国格林布莱尔公司(Greenbrier)。部分国外轨道交通装备供应商基本情况见表 1-1。

**部分国外轨道交通装备供应商基本情况**　　　　　　　　　　　　　表 1-1

| 供应商 | 产品领域 | 在中国的主要业绩 |
| --- | --- | --- |
| 加拿大庞巴迪公司 | 铁路客运车辆、城市轨道交通车辆 | 向我国转让轨道交通车辆制造技术,在青岛、长春和江苏分别建有 3 个合资企业,投资生产地铁车辆、干线机车、牵引和控制设备 |
| 法国阿尔斯通公司 | 电动车组、牵引电动机、地铁车辆和有轨电车 | 在中国拥有 18 家实体和业务机构,参与北京、上海、广州、深圳、南京等 16 个城市地铁网络建设,为上海、南京提供了地铁车辆,为北京、上海、南京和西安等城市多条线路提供牵引系统,为 14 个城市 31 条地铁线提供信号系统,还参与货运交流电力机车、CRH5、客运专线电气化基础设备等项目建设 |
| 德国西门子公司 | 机车车辆、交钥匙工程、综合服务和自动化 | 参与北京、上海、广州、深圳、南京和哈大铁路电气化、大连轻轨,联合株洲电力机车有限公司等企业研制交流传动电力机车和重载电力机车 |

　　我国城市轨道交通装备制造企业有路内企业和路外企业之分。国内主要城市轨道交通制造企业及业绩如表 1-2 所示。路内企业主要是中国中车集团有限公司(简称中国中车)旗下企业,这些企业是城市轨道交通装备制造的主力。中国中车是全球规模领先、品种齐全、技术一流的轨道交通装备供应商,主要经营项目如下:铁路机车车辆、动车组、城市轨道交通车辆、工程机械、各类机电设备、电子设备及零部件、电子电器,以及环保设备的研发、设计、制造、修理、销售、租赁与技术服务;信息咨询;实业投资与管理;资产管理;进出口业务。

**国内主要城市轨道交通制造企业及业绩**　　　　　　　　　　　　表 1-2

| 企业名称 | 企业简介 | 主要业绩 |
| --- | --- | --- |
| 中车长春轨道客车股份有限公司(定点企业) | 其前身长春客车厂始建于 1954 年,是国家"一五"重点建设项目之一。经过近 70 年的建设和发展,公司已经成长为我国最大的铁路客车、动车组和城市轨道交通客车研发、制造和出口基地。自主研制生产了国内第一辆地铁车、第一辆 25 型车、第一辆单轨车、第一辆磁悬浮列车和第一列动车组 | 北京地铁 2 号线、5 号线、6 号线、9 号线、10 号线、13 号线、15 号线、亦庄线和机场线车辆;天津地铁 1 号线、2 号线、滨海快线车辆;重庆地铁 1 号线、3 号线、6 号线车辆;上海地铁 6 号线、8 号线车辆;深圳地铁 2 号线车辆;武汉轻轨 1 号线车辆;广佛线地铁车辆;沈阳地铁 1 号线及延伸线工程车辆;大连地铁 3 号线车辆等 |

续上表

| 企业名称 | 企业简介 | 主要业绩 |
|---|---|---|
| 中车大连机车车辆有限公司（定点企业） | 我国唯一能同时研制内燃机车、电力机车、柴油机车和城市轨道交通车辆的国家重点大型企业 | 大连金石滩—黑石礁轻轨；沈阳地铁1号线车辆；西安地铁1号线车辆 |
| 中车株洲电力机车有限公司（定点企业） | 中车株洲电力机车有限公司主要业务集中在电力机车、城市轨道交通车辆、动车组、新技术轨道车辆、重要零部件、专有技术延伸产品及维保服务等领域。2010年公司与广州市地下铁道总公司共同成立广州南车城市轨道装备有限公司（现广州中车轨道交通装备有限公司），解决广东城市轨道车辆大修和组装本地化问题，进而培育和建立城市轨道现代化、产业化车辆装备基地 | 广州地铁2号线、3号线、8号线延长线车辆；武汉地铁1号线、2号线车辆；深圳地铁5号线车辆；长沙地铁2号线车辆；郑州地铁1号线车辆；上海地铁1号线、11号线、明珠线二期车辆；土耳其安卡拉地铁、印度古尔冈地铁（RMGL）车辆；昆明地铁1号线车辆；深圳地铁1号线工程车辆 |
| 中车青岛四方机车车辆股份有限公司（定点企业） | 是中国高速列车产业化基地，铁路高档客车的主导设计制造企业，国内地铁、轻轨车辆定点生产厂家和国家轨道交通装备产品重要出口基地 | 北京地铁4号线、8号线、14号线、昌平线、八通线、大兴线车辆；天津地铁3号线车辆；沈阳地铁2号线车辆；成都地铁1号线、2号线车辆；广州地铁4号线、5号线和6号线车辆；新加坡地铁车辆 |
| 中车南京浦镇车辆有限公司（定点企业） | 建于1908年，具有百年制造历史，是从事轨道交通装备研究和制造的专业化生产企业，是中国铁路装备制造业大型骨干企业 | 南京地铁2号线、10号线车辆；无锡地铁2号线车辆；杭州地铁1号线车辆；苏州地铁2号线车辆；上海地铁1号线延伸线、2号线、10号线、明珠线车辆；我国香港特别行政区轻轨车辆等 |
| 中车唐山机车车辆有限公司 | 主营业务为铁路车辆、电动车组、内燃动车组、磁悬浮列车、特种车、试验车、城市轨道车辆和配件销售、租赁及技术咨询服务等，经营范围广阔，产品品种繁多 | 广东清远磁浮旅游专线；石家庄1号线车辆；厦门地铁2号线车辆；天津地铁5号线车辆；北京地铁S1线磁浮列车 |
| 北京轨道交通技术装备集团有限公司 | 是北京市基础设施投资有限公司的全资子公司，集团公司注册资本30亿元，主要业务范围为城市轨道交通车辆及市域列车相关技术的自主研发、设计、生产、销售。在地铁车辆业务方面，在北京的市场占有率近50%，且产品已走出国门，出口至越南河内 | 北京地铁1号线、2号线、5号线、6号线、7号线、8号线、9号线、10号线、八通线、13号线、15号线车辆 |

　　路外企业主要从事少数核心部件和非核心部件的生产，一般不具备单独研制整车的能力。只有少数企业，如北京轨道交通技术装备集团有限公司、上海阿尔斯通交通设备有限公司、长春安达轨道车辆有限公司等从事城市轨道交通车辆总装业务。

## 单元 1.2 | 城市轨道交通车辆类型和组成

### 一、城市轨道交通车辆类型

**1. 按照车体宽度分**

我国城市轨道交通车辆种类较多,不同城市的运营要求和地质条件不同,对列车的要求也不同。以地铁为例,A 型车和 B 型车的分类依据是车体宽度,车辆基本结构参数见表 1-3。

车辆基本结构参数 表 1-3

| 序号 | 名称 | A 型车 | B 型车 |
|---|---|---|---|
| 1 | 车体长度(mm)① | 21880 | 19000 |
| 2 | 车辆长度(mm)② | 22800 | 19520 |
| 3 | 车体宽度(mm)③ | 3000 | 2800 |
| 4 | 车体高度(mm)④ | ≤3800 | |
| 5 | 车辆高度(mm)⑤ | ≤3850 | |
| 6 | 车内净高(mm)⑥ | ≥2100 | |
| 7 | 地板面高度(mm)⑦ | 1130 | 1100 |
| 8 | 车辆轴数 | 4 | 4 |
| 9 | 车辆定距(mm) | 15700 | 12600 |
| 10 | 固定轴距(mm) | 2200~2500 | 2000~2300 |

注:①指车体两外端墙板外表面间的水平距离。带驾驶室的车辆和具有重联运行功能的车辆可适当调整。
②指车辆处于自由状态、车钩呈锁闭状态时,两端车钩连接面间的水平距离。带驾驶室的车辆可适当调整。
③指车体两侧墙外表面的最大横向水平距离。采用鼓形车体时,A 型车和 B 型车的车体宽度分别为 3090mm 和 2890mm,车体地板面处宽度分别为 3000mm 和 2800mm。
④指车辆平直轨面到车体顶部最高点的垂直距离。
⑤指车辆平直轨面到车辆顶部(含受电弓和空调机组,且受电弓处于落弓状态)最高点的垂直距离。
⑥指地板上平面至车顶中央部位内表面间的垂直距离,也称客室顶板距地板面高度。
⑦指在新轮状态下空车时客室地板面与轨面的垂直距离,也称地板面距轨面高度。

城市轨道交通车辆的选型,主要依据线路远期高峰小时的运量大小来确定。通常,高运量为,单向运能 5 万~7 万人次/h,选择 A 型车;大运量为,单向运能 3 万~5 万人次/h,选择 B 型车或 A 型车;中运量为,单向运能 1 万~3 万人次/h,选择 C 型车或 B 型车。

**2. 按照牵引动力配置分**

按照城市轨道交通车辆牵引动力配置分类,可分为动车(Motor)和拖车(Trailer)两类。其中动车以 M 表示、拖车以 T 表示、驾驶室以 Tc 来表示。6 节编组形式如图 1-8 所示。

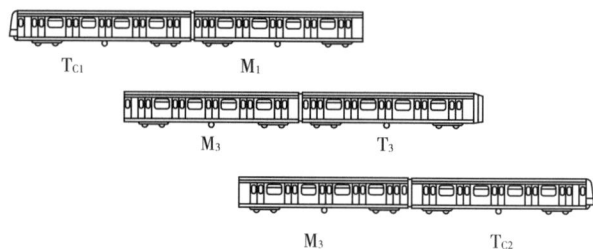

图1-8 6节编组形式

3.按车辆安装设备不同分

在一列车组中,有些城市轨道交通车辆按照欧系车辆的习惯,依据车辆所安装设备的不同分为A车、B车、C车三种类型,如图1-9所示。

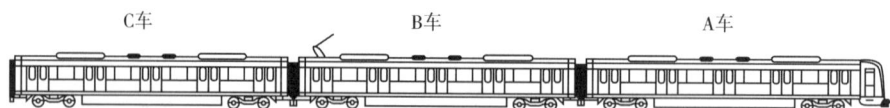

图1-9 城市轨道交通车辆A车、B车、C车

A车:为带有驾驶室的拖车,本身无动力,依靠有动力的车辆拖动。

B车:为无驾驶室的动车,其转向架上带有牵引电动机,车顶安装有受电弓或车下装有受电靴。

C车:为无驾驶室的动车,其转向架上带有牵引电动机,车底装有空气压缩机。

广州地铁1~4号线均采用按车辆所安装设备的分类方法。

我国轻轨电动车辆有三种形式:4轴动车、6轴单铰接式和8轴双铰接式车辆。6轴铰接式是双向运行的动车,车长23m或28m,车宽2.65m;8轴铰接式车长26m,车宽2.4m。

> ● **特别提示**
>
> 　　(1)广州地铁列车组中的A车、B车和C车与按车体宽度分类的A型车、B型车和C型车所表达的意义不一样。
>
> 　　(2)部分线路列车受电弓装在带驾驶室的拖车上方,空气压缩机安装在头车车底。

## 二、城市轨道交通车辆组成

城市轨道交通车辆是城市轨道交通系统中最关键、最复杂的机电设备,它是多专业综合性产品,涉及机械、电气、自动控制和材料等多个领域,通过各个相对独立的子系统有机地结合在一起,实现列车的安全、可靠和高品质运行。车辆主要由车体及客室内装、转向架、车门系统、车体连接装置、制动和风源系统、电气牵引装置、辅助电源系统、列车乘客信息系统、列车控制和故障诊断系统、空调与通风系统等构成。

1.车体及客室内装

车体是城市轨道交通车辆结构的主体,用来供乘客乘坐和司机驾驶(有驾驶室的车辆)的部分,其主要作用是承受外部阻力,传递牵引力,隔音、减振和保暖,也是安装与连接其他设备和部件的基础。车体通常由底架、端墙、侧墙和车顶棚等组成,其主体结构常采用铝合金大断面蜂窝结构挤压型材组焊而成。车体结构为轻型、整体式承载模块化全焊接结构,底架、侧墙、端墙和车顶焊接而成的车体框架形成一个整体,能充分发挥车体各构件强度,提高了列车整体刚度。

客室内装包括地板、预制成型的顶板、侧墙板、侧顶盖板、车窗和空调的进排风口等,通常安装有客室立柱、拉手、座椅、电气设备控制柜和灭火器等设备,如图1-10所示。

2. 转向架

转向架是车辆走行装置,又称走行部,用来牵引和引导车辆沿轨道行驶,承受并传递来自车体及线路的各种荷载,是城市轨道交通车辆最重要的组成部件之一;它是保证车辆运行品质、动力性能和安全行车的关键部件,其性能决定了列车运行速度、载重量、乘坐舒适性和安全性。通常车辆在大修和架修中需要对转向架进行重点检查和维修。

转向架如图1-11所示,主要由构架、轮对、轴箱、一系悬挂装置、二系悬挂装置和基础制动装置等组成。转向架分为动车转向架和拖车转向架两类。动车转向架和拖车转向架主要区别在于是否配有动力装置。

图1-10 客室内装

图1-11 转向架

3. 车门系统

根据轨道交通的特点,城市轨道交通车辆的车门设置应便于乘客快速上下车,以满足列车运行密度的要求。车门有多种类型,按照安装位置的不同,可以分为客室车门、驾驶室侧门、客室与驾驶室通道门、驾驶室前端疏散门。客室车门按照其结构可分内藏门、外挂门、塞拉门三种结构形式。客室门关系到乘客的安全,因此在运行中必须可靠锁闭,在设计上通过监测装置将车门状态与列车牵引指令电路联锁。同时,为了应对故障或意外等紧急情况,广州地铁列车在每个车门处都配置了可现场操作切除装置和紧急开门装置。

4. 车体连接装置

车体连接装置包括车钩缓冲装置和贯通道装置,如图1-12所示。前者可实现车辆与车辆之间的编组连接,主要传递和缓和列车的纵向力;后者可实现载客车厢之间的连通。地铁车辆通常采用全自动或半自动车钩和半永久牵引杆做连接,驾驶室前端装有全自动车钩或半自动车钩,非驾驶室端以及 B 车两端都装了半永久牵引杆。

a)          b)

图 1-12　车体连接装置

5. 制动和风源系统

车辆制动系统是保障列车运行安全必不可少的装置,不论是动车还是拖车,都设有制动装置,它可以保证运行中的列车按需要减速,实现在规定的距离内安全停车和防止溜车。城市轨道交通车辆的制动装置不仅安装了常规的空气制动装置,还在动车车辆上安装有再生制动和电阻制动装置,有些车辆还装有磁轨制动装置。通常,控制制动装置由电子制动单元、空气制动控制单元和基础制动单元(包含盘形制动或踏面制动)三部分组成。

风源系统由电动空气压缩机,除油、除湿装置,散热装置,压力控制装置,各类空气阀件、空气管路和储气缸等组成。

6. 电气牵引装置

电气牵引装置在城市轨道交通车辆中占有十分重要的地位。它由受流器、高速断路器(HSCB)、牵引逆变器及控制单元、牵引电动机、制动电阻、联轴器和齿轮箱等组成。其作用是将电网电能转换为驱动列车运行的动能,或将列车动能转换为电能并反馈回电网(电制动)。其中,牵引逆变器的作用是将受电弓(图 1-13)获取的 1500V 或 750V 直流电源转换为依据控制指令需求,可变频变压的三相交流电,驱动装在动车转向架上的三相交流异步牵引电动机,如图 1-14 所示。

图 1-13　受电弓

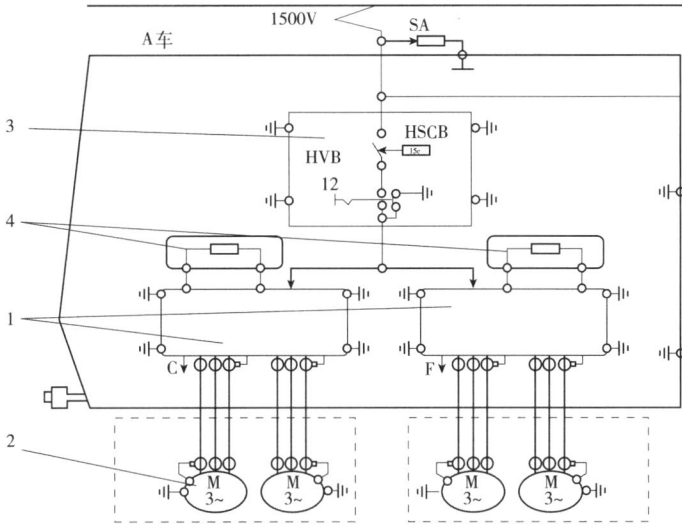

图 1-14　牵引电路

1-牵引逆变器;2-牵引电动机;3-高速断路器;4-制动电阻;HSCB-高速断路器;HVB-高压箱

### 7. 辅助电源系统

辅助电源系统是指三相交流 380V 电源、低压直流电源和蓄电池,其中低压直流电源包括 110V 直流电和 24V 直流电。其中,380V 交流电的负载有空气压缩机、空调系统、各类风机、220V 插座等,110V 直流电的负载有触点控制电路、各系统的电子控制电路、照明电路、指示灯、车门驱动系统、广播系统、乘客信息显示系统、紧急通风电源等。

### 8. 列车乘客信息系统

列车乘客信息系统如图 1-15 所示,包括信息及诊断系统、广播报站系统、乘客信息显示(PIDS)。

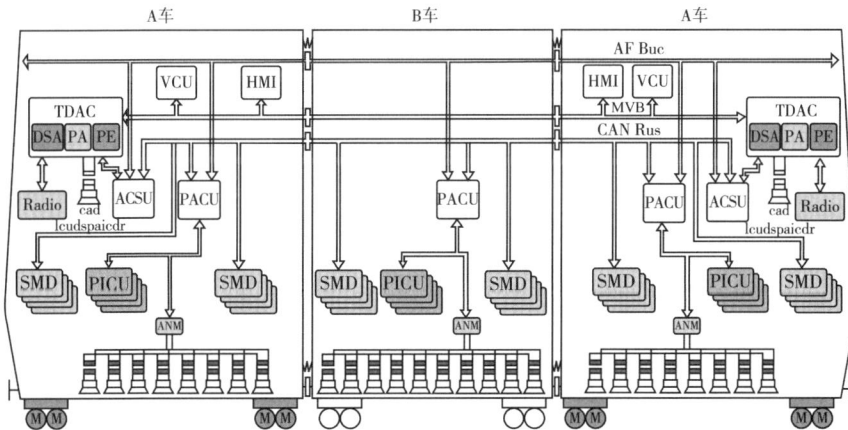

图 1-15　列车乘客信息系统示意图

DSA-数字报站;ANM-环境噪声监测单元;PACU-乘客广播通信单元;PA-乘客广播;TDAC-车载显示屏广播控制器;SMD-LED 站点地图显示屏;PICU-乘客报警对讲单元;MVB-多功能车辆总线;AF-音频;HMI-人机界面显示器;VCU-车辆控制单元;PE-乘客紧急接口;ACSU-音频控制系统单元

列车提供了五种通信方式,其从高到低的优先级为:无线电广播、驾驶室对讲、司机与乘客紧急对讲、驾驶室对乘客广播和数字车站广播。

9. 列车控制和故障诊断系统

列车控制和故障诊断系统是指列车的计算机总线控制系统,车辆计算机控制单元通过列车/车辆总线与各节车各子系统/设备的微机控制单元连接在一起,以通信协议的方式建立实时通信联系,进行指令、状态信息的传输,实现列车状态的控制、监测、数据存储和故障诊断及人机界面交流,如图1-16所示。列车计算机控制单元通常在列车的两端对称布置,功能相同,工作时一个为主机,另一个为辅机。列车采用计算机故障自诊断系统,可以使用便携式数据采集器采集有关数据。

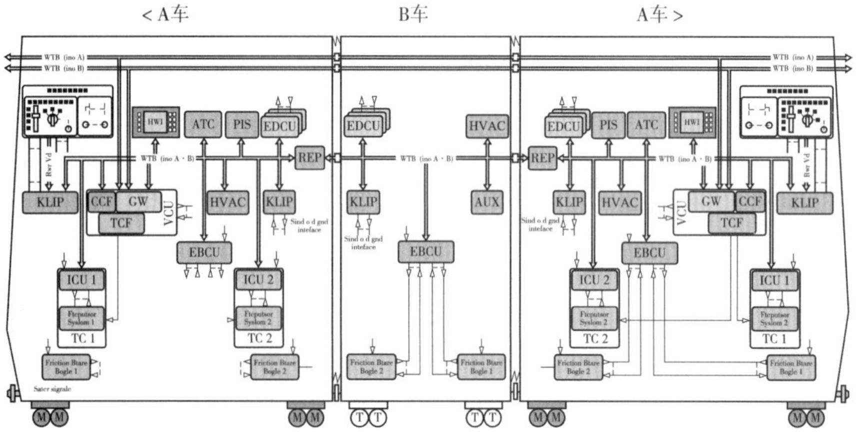

图1-16 列车内部网络通信示意图

ATC-列车自动控制（信号设备）；CCF-中央控制单元；TC-牵引逆变箱；TCF-牵引控制功能；ICU-牵引逆变器控制单元；EBCU-从门控单元；EDCU-主门控单元；WTB-绞接列车总线；PIS-乘客信息系统；HVAC-空调控制单元；VCU-列车控制单元

10. 空调与通风系统

空调安装在车顶,每辆车设有两个车顶一体式空调单元,其作用主要是为乘客提供通风、温度调节和除湿。在通风机作用下,新风从吸风口吸入,与从客室来的回风混合,再经过过滤、冷却后,由风道均匀地送入客室。驾驶室是由单独的风道送风的。当列车失去1500V直流电源时,空调的制冷功能失效,仅提供不少于45min的紧急通风。

## 三、车辆设备布置

车辆设备按照在车辆上的安装位置可分为:车顶设备、车内设备和车底设备。其中,车顶设备主要包括受电弓、车辆空调;车内设备主要包括驾驶室车门、疏散门、列车操纵设备、司机座椅、车辆灯光、客室座椅、车门、车窗、座椅、挡风板、扶手、安全锤、灭火器、排水管等;车底设备(图1-17)主要包括供风设备(空气压缩机组)、制动设备(制动控制单元、空气管路、基础制动装置)和电气设备(牵引箱、制动电阻、高速断路器、牵引电动机、信号设备、车间电源)等。

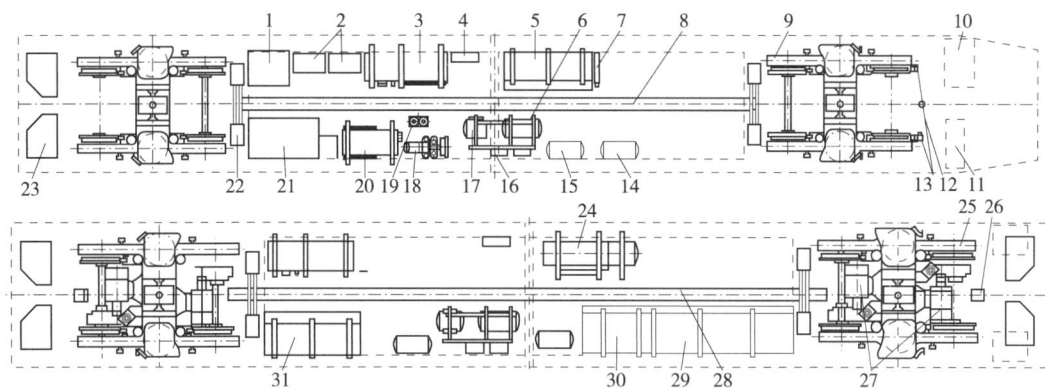

图 1-17　车底设备分布

1-车间电源;2-高速断路器;3-DC/AC 逆变器;4-接地装置;5-A 车辅助设备柜;6-制动供气缸;7-空气压缩机启动电阻;8-电缆槽;9-拖车转向架;10-电子柜;11-设备柜;12-通信天线;13-ATC 天线;14-主气缸;15-空气弹簧供气缸;16-空气控制屏;17-车门供气缸;18-空气压缩机单元;19-空气干燥器;20-DC/DC 逆变器;21-蓄电池;22-电缆分布柜;23-车钩接线盒;24-制动电阻;25-动车转向架;26-电动机连接;27-牵引单元;28-电缆槽;29-牵引逆变器;30-线路滤波器;31-辅助设备柜(B/C 车)

城市轨道交通车辆的机电设备及电、气管线的布置不尽相同,但一般兼顾以下原则:

(1)安全可靠。城市轨道交通车辆多为动力分散型车辆,设备及管线布置要充分考虑到乘客的安全,做足防护措施,高压电器设备及线路应做好绝缘处理。

(2)重量分配均匀。同一单元中,各车辆重量尽量接近,以有利于列车牵引和制动的平稳;同一车辆中,一般采用对称布置,使荷载分布均匀,避免偏载。

(3)安装和维修方便。设备尽可能成模块组装,以便拆卸检修。在使用过程中经常接触的设备,应留有足够的维护空间。

(4)经济。设备布置时,充分利用空间,各线路尽可能短,以简化施工和节约材料。

(5)车内空间最大化。设备及管线的布置总原则是,给车辆提供足够大的承载空间和舒适的乘坐环境,不影响乘客视觉度,减少噪声。

(6)整车电路布置符合技术规定。各电路的电气设备连接导线应采用多股铜芯电缆,其耐压等级、导电性能及线路布置均应符合相关规范要求。

## 单元 1.3 ｜ 城市轨道交通车辆编组和标识

城市轨道交通车辆在实际运营中,都是由几辆车通过车钩连接而形成动车组的形式来运行。为便于车辆运用和检修管理与识别,通常需对车辆及设备进行标记或编号。由于我国城市轨道交通车辆没有统一的标识规定,各轨道交通车辆的车辆标识也不尽相同。

## 一、车辆编组

城市轨道交通车辆中,车辆通过车钩连接而成的一个相对固定的编组称为一个单元,一列车可以由一个或几个单元编组而成。决定车辆编组的主要因素有:运营密度、客流大小、站间距离、舒适度、安全可靠性、工程投资和线路坡度等。

我国城市轨道交通车辆编组主要有四动二拖、六动二拖、二动二拖、三动三拖等形式。其中,广州地铁 1 号线由 6 节车辆编组,采用四动二拖形式,6 节车有 A、B、C 三类车各两辆,编组为: – A＊B＊C＝C＊B＊A – 。A 车为拖车,带驾驶室并装有受电弓和一套空气压缩机组,B 车、C 车为动车。广州地铁 3 号线早期也采用过两动一拖的 3 节车辆编组,编组形式为: – A＊B＊A – ,车型分为 A 车(带驾驶室及受电弓的动车)和 B 车(拖车)。

上海地铁 1 号线也采用四动二拖形式,编组为: – A＝B＊C＝C＊B＝A – ,上海地铁 2 号线由 8 节车辆编组,采用六动两拖形式,即: – A＝B＊C＝B＊C＝B＊C＝A – 。其中 A 车为带驾驶室的拖车,B 车为装有受电弓的动车,C 车为动车并带有一套空气压缩机组。

天津滨海轻轨由 4 节车辆编组,采用二动二拖形式,编组为: ＝Mcp＊T＝T＊Mcp＝ ,远期规划为 6 节编组。其中 Mcp 为带驾驶室和受电弓的动车,T 为拖车,M 为动车。

上述编组表达式中,"–"表示全自动车钩,"＝"表示半自动车钩,"＊"表示半永久车钩。

## 二、车辆编号

通常,每辆车都有自己的固定编号,但各城市轨道交通车辆制造商或运营商的编号方式不尽相同。

广州地铁 2 号线车辆编号如图 1-18a)所示,由数字加字母加后面两位数字组成。如 2A45,其中,2 表示车辆所属线路为 2 号线,A 表示车辆类型为 A 车,45 表示车辆连续编号。广州地铁列车编号为 2A4546,则表示该列车是广州地铁 2 号线的列车,其编组由 2A45、2B45、2C45、2A46、2B46 和 2C46 六辆车组成。广州地铁 1 号线 1A101102 列车编组如图 1-18b)所示。

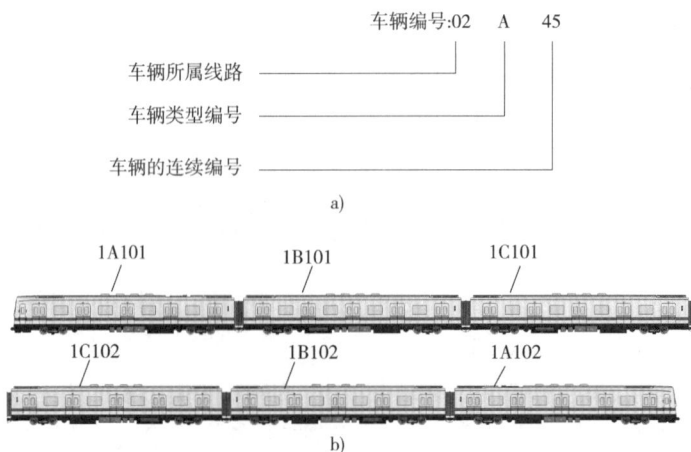

图 1-18 广州地铁车辆编号

### 三、车辆的车端、车侧、车门、座位等标识

**1. 车辆的车端、车侧定义**

每辆车都有 1 位端和 2 位端。A 车的 1 位端是带全自动车钩的一端;B 车的 1 位端是与 A 车连接的一端;C 车的 1 位端是与 B 车连接的一端。车辆的另一端就是 2 位端。

车辆的车侧是指:人位于 2 位端,面向 1 位端,人的右侧就是该车辆的右侧,人的左侧就是车辆的左侧。

**2. 列车车侧的定义**

列车的车侧与车辆的车侧定义是不同的。列车的车侧是以司机为主体,司机坐在列车的驾驶端座位上,司机的右侧就是列车的右侧,司机的左侧就是列车的左侧。也就是说,列车的行驶方向不同,列车的左、右侧也会有所不同,如图 1-19 所示。

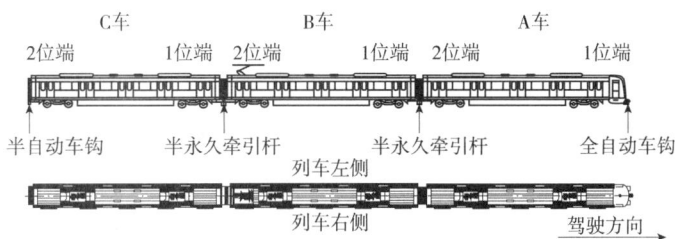

图 1-19  车辆车端及列车车侧的标识

**3. 转向架和轴的编号**

每辆车有 2 个转向架,分为转向架 1 和转向架 2,转向架 1 位于 1 位端,转向架 2 位于 2 位端。每辆车有 4 根轴,从 1 位端开始至 2 位端,以此连续编号为轴 1、轴 2、轴 3、轴 4,如图 1-20 所示。

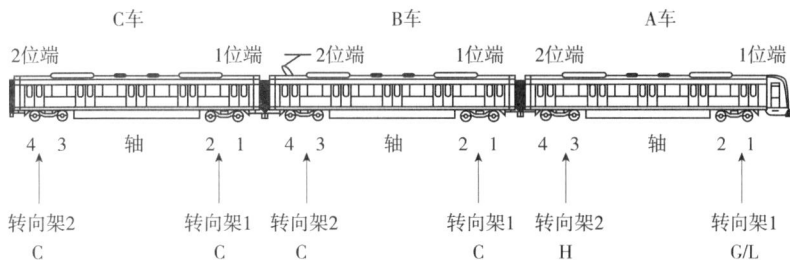

图 1-20  转向架和轴的编号

C-动车转向架;H-拖车转向架,不带 ATC 装置和轮缘润滑;G-拖车转向架(带 ATC 装置);L-拖车转向架[带 ATC 装置和轮缘润滑(前两辆车)]

**4. 车门和座椅的编号**

(1)门页是从 1 位端开始至 2 位端,车辆的左侧是从小到大的连续奇数,即 1、3、5、7、…;右侧是从小到大的连续偶数,即 2、4、6、8、…

(2)车门是由左、右两个门页号码合并而成。如 1/3、2/4 号门。

(3)座椅是从 1 位端到 2 位端编号,左侧为奇数,右侧为偶数。

车门和座椅编号如图 1-21 所示。

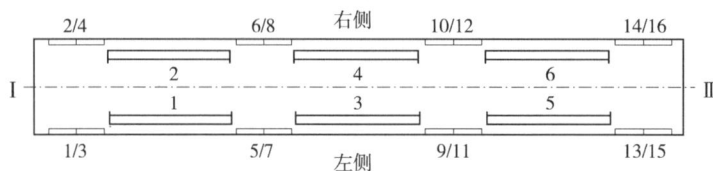

图 1-21　车门和座椅编号示意图

5.空调单元的编号

每辆车的车顶有 2 个空调单元,位于 1 位端的空调单元称为空调单元1,位于 2 位端的空调单元为空调单元2。

目前,由于我国城市轨道交通车辆所在城市和线路的不同,各种编组、编号、标记定义也不尽相同,没有统一的车辆标识规定,但各标识方法比较类似。

## 单元 1.4 ┃ 城市轨道交通车辆技术参数

城市轨道交通车辆技术参数一般有性能参数和主要尺寸参数两大类,主要是用来概括车辆技术规格的相关指标,从而在总体上表征车辆性能及结构。

### 一、车辆性能参数

(1)车辆自重:车辆在整备状态下的本身结构及设备组成的全部质量。如广州地铁 1 号线 A 车自重33t,B、C 车自重 36t。

(2)车辆载重:在正常情况下,车辆允许的最大装载质量。

(3)最高运行速度:车辆设计时,按照安全及结构强度等条件所决定的车辆最高行驶速度,并要求连续以该速度运行时车辆具有足够良好的运行性能。地铁的设计速度大多数为90km/h 左右。

(4)轴重:指按车轴形式及在某个运行速度范围内,车轴允许负担的最大质量,地铁轴重一般不超过 16t。

(5)通过最小曲线半径:指配备某种类型转向架的车辆在站场或车辆段调车时,所能安全通过的最小曲线半径。当车辆在此曲线段上行驶时不得出现脱轨、倾覆等危及行车安全的事故,也不允许转向架与车体底架或与车下其他悬挂物相碰。

(6)轴配置或轴列式:用数字或字母表示车辆转向架结构特点的方式。如 4 轴动车,2台动力转向架,则轴配置记为 B—B;6 轴单铰轻轨车辆的两端为动力转向架,中间为非动力铰接转向架,其轴配置记为 B—2—B。

(7)制动形式:车辆获得制动力的方式,有摩擦制动、电制动等形式。

（8）冲击率：由于工况改变引起的列车组的各辆车所受到的纵向冲击。在城市轨道交通车辆中，主要用于说明车辆本身电气及制动控制系统所应达到的冲动限制。常用加速度变化率来衡量，如车辆正常运行（包括起动加速和电制动，紧急制动情况例外）时，纵向冲击率不得超过 $1m/s^3$。

（9）列车平稳性指标：该指标是评定乘客舒适程度的主要依据，反映了车辆振动对人体感受的影响，其数值越大，说明车辆的稳定性越差。通常，车辆的平稳性指标值应小于 2.7。

（10）转向架安全性指标：反映转向架运行平稳、稳定性的指标，主要包括脱轨系数、倾覆系数和轴重减载率等。

## 二、车辆主要尺寸参数

（1）车辆长度：车辆处于自由状态，车钩呈锁闭状态时，两端车钩连接面之间的距离。

（2）车辆最大宽度：指车体横截面上最宽部分的尺寸。

（3）最大高度：指车辆顶部最高点与钢轨轨面之间的距离。

（4）车辆定距：同一车辆两转向架回转中心之间的距离。

（5）固定轴距：同一转向架的两个车轴中心线之间的距离。

（6）车钩高：车钩中心线与钢轨轨面之间的距离。

（7）底板面高度：车辆底板面与钢轨顶面之间的距离。

下面以广州地铁 3 号线为例，介绍车辆的主要技术参数。

（1）广州地铁 3 号线车辆的主要技术参数见表 1-4。

（2）列车载客量（指 A、B、C 三辆车）见表 1-5。

**广州地铁 3 号线车辆的主要技术参数** 表 1-4

| 车辆形式 | B 型 | 车辆形式 | B 型 |
|---|---|---|---|
| 轨距（mm） | 1435 | 转向架中心距（mm） | 12600 |
| 列车编组 | -A＊B＊A-（A：带驾驶室和受电弓的动车，B：拖车） | 车轮直径（mm） | 840（新轮）/805（半磨耗）/770（全磨耗） |
| 列车长度（mm） | 59940 | 轮缘厚度（mm） | 32 |
| 单节车辆长度（跨车钩连接面）（mm） | ≤19980 | 轮对内侧距（mm） | $1353_0^{+3}$ |
| 车辆宽度（mm） | 2800 | 最高运行速度（km/h） | 120 |
| 车辆高度（轨面至车顶高、新轮、不含受电弓） | | 车辆地板高度（mm） | 1130 |
| 不含排气口及空调单元高度（mm） | ≤3800 | 车钩距轨面高度（mm） | 720 |
| 含排气口及空调单元高度（mm） | ≤3855 | 供电方式 | （正线）架空刚性接触网 |

续上表

| 受电弓落弓高度(mm) | 3875 | 额定电压(V) | DC 1500 |
|---|---|---|---|
| 轴距(mm) | 2300 | 受电弓工作高度(mm) | 175~1600 |

列车载客量

表 1-5

| 工况 | 定义 | 每车乘客数(人) | 列车乘客数(人) |
|---|---|---|---|
| AW0 | 无乘客(空载) | 0 | 0 |
| AW1 | 坐客荷载 | A 车 46, B 车和 C 车各 50 | 142 |
| AW2 | 定员荷载(6 人/m²) | A 车 216 人, B 车和 C 车各 242 | 674 |
| AW3 | 超员荷载(9 人/m²) | A 车 302 人, B 车和 C 车各 336 | 940 |

（3）列车质量见表 1-6。

列车在各工况下的质量

表 1-6

| 列车工况 | 列车质量 | 备注 |
|---|---|---|
| AW0(A+B+A) | 约 109t | 1. 车轴最大荷载: <14.0t;<br>2. 乘客平均质量按 60kg 计算, 带驾驶室的动车(空车)约为 37.4t, 不带驾驶室的拖车(空车)约为 34.2t |
| AW1(A+B+A) | 约 118t | |
| AW2(A+B+A) | 约 150t | |
| AW3(A+B+A) | 约 165t | |

## 三、车辆限界

车辆限界是车辆在正常运行状态下运行时形成的最大动态包络线,也就是限制车辆横断面最大允许尺寸的轮廓图形。无论空车或重车在直线地段运行时,所有突出和悬挂部分都应容纳在限界之内。规定限界主要是防止车辆在直线或曲线上运行时与各种建筑物及设备发生接触,以保证车辆安全通行。车辆限界与建筑物或设备限界之间,必须留出一定的、为确保行车安全所需的空间,如图 1-22 所示。这个空间应考虑以下因素。

（1）车辆的主要尺寸:包括车辆长度、车辆高度、车辆最大宽度、车辆定距、固定轴距、地板面高度和受流器安装尺寸等。

（2）车辆由于制造公差或因磨耗及弹簧变形等因素而导致车辆上、下、左、右方向的偏移或侧倾。

（3）车辆在荷载作用下弹簧受压缩引起车辆下沉,以及弹簧由于性能上的误差可能引起的超量偏移或倾斜。

（4）由于轮轨间隙和车辆自身各部分存在的横向间隙而导致车辆与线路间可能形成的偏移。

（5）线路在列车反复作用下可能产生的变形,如轨道不平顺等。

（6）在走行过程,车辆在运动中因力的作用而造成车辆相对线路的偏移。它包括曲线区段运行时实际速度与线路超高所要求的运行速度并不一致而引起的车体倾斜,以及车辆在振动中也会产生的左、右、上、下各个方向的位移。

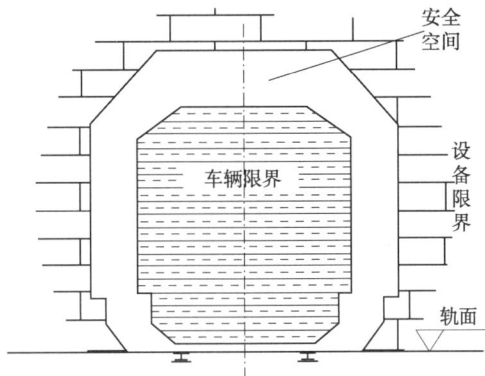

图1-22　限界的示意图

## 四、车辆动力

在运动中,城市轨道交通车辆受到各种外力的作用而影响列车运行(通常把所有作用在列车上的外力的合作用力用 G 表示),作用在车辆的外力按照其性质,可以分为牵引力、运行阻力、制动力 3 类。

1. 车辆牵引力

车辆牵引力($F_k$):牵引车辆前进的力,是属于可控制的外力。

车辆牵引力是由动力传动装置引起的,由司机可调且与列车运行方向相同的外力,其沿轨道牵引运行的外力来自钢轨和轮周(踏面),由于它作用于动轮轮周,所以通常称为轮周牵引力。这个力的产生必须具备两个条件:一是车辆动轮上有动力传动装置传递的旋转力矩,它和牵引电动机的输出特性有关;二是动轮轮周与钢轨接触并存在摩擦作用,主要是轮轨之间的黏着系数以及动轮的荷载。

牵引力的形成如图1-23所示。牵引电动机的转矩通过转轴和传动装置(联轴器、齿轮箱),最后使车辆动轮获得转矩 $M$。车轮产生作用于钢轨的力 $F$,钢轨反作用于车轮的 $F_k$ 使列车发生平移运动。这种由钢轨沿列车运行方向施加于动轮轮周上的切向外力 $\Sigma F_k$ 就是列车的轮周牵引力,简称列车牵引力。作用过程如下:

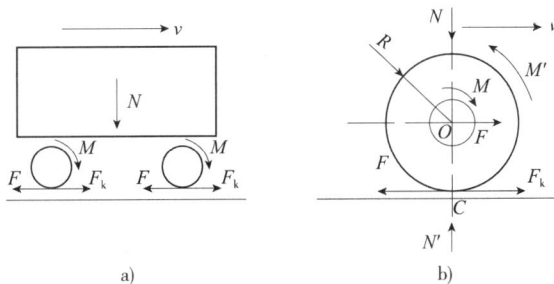

a)　　　　　　b)

图1-23　牵引力的形成

牵引电动机→联轴器→齿轮箱→车轮对钢轨 $F$→钢轨对车轮 $F_k$→列车速度 $v$。

2. 车辆运行阻力

车辆运行阻力（$W$）：在车辆运行过程中产生的与列车运行方向相反的力，自始至终都存在的力。

车辆运行阻力是车辆运行中与列车运动方向相反的外力，根据引起阻力的原因，可把阻力分为基本阻力和附加阻力。

（1）基本阻力。基本阻力是列车在运行中始终存在的阻力。列车在平直道上运行时一般只有基本阻力。产生基本阻力的主要因素有：

①车辆车轮与钢轨间的摩擦阻力，包含列车滚动摩擦阻力和滑动摩擦阻力。

②车辆本体内部运动副之间所产生的摩擦阻力，如轴箱的滚动轴承的摩擦阻力。

③车辆在运行中所受到的空气阻力。

城市轨道交通车辆主要在隧道中运行，由于车辆与隧道的横截面之比很小，在高速运行中车辆与隧道的间隙中存在着强烈气流摩擦和车辆前后的空气压力差，使空气阻力成为车辆的运行阻力。空气阻力与列车运行速度的平方成比例，即车辆速度越高，空气运行阻力越大。

④车辆由于冲击和振动而引起的阻力，如钢轨接缝、轨道不平直、轮轨擦伤等原因引起的轮轨间的冲击；车辆的振动，车辆之间存在的横向、纵向的冲击和振动。

基本阻力与列车运行速度有关。低速时，列车的运行阻力主要为车轮与钢轨、滚动轴承等摩擦阻力，而空气阻力影响较小；高速时，空气阻力将占主导地位。

（2）附加阻力：列车运行在特定情况下（上坡、曲线、起动）出现的阻力。

①坡道阻力（$W_i$）：列车上坡时由列车重力产生的沿坡道斜面的分力称为坡道阻力，如图1-24所示。

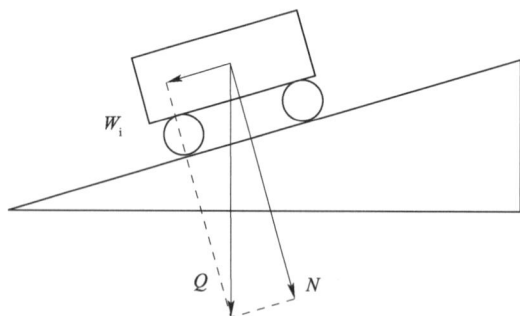

图1-24 坡道阻力示意图

②曲线阻力：曲线阻力是列车通过曲线时增加的阻力。引起曲线阻力的原因有：轮对与钢轨的横向及纵向滑动；轮缘与轨头内侧的摩擦；滚柱轴承的轴端摩擦；中心销及中心销座因转向架的回转而发生的摩擦。曲线阻力与许多因素有关，如：曲线半径、运行速度、外轨超高、车重、轴距、踏面的磨耗程度等。

### 3. 车辆制动力

制动力($B$):与列车运行方向相反并使列车减速或停止的力,属于可控制的外力。

车辆制动力是由制动装置引起的与列车运行方向相反的外力,它比列车运行阻力大得多,通常作用在列车制动减速过程。由于城市轨道交通车辆运行的速度不高,基础制动常采用空气制动,即摩擦制动。在一定的闸瓦压力下,制动力的大小通常取决于闸瓦与车轮间的摩擦系数,而该摩擦系数通常与闸瓦材质、列车速度、闸瓦压力、闸瓦温度和状态有关。

通常,增大制动力可缩短制动距离,可提高行车的安全性,但制动力也和实现牵引力一样,必须遵守黏着定律,不能无限制地增大制动力。当制动力大于轮轨间的黏着力时,会导致车轮因被闸瓦抱死而在钢轨上滑行,从而出现制动力下降,并容易发生轮对踏面及轨面的擦伤。因此,为保证列车的正常的制动性能,制动力必须小于黏着力。

为防止发生列车车轮抱死滑行,列车空气制动系统设有防滑保护。当某轴轮轨间发生滑动时,电子控制单元控制防滑阀关闭压缩空气通路,开启制动缸通向大气的通路,进行排风缓解,待滑行消失后再重新恢复正常制动。这样使车辆在黏着不利的情况下,尽快恢复制动作用,使停车距离减少到最小值,防止轮对踏面和钢轨擦伤。

当三个力作用于车辆时,能控制车辆的加速、匀速和减速运行,根据运动学原理:当合作用力 $G=0$ 时,车辆静止或匀速前进;当 $G>0$ 时,车辆加速运行;当 $G<0$ 时,车辆减速运行。

## ● 实训任务

本模块实训任务见附录任务1。

## ● 知识巩固

### 一、判断题

1. 城市轨道交通车辆普遍采用动车组的编组形式,故城市轨道交通车辆按照有无动力可分为动车和拖车。 （   ）

2. 动车以 D 表示,拖车以 T 表示。 （   ）

3. 我国推荐的轻轨电动车辆有 3 种类型:4 轴动车、6 轴单铰接式和 8 轴双铰接式车。 （   ）

4. 每节城市轨道交通车辆都有属于自己的固定的编号,各城市轨道交通车辆制造商或运营商的编号方式完全一样。 （   ）

5. 贯通道是车辆与车辆之间的客室连接通道。 （   ）

### 二、选择题(含单选和多选)

1. 转向架是车辆的走行装置,其安装于车体与轨道之间,一般由(    )等组成。

    A. 构架      B. 轮对轴箱装置      C. 弹簧悬挂装置      D. 制动装置

2. A 型城市轨道交通车辆车体宽度为(    )。

    A. 2.6m      B. 2.8m      C. 3.0m

3. 车辆主要尺寸中新轮直径为（　　　）。

    A. 830mm    B. 805mm        C. 840mm        D. 780mm

4. 下列说法正确的是（　　　）。

    A. 列车运行速度越高，其所受到的空气阻力越小

    B. 坡度越大，列车的坡道阻力越小

    C. 低速时，列车的轴承和轮轨的摩擦阻力影响比较大

    D. 所有作用在列车的外力大于零时，列车将减速运行

## 三、简答题

1. 简述城市轨道交通车辆的主要结构、类型和特点。

2. 简述城市轨道交通车辆的编组。

3. A 型车和 B 型车的主要尺寸各是多少？

4. 城市轨道交通车辆的车端、车侧是怎样规定的？车门和座椅是如何编号的？

5. 什么是车辆限界？

# 模块 2
# 车体

### 知识目标

    1. 了解轨道交通车辆车体发展历程；

    2. 掌握城市轨道交通车辆车体的组成与分类；

    3. 理解车体模块化生产的优缺点。

### 能力目标

    1. 能识别驾驶室的主要设备；

    2. 能识别客室的主要设备。

### 素质目标

    1. 了解车体材料的发展历程，培养不断创新和精益求精的精神；

    2. 增强对城市轨道交通行业的自豪感和认同感。

### 建议学时

    4 学时。

## 单元 2.1 | 车体概述

### 一、车体的作用及发展历程

车体是车辆结构的主体,既是用来容纳乘客和司机驾驶(对于有驾驶室的车辆),又是安装和连接其他设备及组件的基础。它是由底架、侧墙、端墙及车顶构成一个整体六面体,由于长期处于激烈振动、承载量大而又不稳定等较为苛刻条件下,其总体结构形式、性能和技术经济指标取决于车体材料。

车辆车体结构由最初的全木结构,逐渐演变为钢制底架与木制车体的组合结构、铆接全钢结构以及全焊接单壳车体结构。结构材料由普通碳钢材质迅速发展为轻量化耐腐蚀铝合金或轻型不锈钢材质。车体结构也由骨架与外板构成的单壳结构,演变为以不锈钢双薄板结构或铝合金大型中空挤压型材结构为主体的全双壳结构。

### 二、车体分类

#### 1. 按使用的主要材料分

车体结构按使用的主要材料可分为普通碳素钢车体、高耐候结构钢车体、不锈钢车体、铝合金车体。

(1)普通碳素钢制车体。20世纪80年代以前的钢制车体材料主要采用普通碳素钢。该车体自重较大,使用过程中易受腐蚀,其强度由于腐蚀而降低,增大了维修工作量和维修成本。

(2)高耐候结构钢车体。为延长使用寿命,采用了含有铜或镍铬等金属元素的耐大气腐蚀的低合金钢系列,使车体钢结构的自重减轻了10%~15%,同时在工艺上也采取了一定的防腐措施,延长了车体的使用寿命,但在减轻车体自重和防腐蚀等方面仍然不尽如人意。

(3)不锈钢车体。不锈钢车体的耐腐蚀性较好,强度高。在保证强度和刚度的前提下,车体钢板的厚度可以减小,其结构形式与钢制车体相似,从而实现车体的薄壁化和轻量化,使车体的质量比钢制车体减轻20%~25%。另外,车顶板、侧墙板和底板一般都采用成型的波纹板制成,克服了薄板平整度难以保证的缺点,同时满足强度的要求。

(4)铝合金车体。为进一步实现车体轻量化,许多国家充分利用铝合金比重小、耐腐蚀、容易挤压成形的优点,在解决了铝合金焊接难的问题后,尤其是大型空心铝型材研制成功后,使利用铝合金制造车体成为可能。采用铝合金车体,其自重相比钢制车体可减轻30%~40%。因为铝合金在积水状态下会降低其耐腐蚀性能,所以在车辆检修过程中要注意排水问题,以免积水腐蚀。

● **知识拓展**

**碳纤维地铁列车：中国城市轨道交通的绿色实践**

2024年6月26日，我国成功研制碳纤维地铁列车"CETROVO 1.0 碳星快轨"。这是全球首列用于商业化运营的碳纤维地铁列车，是运载工具应用新材料的里程碑。它将促进轨道交通车辆制造业升级换代。"CETROVO 1.0 碳星快轨"的车身采用了复合材料，其用量超过70%，碳纤维构成主要承重结构，相较于传统金属模组，车体减少了11%的质量。再加上先进的能源管理系统，该车在能源消耗上比传统地铁列车减少了7%～15%。此外，该车还采用了数字孪生技术平台，能够自我诊断和检测潜在问题，确保安全、高效地运行，预计全生命周期维护成本将降低22%。

碳纤维复合材料代表着未来轨道车辆轻量化技术的发展方向。商用碳纤维地铁列车的问世和投入运营，将有力推动地铁车辆主承载结构由钢、铝合金等传统金属材料向碳纤维复合材料转变。这解决了传统金属材料结构减重的问题，实现了我国地铁列车轻量化技术的全新升级，将对推动我国城市轨道交通绿色低碳转型发挥重要作用。

**2.按承载方式分**

车体结构按承载方式可以分为底架承载结构、侧墙和底架共同承载结构和整体承载结构三种方式。

(1)底架承载结构。全部荷载由底架来承担的车体结构称为底架承载结构或自由承载结构。

(2)侧墙和底架共同承载结构。由侧墙、端墙与底架共同承担荷载的车体结构称为侧墙和底架共同承载结构或侧墙承载结构。其侧墙、端墙与底架等通过固接形成一个整体，具有较高的强度和刚度。

(3)整体承载结构。在板梁式侧墙、端墙上固接由金属板、梁组焊而成的车顶，使车体的底架、侧墙、端墙、车顶连接成一个整体，成为开口或闭口的箱形结构，如图2-1所示。这种结构既能充分发挥所有承载零部件的承载作用，又能有效地减轻车体自重。

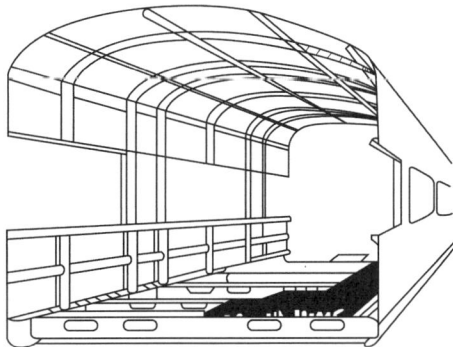

图2-1　整体承载结构

3. 按结构形式分

车体结构按结构形式可分为板梁组合结构、开口型材与大型中空型材组合结构、大型中空型材结构三种形式。这些结构都属于整体承载结构。

4. 按连接方式分

从板与梁（柱）、梁（柱）与梁（柱）之间的连接方式来分，有焊接、铆接、螺栓（钉）粘接连接或混合连接结构。我国和日本大多采用焊接结构。焊接—铆接（或焊接）、螺栓（钉）连接在欧洲应用较多。

5. 按有无驾驶室分

按照车体结构有无驾驶室可分为带驾驶室车体和无驾驶室车体两种。

6. 按车体尺寸分

按车体尺寸可分为 A 型车车体、B 型车车体和 C 型车车体，如：广州地铁 1、2 号线、深圳地铁车辆采用了 A 型车；广州地铁 3、4 号线和天津滨海轻轨采用了 B 型车。

7. 按车体组合方式分

按车体组合方式可分为一体化结构和模块化结构。如广州地铁 1 号线车辆采用的是一体化设计，而 2 号线采用的则是模块化设计。

（1）一体化结构。也称整体焊接结构，即底架、侧墙、车顶和端墙的组装采用焊接工艺焊接。一体化结构车体是先制造车体结构的车顶、侧墙、底架、端墙、驾驶室等部件，然后将部件进行整个车体总成焊接，车体总成后再进行内装、布管布线。

（2）模块化结构。随着技术的发展，近几年出现了一种模块化结构，我国深圳和广州地铁 2 号线车辆也采用了模块化结构。模块化结构与一体化结构车体相比，最大区别是将模块化的概念引入到车体设计、制造与生产管理的各个环节之中。模块化车体设计是将整个车体分为若干个模块（图 2-2），在每个模块的制造过程中，完成整车所需内装、布管与布线的预组装（图 2-3）并解决相互之间的接口问题。各模块完成后，即可进行整车组装。每一模块的结构本身采用焊接，而各模块之间的总装采用机械连接，如图 2-4 所示。

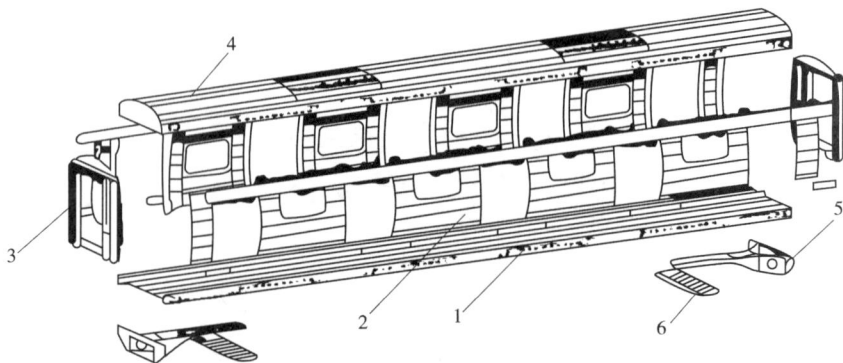

图 2-2　车体模块

1-底架模块；2-侧墙模块；3-端部模块；4-车顶模块；5-牵引梁模块；6-枕梁模块

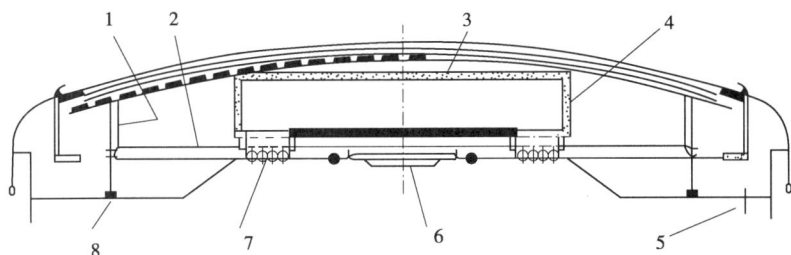

图 2-3 车顶模块

1-顶板吊梁;2-顶板横梁;3-空调风道;4-隔音、隔热材料;5-内部装饰;6-灯带;7-出风口;8-顶板悬挂

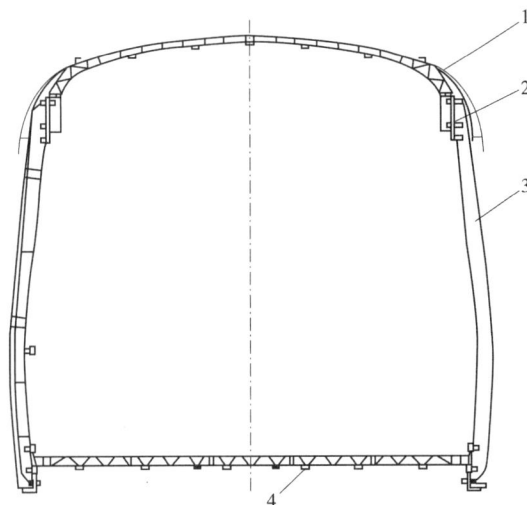

图 2-4 模块化车体总装

1-车顶模块;2-螺栓;3-侧墙模块;4-底架模块

模块化结构的优点如下:

①容易保证整车品质。由于每个模块的制造过程中均要验证其品质,模块制成后均须进行试验,所以整车总装后试验相对简单,整车品质容易保证。

②有利于国产化的实施。由于每个模块制造可以独立进行,并解决了模块之间的接口问题,因此,复杂的、技术难度大的模块和部件可以由国外引进,其余模块和部件在用户本地生产,且对总装生产线要求不高,有利于国产化。

③可以改善劳动条件,降低施工难度;可以减少工装设备,简化施工程序,提高劳动效率,降低生产成本。

④维修方便。在车辆检修中,可采用更换模块的方式进行,方便维修。

从车体结构局部来分析,模块化结构存在如下缺点:模块化结构的个别部件(如驾驶室框架)采用了部分钢材制造,各部件之间又采用了钢制螺栓连接,所以车体自重要比全焊结构稍重。同时,为保证隔热、隔音性能,在车体组装后,内部需喷涂隔音阻尼浆和安装玻璃棉或其他隔热、隔音材料。

车体结构在使用中一般仅对表面涂装进行必要的维修,就结构自身而言,在正常工况下可以满足使用寿命30年的要求。

### 三、车体的特征与结构

#### 1. 车体特征

（1）城市轨道交通车辆一般为电动车组，有单节、双节、三节式等，有头车（及带有驾驶室的车辆）和中间车，以及动车与拖车之分，其车体结构具有多样性。

（2）由于城市轨道交通车辆是服务于城市公共交通，乘客数量多，旅行时间短，上、下车频繁，因此车内设置的座位数量少、车门数量多且开度大，服务于乘客的车内设备简单。

（3）对车辆的自重限制较为严格，特别是高架轻轨，要求列车自重轻、轴重小，以降低线路设施的工程投资。

（4）为减轻列车自重，车辆必须轻量化，对于车体承载结构一般采用大型中空截面挤压铝型材、高强度复合材料或不锈钢等，采用整体承载筒形车体结构，车辆的其他辅助设施也尽量采用轻型材料和轻量化结构。

（5）城市轨道交通车辆一般运营于城市人口稠密地区，并用于运送乘客，所以对车辆的防火要求严格，特别是地铁车辆。通常车体的结构采用防火设计，使用材料须经过阻燃处理。

（6）对车辆的隔音和降噪有严格要求，以最大限度降低噪声对乘客和沿线居民的影响。

（7）用于城市内交通，车辆外观造型和色彩必须考虑城市文化、环境美化，与城市景观相协调。

#### 2. 车体结构

车体主要由底架、侧墙、端墙、车顶等部分组成。

（1）底架。底架是车体中一个重要的部件。主要作用是承受车体上部荷载并传递给整个车体，承受因各种原因而引起的横向力和走行部传来的各种振动和冲击，通过牵引梁连挂组成列车，并在车辆间传递牵引力和制动力。车底架通常是用大型铝合金蜂窝状挤压型材焊接而成，由侧梁、端梁、牵引梁、枕梁和横梁组成。在驾驶端通常还设有一个撞击能量耗散区，在车辆受撞击时用以吸收传至地板水平方向的能量，可最大限度地保护客室乘客安全。底架上设有各种吊梁、吊卡、线槽、安装座，用来安装车钩缓冲、各种机电设备、制动设备等。

车辆地板也是底架的一个重要组成部分，地板的性能直接与车辆的隔音隔热、防滑等相关，也与车辆的清洁、维护保养相关。一般的地板主要由金属地板、地板布、支撑梁、隔音隔热材料和阻尼浆等组成。

（2）侧墙。侧墙通常是由多个空腔结构按纵向分布组成，由中空截面的铝合金挤压型材铆接或焊接而成。侧墙主要用以安装客室窗玻璃、客室车门、座椅等部件。侧墙的结构主要由墙板、支撑梁、隔音隔热材料和阻尼浆组成。

北京地铁车辆DK6以前车辆侧墙采用两面黏结塑料的胶合板，支撑梁采用木质件，隔音隔热材料采用超细玻璃棉和阻尼浆，该结构的主要缺点是防火性能差。为提高防火性能，对后期生产的地铁车辆进行了技术改造,主要措施是减少木质件的使用量并对其进行防火处理,并用复合铝板代替胶合板,改善防火性能。

上海和广州地铁车辆侧墙采用非饱和聚酯玻璃钢板黏结泡沫状密胺树脂和铝板的复合板,支撑梁采用金属梁,隔音、隔热材料采用矿渣棉并用铝箔包装,金属铝墙板的内表面涂覆阻尼浆,防火性能良好。

(3)端墙。车辆端部为简单的焊接或铆接结构,过渡设备用框架固定。端墙的结构通常由墙板、支撑梁、隔音隔热材料和阻尼浆组成,与侧墙结构基本相似。端墙主要用于贯通通道、空调单元、驾驶室的连接。

(4)车顶。车顶由几个空腔部分按照纵向排列组成,包括拱形顶梁。每节车顶通常装有受电弓及其连接装置、车辆无线电天线、通风口、空调设备及其换气连接、电力供应和排水装置等。

## 单元2.2 ┃ 不锈钢车体

### 一、不锈钢车体发展历程

普通碳素钢车体不耐腐蚀,经过几年暴露在大气环境下的运行后就会严重腐蚀,造成很大的浪费。为了克服碳素钢不耐腐蚀的缺点,美国巴德公司率先在局部腐蚀严重的部位采用不锈钢材料,实现在车体上首次使用不锈钢材料。虽然美国率先使用不锈钢技术,但发展该技术的却是日本。日本不锈钢车体工艺水平和生产规模都走在世界的前列,其不锈钢车体开发分为以下4个阶段。

(1)外壳不锈钢车辆阶段。日本东急电铁公司于20世纪50年代中期生产的5200系列地铁车辆采用的是不锈钢外壳,这一系列的地铁车辆是不锈钢外壳车辆的代表。

(2)半不锈钢车辆阶段。日本东急电铁公司于20世纪70年代引进了巴德公司的不锈钢地铁车辆生产技术,自行研发了7000系列地铁车辆,这一系列的地铁车辆除了外壳采用不锈钢材料,车体骨架的梁柱也采用不锈钢材料,是半不锈钢车辆的代表。

(3)全不锈钢车辆阶段。日本东急电铁公司通过引进技术与自行研发,在开发不锈钢地铁车辆方面积累了很多的经验,其自行研发生产的全不锈钢车辆8090系列地铁车辆就是典型代表。8090系列地铁车辆的车体骨架、外壳都采用不锈钢材料,仅在车体底架的牵、枕、缓部件上采用耐候钢材料。

(4)轻量化不锈钢车辆阶段。在实现地铁车辆的全不锈钢应用后,为了进一步将车体自重降低,日本地铁公司在结合轻量化设计方法的基础上,进一步开发轻量化的不锈钢车辆,其开发的209系列车辆相较于普通钢制车辆,质量降低了约40%,是轻量化不锈钢车辆的先驱。在节能和降低维修费用方面的优越性也得到了广泛肯定,越来越多的国家开始使用不锈钢车辆。

我国城市轨道交通车辆采用不锈钢材料起步是在20世纪80年代，当时长春客车厂利用太原钢铁厂生产的不锈钢板材制造了两辆不锈钢地铁车辆，其仅是在车辆的外墙部分采用不锈钢材料，使用的不锈钢板材材质相当于SUS304；随后，20世纪90年代，青岛四方车辆厂以合作生产的方式，通过与德国阿门道夫公司进行技术合作，共同生产了20辆不锈钢地铁车辆。我国最早投入运营的轻量化不锈钢车辆，是由长春客车厂在日本轻量化车辆生产专家指导下为北京地铁生产的4辆地铁车辆。2002年，南车四方机车车辆厂通过与日本川崎重工合作，引进轻量化不锈钢车辆产生技术及车体生产线，开发并生产出全轻量化地铁不锈钢车辆。近几十年来，国内长春轨道客车股份有限公司、南京浦镇车辆有限公司、四方机车车辆股份有限公司等企业在研发与生产制造领域都取得长足的进步，为地铁车辆生产全面国产化作出了很大贡献。

## 二、不锈钢车体结构

不锈钢车体结构（图2-5）由碳钢车体结构发展而成，两者有很多相似性，采用整体式承载结构。不锈钢与耐候钢相比，强度更好，抗腐蚀能力更为突出，且在设计中能通过降低钢板的厚度而实现轻量化的目的。不锈钢车体的结构件也无须为防腐蚀而进行涂装和维修过程中的挖补处理，这样能减轻车体自重。其车体侧墙外板厚度由耐候钢板材的1.5mm减少到不锈钢板材的0.6mm，减幅超过60%，减重效果明显。

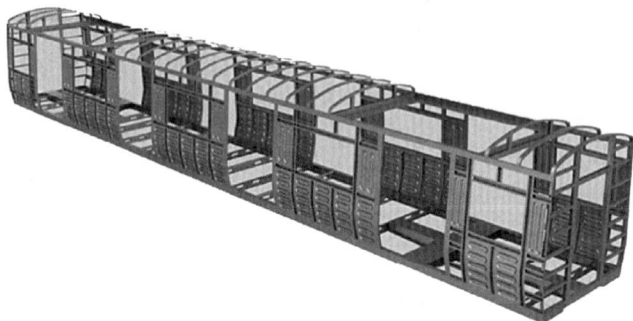

图2-5　车体三维几何模型

1. 车体底架结构

不锈钢车体底架结构与耐候钢车体底架结构类似，由边梁、大小横梁、波纹地板等结构件焊接而成。其中，边梁、大横梁、小横梁采用板材厚度为4mm的SU301-HT不锈钢材料，为有效降低自重，大小横梁腹板处均设有减重孔。车体纵向荷载由底架边梁、波纹地板传递，底架钢结构模型如图2-6所示。

2. 侧墙结构

车辆横截面为鼓形，主要由立柱、横梁以及墙板和门窗等结构件组成。鼓形断面能够增加车体横向抗弯刚度，也能合理利用限界条件增大车体内部空间。侧墙板分为内墙板和外墙板。外墙板采用平板结构,侧墙内部设计了冲压成型的内层筋板和盲窗筋板,通过立体搭接焊连接,这样形成双薄板结构能提高车体刚度。侧墙骨架梁柱采用 SUS301L-HT 不锈钢,如图 2-7 所示。

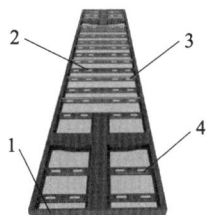

图 2-6　底架钢结构模型

1-端梁;2-小横梁;3-边梁;4-大横梁

图 2-7　侧墙骨架几何模型

### 3. 端墙结构

端墙可以防止列车相撞时出现套车,并与底架、侧墙和车顶共同作用,防止客室受损,保证乘客安全。端墙由端墙板、门口框架、下边梁、门上立柱、补强梁、端角柱、端顶弯梁及其他梁柱组成。连接端端墙除门口框架外均采用电弧焊,其余板梁均采用点焊。

端墙分为端顶板、左右下墙板,板材为 SUS301L-DLT,门上立柱和补强梁材料均为强度等级最高的 SUS301L-HT,门角处采用 SUS301L-DLT,端墙骨架的几何模型如图 2-8 所示。

### 4. 车顶

车顶结构主要由弧顶、平顶、弧顶与平顶的连接部组成。弧顶部分的组成结构件主要有弧顶部纵梁、车顶及平台端弯梁、车顶波纹板和连接板等。平顶部分则由空调机组顶板、平顶部横梁、平顶部纵梁等组成。车顶波纹板采用冷滚压成型工艺,采用 SU301L-ST 不锈钢,车顶波纹板采用与波纹地板相同的滚焊焊接,能够在满足车体密封性要求的基础上增加车顶的刚度。车顶骨架几何模型如图 2-9 所示。

图 2-8　端墙骨架几何模型

图 2-9　车顶骨架几何模型

## 单元2.3 | 铝合金车体

铝合金车体是一种采用铝合金型材制造而成的轻型整体承载结构车体,它的发展也是逐步成熟的,铝合金的应用也是从部分车体逐步扩大到整个车体的,常采用模块化结构或全焊接组装,是一种新型的车体结构。铝合金材料密度小、比强度高,由其制造的车体在满足车体强度和刚度的同时大幅度地减轻了车体的自重。

### 一、铝合金力学性能

(1)质轻且柔软。铝的密度为 $2.71g/cm^3$,约为钢密度( $7.85g/cm^3$ )的1/3;弹性模量也约为钢的1/3。

(2)强度好。纯铝的抗拉强度约为 $80MN/m^2$,是低碳钢的1/5。但经过热处理强化及合金化强化,其强度会大幅增加。如铝合金车体常用的材质6005A-T6,它的最低抗拉强度为 $360MN/m^2$,能达到低碳钢相应的强度值。

(3)耐蚀性能好。铝合金接触空气后,表面会形成一层致密的氧化铝保护膜,该保护膜具有很强的抗腐蚀能力,所以耐蚀性能好。

(4)加工性能好。车辆用型材挤压性能好,二次机加工、弯曲加工也较容易。

(5)易于再生。铝的熔点低(660℃),再生简单。在废弃处理时也无公害,有利于环保,符合可持续发展战略。

目前,铝合金车体主要使用5000系列、6000系列、7000系列的铝合金。3个系列铝合金材料的特性与用途见表2-1。

城市轨道交通车辆常用铝合金材料的特性与用途 表2-1

| 铝合金种类 | 主要成分 | 特性 | 用途 |
|---|---|---|---|
| 5000系列 | Al<br>Mg(0.2%~5.6%) | 耐腐蚀性、焊接性、成型性很好,强度较高,代表合金有5052、5083和5N01等 | 常在车辆的板梁式结构侧板、骨架和顶板处使用 |
| 6000系列 | Al<br>Mg(0.45%~1.5%)<br>Si(0.2%~1.2%) | 耐腐蚀性和强度好,挤压加工性能较好,代表合金有6005A、6061、6063和6N01等 | 在铝合金车体中广泛使用 |
| 7000系列 | Al<br>Zn(0.5%~6.1%)<br>Mg(0.1%~2.9%)<br>Cu(0.1%~2.0%) | 焊接性和耐腐蚀性差,强度最高。Al-Zn-Mg合金的焊接接头效率高,代表合金有7005A、7005、7178、7N01、7003等 | 应用在承受荷载很大的牵、枕、缓部件 |

## 二、铝合金车体结构类型与优点

### 1. 铝合金车体结构类型

世界上最早的铝合金车体是 1952 年英国研制的伦敦地铁电动车组。铝合金车体的发展经历了板梁型材期、开口型材期和大型桁架中空型材期三个发展阶段。

(1)板梁型材期。它是铝合金车体发展的较早形式,车体由铝板和实心型材制成,铝板和型材通过铝制铆钉铆接、焊接等进行连接。采用此种形式的铝合金车体,与钢制车体相比,只有在板梁与加圆骨架之间的连接方式有所不同。

(2)开口型材期。该类型是整体承载式结构在车体结构中的应用,该结构主要依赖大型开口型材的组合。

(3)大型桁架中空型材期。大型桁架中空型材平行放置,且只在车体的纵向延伸,同时利用自动连续焊进行型材连接,该结构具有极好的机械性能,可最大限度地减少车体构件种类和数量,使车体结构变得简单。因此,无论是在设计上还是生产制造上,都具有很大优势,结构形式简洁,有利于生产工艺自动化,还可以为车体的检修和维护带来方便。

### 2. 铝合金车体的优点

与普通碳素钢车体、不锈钢车体相比,铝合金车体具有以下优势:

(1)铝合金车体能够大幅度减轻车辆自重,在车体长度相同的情况下,与普通碳素钢车体相比,铝合金车体的自重能够降低 30% ~ 50%,质量强度比约为普通碳素钢车体的 2 倍。碳素钢车体、不锈钢车体、铝合金车体的质量之比约为 10:8:6。

(2)铝合金具有较小的密度和弹性模量,所以铝合金对冲击荷载具有较高的吸收能力,因此可以减少振动和降低噪声,改善乘客的乘坐舒适性。

(3)由于目前的铝合金车体都采用了大型桁架中空型材,因此,铝合金车体具有更好的气密性,能够减少车辆行驶中车辆外部空气从车体缝隙进入车厢内,提高了车辆的保温和隔热性能,有利于增加乘客的舒适性。

(4)车体采用大型中空型材还能够最大限度地减少连接件的数量,降低车辆自重,实现车体轻量化,同时还可以减少维修费用,延长车辆的使用寿命。

## 三、铝合金车体架车

由于车体采用铝合金焊接结构,车体较碳素钢结构容易产生变形,因此在日常架车检修工作中,应特别注意使用合适的顶车位置,以防车体翘曲变形。为此,制造商规定了顶车位置,并在外墙下沿标有顶车标记,其标记为"▲"。

修程不同则顶车点不同,顶车点位置如图 2-10 所示。

(1)整车架起(带转向架)顶车点号为:3、4、5、6。

(2)无转向架架车顶车点号可为:1、2、7、8 或 1、2、5、6 或 3、4、7、8 或 3、4、5、6,亦可用三点架车,其顶点号为:1、2、10 或 3、4、10 或 7、8、9 或 5、6、9。

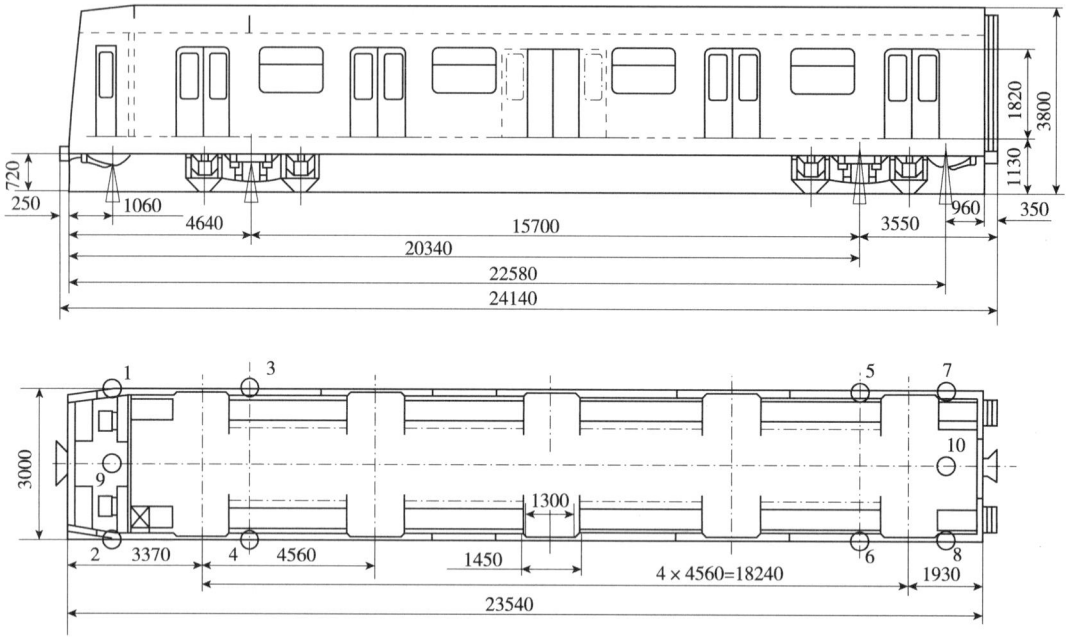

图 2-10　上海地铁车辆 A 型车顶车点（尺寸单位:mm）

## 四、铝合金车体结构

图 2-11 所示为上海地铁车辆铝合金车体的鼓形断面,这鼓形断面既能使车辆在隧道内获得最大截面积,增大车内空间,又能提高车辆在圆形隧道内的活塞效应,加强隧道自然通风能力。它是由车顶、侧墙、端墙、底板等组成的整体承载薄壳型结构。

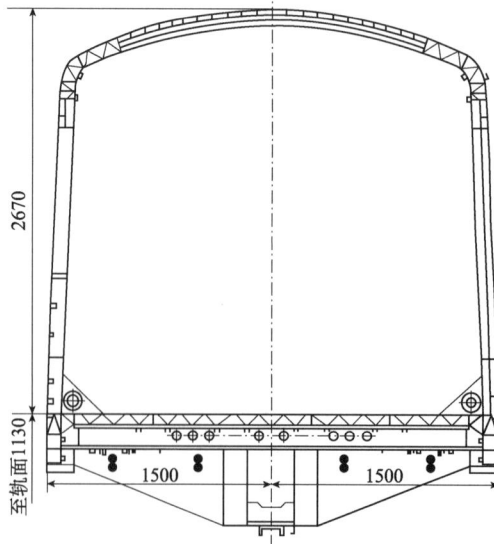

图 2-11　上海地铁车辆铝合金车体断面图（尺寸单位:mm）

车体底板由地板、侧梁、枕梁、横梁和牵引梁组成。5 块宽度为 520mm、高度为 70mm 与车体等长的地板梁通过两侧的接口拼焊成车体地板,每块地板梁由上下翼板、腹板和 6 块筋板组成,各板厚度仅为 2.5mm。底板侧梁(宽度 200mm、高度 324mm)采用与车体等长的薄壁中空截面挤压铝型材制成,型材壁厚 4~6mm。A 车底板的前端设有撞击能量耗散区,其上开有三排椭圆孔,当车辆受到意外撞击时,它能产生较大的塑性变形,从而吸收纵向冲击能量,起到保护司机、乘客和车辆的作用。底板两端设有牵引梁和横向承载梁,用来安装车钩牵引缓冲装置和传递车辆间的牵引力和冲击力。车顶、侧墙、端墙中部填充有玻璃纤维或矿物棉,以起到隔热作用。同时,车顶、侧墙及其地板下涂有隔音及防水涂料、转向架部区域的地板下部黏结有隔音材料,起到降低噪声作用。下面介绍车体结构各大部件的结构特点。

1. 车顶

车外顶板两侧小圆弧部分采用形状复杂的中空截面挤压铝型材,中部大圆弧部分为带有纵向加强杆件的压型车顶板,其长度与车顶等长,车顶组装时仅留下几条与车顶等长的纵向长焊缝。

客室内顶板由三部分组成,中间为平板,平板两侧为多孔的通风口平板,最外侧为客室照明灯的灯箱。平板安装在悬挂的车顶吊架上。

2. 侧墙、端墙

由于车体侧墙左右侧各有 5 页车门和 4 个车窗,故每面侧墙被分隔成 6 块带窗框、窗下间壁、左右窗间壁或门间壁的分部件,全车共 12 块,在组装时分别与底板、车顶拼接。各分部件骨架材料为整体的中空截面挤压铝型材。

客室内的侧墙、端墙都采用阻燃的密胺树脂胶合板制成。由于在组装焊接的侧墙、端墙的铝合金材料的内侧涂抹阻尼浆并敷贴保温材料,所以侧墙、端墙都具有隔热保暖的功能。

3. 地板

直流传动车与交流传动车的客室地板结构不同。直流传动车地板是先在底板上纵向布置 4mm 厚的橡胶条,再铺设 16mm 厚的多层夹板,用螺钉将多层夹板固定在底架上,然后在多层夹板上黏结 2.5mm 厚的灰色 PVC 材料地板。这是一种具有耐磨、阻燃和防滑功能的地板面材料,但黏结塑料地板的黏合剂在潮湿的环境中很容易丧失黏性,因此当多层夹板一旦受潮,塑料地板就很容易起泡,甚至脱落。因此,制造商在生产交流传动车时做了改进,将多层夹板改换成表面很平坦的铝合金轻型型材,并在铝型材表面直接粘贴 PVC 塑料地板,有效地解决了塑料地板起泡和脱落的问题。

## 五、铝合金车体与不锈钢车体对比

目前,城市轨道交通车辆中车体结构使用的材料主要为不锈钢和铝合金,其机械性能、质量、价格、工艺等方面对比如表 2-2 所示。

铝合金车体与不锈钢车体对比　　　　　　　　　　　　　表 2-2

| 对比项目 | 铝合金车体 | 不锈钢车体 |
|---|---|---|
| 材料与结构 | 屈服强度、抗拉强度、延伸率以及弹性模量为不锈钢车体的1/3左右；刚度较小；需采用加大板厚和尽量加大车体端面来提高车体抗弯刚度 | 不锈钢车体比铝合金车体的整体机械性能优良 |
| 价格与质量 | 价格较不锈钢车体便宜；车体质量4～5t | 价格较高，主要原因是生产工艺极其复杂，费工费料；车体质量6～7t |
| 制造工艺 | 铝合金车体目前普遍采用大型桁架式中空型材组焊式，中空铝型材是制造厂一次轧制而成，车辆制造厂只需下料、拼装、氩弧焊接，工艺简单、省工省料 | 不锈钢车体采用板梁组合整体承载全焊结构，尽量采用点焊；采用接触焊代替弧焊是不锈钢车的一大特征和技术关键，因此需要大量工装、模具、夹具、样板和中间检查手段，生产工艺比较复杂，费工费料 |
| 外观质量 | 铝合金车体耐腐蚀性能比不锈钢要差，但中空铝型材平整、挺拔，又可根据用户要求选择不同的装饰和颜色，因此给人的感觉是庄重、美观，广大乘客容易接受 | 不锈钢车体制造过程中虽然不必进行防腐保护，也无须涂漆，但为了提高装饰性，使一般板材自带线条或梨皮点状装饰，车辆制造厂家通常会适当修饰。由于外墙板很薄、很光滑，对不平度反应灵敏，只要有0.2mm的凹凸，经反光折射，肉眼就感到不舒服，尤其是薄板的点焊印更是无法消除，密密麻麻的焊点是设计确定、工艺保证的，焊点的排列、深度、大小的一致性都有严格的要求 |
| 抵御磕碰、防划伤能力 | 铝合金受磕碰划伤后可以修复 | 不锈钢是薄板且为拉丝板，容易划伤，出现划痕难以消除 |
| 车下设备提供安装空间和布置方式 | 中空铝型材车体，车下空间大，适应大线槽布线和空气管路预装配，做到整体吊装，实现模块化结构要求 | 不锈钢车体由于板薄，板梁点焊结构，车下空间小，设备布置分散，故只能用传统的预留线槽线道、穿线工艺，线路、管路布置困难 |
| 使用寿命 | 铝合金熔点在630～650℃且到300℃以上就发软变形，使用寿命较不锈钢车体差 | 不锈钢熔点在1400℃以上，使用寿命较铝合金车体长 |
| 使用业绩 | 上海地铁1、2、3、4号线及明珠2号线，广州地铁1、2、8号线及深圳地铁1号线等所有地铁A型车；广州地铁3号线及北延段落、广佛线、武汉地铁、天津地铁、重庆单轨B型车；广州地铁4、5号线直线电动机牵引L型车等 | 天津滨海线轻轨，北京地铁4、5、10号线，沈阳地铁 |

## ◎ 单元 2.4 ｜ 驾驶室

驾驶室通过隔离墙与客室分开，乘客不能进入驾驶室，驾驶员可以自由进出驾驶室和客室。通常在驾驶室左边安装应急逃生门，该逃生门是机械式，驾驶室各门打开后，乘客可以通过逃生门的梯子逃出车外。驾驶室主要设备有:挡风玻璃、雨刮器、遮阳板、驾驶台设备、设备柜、司机座椅和主控钥匙锁等。

(1)挡风玻璃。在主、副驾驶台前车窗玻璃为12mm厚的挡风玻璃,挡风玻璃由内层挡风玻璃、外层挡风玻璃及由聚氨酯密封胶构成,内部有防飞溅层,防止玻璃受到碰撞而飞溅颗粒;在玻璃内埋有电加热丝,在冬季可进行加热除霜。

(2)雨刮器。雨刮器在雨天或清洗玻璃时使用,可以给司机提供较为清晰的视野。通常有气动和电动两种类型。

(3)遮阳板。在列车运行时,保护司机免受过强阳光及对面列车灯光直射,它是采用手动操作模式,安装在驾驶室前罩挡风玻璃上,每个驾驶室只安装有一个遮阳板。

(4)驾驶台设备。驾驶台只安装在A车,供驾驶列车使用。如图2-12所示,为某地铁公司采用的驾驶台。驾驶台上通常集成了各种控制列车的开关、按钮、指示灯,车载电台、广播控制盒、司机操作显示屏、车辆显示屏、仪表面板、警惕按钮、司机控制器和乘客信息监控显示屏等设备。各主要设备及其功能如表2-3所示。

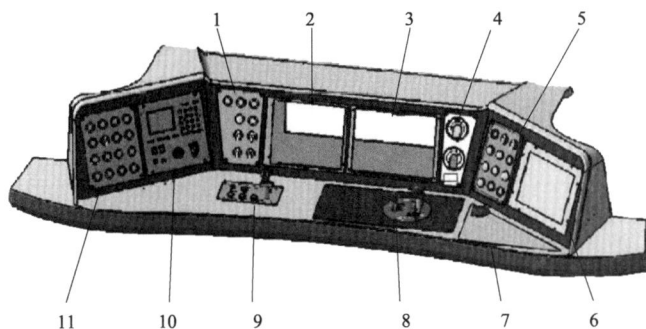

图2-12 某B型车驾驶台布局图

1-面板N1;2-面板N2;3-司机操作显示屏;4-车辆显示屏;5-仪表面板;6-面板N3;7-乘客信息显示屏;8-警惕按钮;9-司机控制器;10-广播控制盒;11-无线电控制盒

**驾驶台各主要设备及其功能** 表2-3

| 序号 | 设备名称 | 设备功能 |
|---|---|---|
| 1 | 驾驶台面板N1、N2、N3 | 集成了用于列车控制的开关、按钮、指示灯 |
| 2 | 无线控制盒 | 用于安装车载电台,是列车司机接收行车调度员指挥的重要工具 |
| 3 | 广播控制盒 | 地面控制中心可通过其实现对车广播,司机也可通过该终端实现与地面的双向通话 |
| 4 | 司机操作显示屏(TOD) | 用于显示司机操作 |
| 5 | 车辆显示屏 | 用于显示列车各设备的状态信息、警示标志、操作按钮,司机也可通过该屏向列车发送操作指令 |
| 6 | 司机控制器 | 司机通过司机控制器来实现列车的牵引和制动 |
| 7 | 仪表面板 | 安装有压力表、电压表及里程计。其中,压力表主要是双针压力表,显示主风缸和制动缸的压力。主风缸压力通过表中的白色指针进行指示;制动缸压力(取自于Tc车第一个转向架)通过红色指针进行指示。电压表:显示蓄电池的电压,充电机未工作状态下显示的是蓄电池电压,充电机工作状态下显示的是充电机的输出电压。里程计:主要功能是记录列车累计运营里程 |

| 序号 | 设备名称 | 设备功能 |
|---|---|---|
| 8 | 警惕按钮 | 用于突发情况时的列车紧急停车 |
| 9 | 乘客信息监控显示屏 | 用于显示列车摄像头拍摄到的驾驶室和客室信息 |

驾驶台面板 N1、N2 和 N3 如图 2-13 所示，其按钮功能如表 2-4 所示。

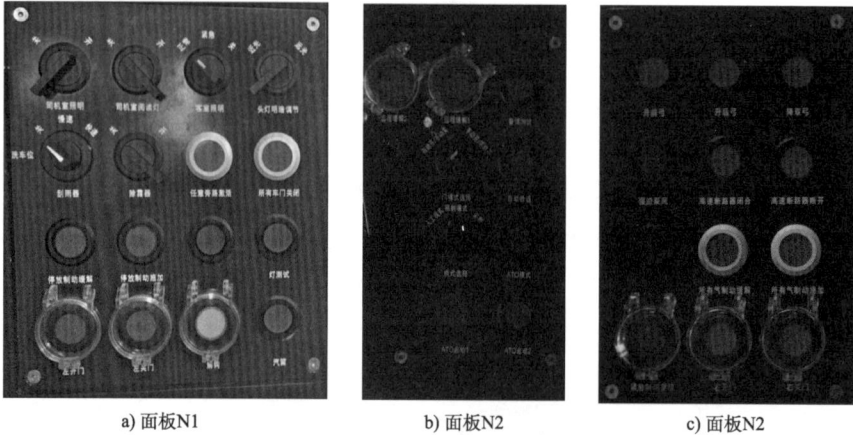

a) 面板N1　　　　　　b) 面板N2　　　　　　c) 面板N2

图 2-13　驾驶台面板

**驾驶台面板 N1、N2、N3 主要按钮及其功能**　　　　表 2-4

| 序号 | | 名称 | 功能 |
|---|---|---|---|
| 1 | | 驾驶室照明 | 自锁开关，用于控制驾驶室三个照明灯的开与关 |
| 2 | | 驾驶室阅读灯 | 自锁开关，用于控制驾驶室阅读灯的开与关 |
| 3 | | 客室照明 | 自锁开关，用于客室正常照明与紧急照明的切换 |
| 4 | | 头灯明暗调节开关 | 自锁开关，用于头灯远光与近光模式的切换 |
| 5 | | 刮雨器 | 自锁开关，用于选择刮雨器工作模式 |
| 6 | | 除霜器 | 自锁开关，用于控制除霜器的开与关 |
| 7 | | 任意旁路激活 | 当有旁路开关激活时，该指示灯亮（红色） |
| 8 | | 所有车门关闭 | 当所有客室车门关好时，该指示灯亮（绿色） |
| 9 | 驾驶台面板 N1 | 停放制动缓解 | 带灯自复位按钮，用于停放制动的缓解，当所有停放制动缓解时，该按钮灯亮（绿色） |
| 10 | | 停放制动施加 | 带灯自复位按钮，用于停放制动的施加，只要有停放制动未缓解，该按钮灯亮（红色） |
| 11 | | 灯测试 | 自复位按钮，用于测试驾驶室内各指示灯显示是否正常，按下该按钮驾驶室内各指示灯及带灯按钮的灯亮，否则相应灯故障 |
| 12 | | 左开门 | 带灯自复位按钮，当门释放信号有效时，则该按钮灯亮（绿色），此时可使用该按钮手动开门 |
| 13 | | 左关门 | 带灯自复位按钮，需手动关门时，使用该按钮，如有任何客室门没关好，则该按钮灯亮（红色） |
| 14 | | 解钩 | 带灯自锁按钮，当列车连挂成功后，该按钮灯亮（白色），可通过按下该按钮来解钩 |
| 15 | | 汽笛 | 自复位按钮，用于鸣笛控制 |

续上表

| 序号 | 名称 | | 功能 |
|---|---|---|---|
| 16 | 驾驶台面板 N2 | 远程缓解 2 | 自复位按钮,用于缓解被连挂车常用制动(暂不允许司机使用) |
| 17 | | 远程缓解 1 | 自复位按钮,用于缓解本车常用制动,司控器手柄在牵引区域有效(暂不允许司机使用) |
| 18 | | 警惕测试 | 自复位按钮,用于测试警惕按钮功能是否正常可用,零速时按下该按钮3s后,车辆产生紧急制动,否则警惕按钮功能失效 |
| 19 | | 门模式选择 | 自锁开关,用于选择门的操作模式 |
| 20 | | 自动折返 | 自复位按钮,用于启动车辆自动折返模式(暂不允许司机使用) |
| 21 | | 模式选择 | 自锁开关,用于选择列车驾驶模式 |
| 22 | | ATO 模式 | 自复位按钮,用于建立自动驾驶模式 |
| 23 | | ATO 启动 1 | 自复位按钮,用于自动驾驶模式下发车,与 ASPB2 一起使用 |
| 24 | | ATO 启动 2 | 自复位按钮,用于自动驾驶模式下发车,与 ASPB1 一起使用 |
| 25 | 驾驶台面板 N3 | 升前弓 | 自复位按钮,用于升起前端受电弓,当前端受电弓升起后,该按钮灯亮(绿色) |
| 26 | | 升后弓 | 自复位按钮,用于升起后端受电弓,当后端受电弓升起后,该按钮灯亮(绿色) |
| 27 | | 降双弓 | 自复位按钮,用于降下前、后端受电弓,当列车没有受电弓升起时,该按钮灯亮(红色) |
| 28 | | 强迫泵风 | 自复位按钮,用于强制启动空压机 |
| 29 | | 高速断路器闭合 | 自复位按钮,用于闭合所有高速断路器,当所有高速断路器闭合后,该按钮灯亮(绿色) |
| 30 | | 高速断路器断开 | 自复位按钮,用于断开所有高速断路器,当所有高速断路器断开后,该按钮灯亮(红色) |
| 31 | | 所有气制动缓解 | 当所有气制动缓解时,该指示灯亮(绿色) |
| 32 | | 所有气制动施加 | 当所有气制动施加时,该指示灯亮(红色) |
| 33 | | 紧急制动复位 | 自复位按钮,用于缓解紧急制动,仅当紧急制动触发条件消失且司控器在制动区域时有效 |
| 34 | | 右开门 | 带灯自复位按钮,当右门释放信号有效时,则该按钮灯亮(绿色),此时可使用该按钮手动开门 |
| 35 | | 右关门 | 带灯自复位按钮,需手动关门时,使用该按钮,如有任何右侧客室门没关好,则该按钮灯亮(红色) |

(5)电器柜。电器柜设置在驾驶室后面的右侧,负责本车交直流配电、列车牵引制动等逻辑控制,是无线电控制中心及车辆电器节点。电器柜采用面板、中间夹层、柜体后面三层布置,侧面布置端子排。柜体分为驾驶室侧和客室侧,面板布置在驾驶室侧。面板从上到下

分别布置着按钮、旋钮、电池电压表、里程计、运行模式选择旋钮、铭牌及断路器等。图 2-14 为某 B 型车继电器柜开关面板及元器件，表 2-5 为继电器柜元器件名称和功能。

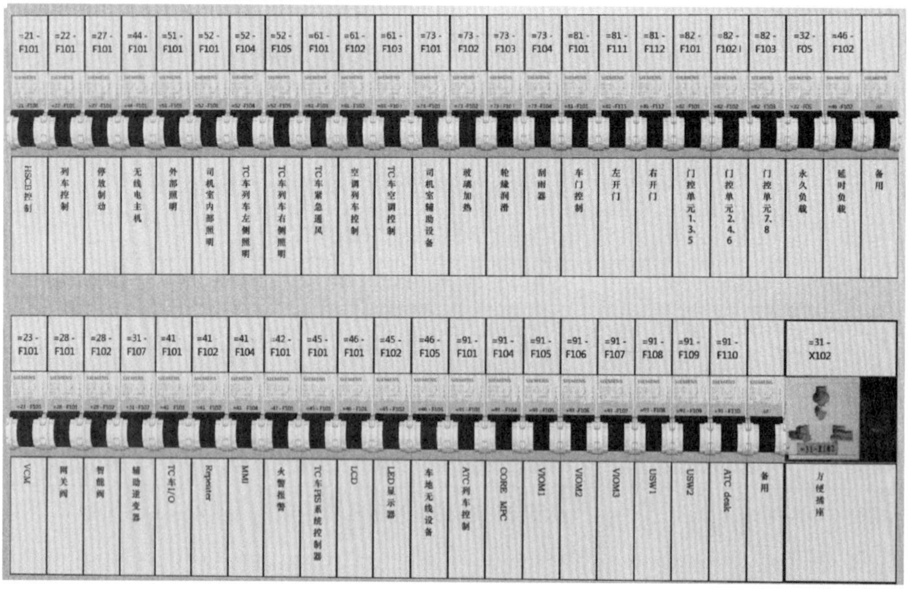

a)

b)

图 2-14　某 B 型车继电器柜

某 B 型车继电器柜元器件名称及功能    表 2-5

| 序号 | 名称 | | 功能 |
|---|---|---|---|
| 1 | | HSCB = 21-F101 | 控制高速断路"分""合"开关 |
| 2 | | 列车控制 = 22-F101 | 实现控制功能 |
| 3 | | 停放制动施加 = 27-F101 | 对应单节显红本,I/O 本车停放制动缓解无信号 |
| 4 | | 无线电主机 = 44-F01 | 控制车载电台电源 |
| 5 | | 外部照明 = 51-F101 | 全部灯无电源 |
| 6 | | 驾驶室内部照明 = 52-F101 | 控制本驾驶室的照明 |
| 7 | | Tc 车客室左边正常照明 = 52-F104 | 控制本车左边照明 |
| 8 | | Tc 车客室右边正常照明 = 52-F105 | 控制本车右边照明 |
| 9 | | Tc 车紧急通风 = 61-F101 | 紧急通风失效,紧急逆变模块供电 |
| 10 | | 空调列车控制 = 61-F102 | 空调灯不亮 空调不能控制(控制回路) |
| 11 | | Tc 空调控制 = 61-F103 | 空调故障空调控制模块供电 |
| 12 | | 驾驶室辅助设备 = 73-F101 | 解钩不能实现,温度计失电,速度表灯不亮,及部分辅助设备 |
| 13 | | 玻璃加热 = 73-F102 | 控制玻璃加热主电路测量73-K103 5号6号点电压 |
| 14 | | 轮缘润滑 = 73-F103 | 轮缘润滑控制供电 |
| 15 | | 刮雨器 = 73-F104 | 实现控制雨刮器控制板面电源 |
| 16 | 设备柜空气开关 | 车门控制 = 81-F101 | 需要把 TC1 及 TC2 的 MCB 开关都要断开车门开关门不能控制 |
| 17 | | 左门开 = 81-F111 | 监控车门关好 I/O,及关好门灯(安全回路) |
| 18 | | 右门开 = 81-F112 | 监控车门关好 I/O,及关好门灯(安全回路) |
| 19 | | 门控单元 1、3、5 = 82-F101 | 本车门控电源 |
| 20 | | 门控单元 2、4、6 = 82-F102 | 本车门控电源 |
| 21 | | 门控单元 7、8 = 82-F103 | 本车门控电源 |
| 22 | | 永久负载 = 32-F05 | 提示蓄电池欠压,需要断 TC1 及 TC2 的空气开关整车 110V 失电 |
| 23 | | 延时负载 | 延时供电 |
| 24 | | 备用 | 无 |
| 25 | | VCM = 23-F101 | HMI 显示网络 VCM 通信故障(VCM 供电) |
| 26 | | 网关阀 = 28-F101 | 网络 BCU 通信故障,本节列车网关阀、智能阀通信故障(BCU 中级故障) |
| 27 | | 智能阀 = 28-F102 | 智能阀通信故障(BCU 中级故障) |
| 28 | | 辅助逆变器 = 31-F107 | 辅逆控制供电,辅助逆变器不工作网络报故障 |
| 29 | | Tc 车 I/O = 41-F101 | TC1 和 TC2 同时显示 I/O 模块失电(DXM、AXM、DIM) |
| 30 | | REPEATER = 41-F102 | REM 模块失电 |
| 31 | | MMI = 41-F104 | HMI 失电 |

续上表

| 序号 | | 名称 | 功能 |
|---|---|---|---|
| 32 | 设备柜空气开关 | 火灾报警器 =42-F101 | 火灾报警失电 MHI 显示黄色 |
| 33 | | TC 车 PIS 系统控制器 =45-F101 | PIS 失电 |
| 34 | | LCD 供电 =46-F101 | 本节车 LCD 失电 |
| 35 | | LED =45-F102 | 本节车 LED 失电 |
| 36 | | 车地无线设备供电 =46-F105 | 车载系统供电 |
| 37 | | ATC 列车控制 =91-F101 | ATC 系统的供电 |
| 38 | | CORE MPC =91F-104 | HMI 驾驶室激活图标变黄,HMI 出现"!" |
| 39 | | VIOM1 =91F-105 | 无 |
| 40 | | VIOM2 =91F-106 | HMI 驾驶室激活图标变黄,HMI 出现"!" |
| 41 | | VIOM3 =91F-107 | 无 |
| 42 | | USW1 =91F-108 | 无 |
| 43 | | USW2 =91F-109 | HMI 出现"!" |
| 44 | | ATC desk =91F-110 | DMI 黑屏,不影响其他系统,恢复后自动恢复到跳闸前状态 |
| 45 | | 备用 | 无 |
| 46 | | 驾驶室方便插座 =31-X102 | AC220V 电源 |
| 47 | | 网压表 =73-P101 | 显示网压 |
| 48 | | 电池电压表 =72-P101 | 显示蓄电池电压 |
| 49 | | 小时计 =73-P102 | 统计列车应用的小时数 |
| 50 | | 里程计 =73-P103 | 统计列车营运的公里数 |
| 51 | 设备柜仪表 | 总风压力可用旁路 =34-S102 | 当总风压力高于 5.5bar 可打总风旁路使列车运行,HMI 上显示相应状态 |
| 52 | | 开关门控制切换 =81-S112 | 网络及硬线功能的控制切换。硬线:默认状态,此时 EDCU 响应列车硬线连线发出的车门开关指令、零速信号。网络:开关闭合,此时 EDCU 响应列车 MVB 网络发出的车门开关指令、零速信号 |
| 53 | | 车门使能旁路 =91-S10 | 旁路 ATC 车门允许信号,此时允许信号由零速信号替代;零速有效,左/右门允许均有效。开左/右门按钮上的红色指示灯均点亮 |
| 54 | | 车钩监控旁路 =72-S107 | 旁路车钩监控回路(列车解编单元可以激活列车) |
| 55 | | 警惕旁路 =22-S120 | 旁路警惕按钮 |
| 56 | | 所有制动缓解旁路 =27-S104 | 旁路"所有制动缓解"回路(气制动) |
| 57 | | 停放缓解旁路 =27-S103 | 旁路"停放制动缓解"回路 |
| 58 | | 门零速旁路 =81-S109 | 当零速信号故障时,激活开关给门控"零速"信号 |
| 59 | | 门关好旁路 =81-S110 | 绕过门安全回路,允许牵引 |
| 60 | | 充电机应急启动 =31-S104 | 当蓄电池欠压不能激活列车(同时也不能为充电机控制器供电)时,应急启动,从而激活列车 |

续上表

| 序号 | 名称 | | 功能 |
|---|---|---|---|
| 61 | 设备柜开关 | 强迫泵风 = 34-S101 | 按强迫泵风旁路开关按钮,两台空压机工作 |
| 62 | | 慢行拖动模式 = 22-S13 | 列车限速模式(慢行模式、拖动模式) |
| 63 | | BHB 切除 = 21-S01 | 切除 M2 车 BHB 不能闭合 |
| 64 | | 紧急牵引 = 22-S08 | 在网络故障的情况下,使用硬线备用牵引方案。把紧急牵引打到合位牵引动车 |
| 65 | | MVB 复位 = 41-S101 | 复位 MVB 模块及通信(复位网络信号) |
| 66 | | ATC 复位 = 91-S114 | 复位 ATC 系统 |
| 67 | | ATC 切除 = 91-S105 | 切除 ATC 信号系统 |
| 68 | | 列车激活 = 72-S101 | 控制列车控制激活及收车 |

(6)司机座椅。驾驶室内供司机乘坐的座椅,用螺栓固定在安装座上,可根据司机的体重和身高进行调节,使司机乘坐时更舒适。司机座椅透气功能好,质量小于30kg。

(7)主控钥匙锁。主控钥匙用于激活驾驶台,通常主控钥匙插入驾驶台主控钥匙锁顺时针或逆时针旋转90°即可激活驾驶台。

(8)紧急疏散门。该门一般设置在正、副驾驶台中间的前端墙上,包括一个与车顶部铰接的大窗和一个位于驾驶台中间的梯子。正常情况下,梯子折叠隐藏起来,紧急时用于疏散乘客。

(9)防爬器。防爬器是安装在车体端部的一种安全装置,如图 2-15 所示。它主要有两个作用:一是防止两车相碰时一列车爬到另一列车上;二是吸收车辆在一定速度下发生正面撞击时的能量。

图 2-15 防爬器

## ● 实训任务

本模块实训任务见附录任务 2。

## ● 知识巩固

一、判断题

1. 按照车体所使用材料,车体可分为碳素钢车体、铝合金车体和不锈钢车体三种。 ( )

2. 按照车体尺寸,车体可分为 A 型车车体、B 型车车体和 C 型车车体。    (    )

3. 按照车体结构承受荷载的方式不同,车体可分为底架承载结构、侧墙和底架共同承载结构和整体承载结构三类。    (    )

4. 按照车体结构有无驾驶室可分为驾驶室车体和客室车体两种。    (    )

5. 不锈钢车体具有耐腐蚀性好,不用修补,使用寿命长等优点。    (    )

## 二、选择题

1. 对车辆重量限制较为严格,特别是高架轻轨,要求列车重量_____、轴重_____,以降低线路设施的工程投资。(    )

    A. 重,小        B. 轻,重        C. 轻,小        D. 小,轻

2. 车体结构使用寿命应该能达到(    )年。

    A. 10        B. 15        C. 20        D. 30

3. 模块化车体组合方式的优点有(    )。

    A. 保证整车总装后试验比较简单,整车品质也容易保证

    B. 可以改善劳动条件,降低施工难度,提高劳动效率

    C. 可以减少工装设备,简化施工程序,降低生产成本

    D. 车辆检修中,可采用更换模块的方式进行,方便维修

## 三、简答题

1. 什么是整体承载结构?

2. 车体基本结构由哪些部分组成?

3. 车体模块化结构是怎样的? 有何优缺点?

# 模块 3
# 转向架

## 知识目标

1. 能够详细阐述转向架的基本结构组成；
2. 深入理解转向架各部件的工作原理；
3. 掌握城市轨道交通车辆转向架各部件的技术参数。

## 能力目标

1. 认知城市轨道交通车辆转向架的作用和基本要求；
2. 认知城市轨道交通车辆转向架的类型和结构。

## 素质目标

1. 培养严谨、细致、科学的学习态度和职业素养；
2. 提升自主学习能力和知识更新意识并应用到实际工作中；
3. 培养爱岗敬业、吃苦耐劳的精神。

## 建议学时

12 学时。

## 单元 3.1 | 转向架概述

### 一、转向架的主要功能

转向架是轨道车辆结构中最为重要的部件之一，它的结构和功能都比较简单，但是随着技术的发展和人们对车辆运行速度、安全性、舒适性方面要求的提高，转向架的科技含量也在不断提高，其主要功能如下：

1. 支撑车体、传递荷载

转向架用于承受车辆自重和载重，使这些重量均匀分布给各个车轮，并传递给钢轨。轮对、一系弹簧、构架、二系弹簧系统是转向架的主要承载部件，车体重量通过二系弹簧传给转向架构架，然后通过一系弹簧均匀地分配到各个轴箱上，最后经轮对作用于钢轨。

（转向架结构总体与工作原理）

2. 使车辆顺利通过曲线

转向架可以围绕其中心相对于车体回转，能保证列车灵活地沿直线线路运行并顺利通过曲线线路。

3. 传递牵引力和制动力

列车处于牵引状态时，牵引电动机产生转矩通过齿轮传动装置使轮对沿着钢轨滚动，轮对与钢轨之间的黏着作用使车轮滚动力矩转化为向前的轮周牵引力，牵引力由轴箱经构架传递给牵引拉杆、中心销座、中心销、车体，使车辆沿轨道平动。

列车处于制动状态时，电动机或制动器给轮对作用一个与轮对转动方向相反的力矩，轮对与钢轨之间的黏着作用使该力矩转化为向后的制动力。制动力与牵引力传递路径相同，它使列车具有良好的制动效果，以保证列车能在规定的距离内停车。

4. 缓和冲击，确保车辆运行的安全性，提高乘坐舒适性

轨道不可能是绝对平直和刚性的，另外，车轮也不是理想的几何圆形。车轮圆跳动、踏面擦伤，轨道接头、轨道变形和局部不平顺，以及道岔、弯道等因素都会使轮对产生振动。这种振动可能导致转向架部件开裂失效，也可能导致车轮跳出轨道导致出轨，进而造成车毁人亡的重大事故。此外，振动通过转向架传给车体，一方面降低了客室乘坐舒适性，另一方面会使车辆部件和线路容易损坏。

### 二、转向架基本要求

转向架为满足其主要功能，必须具备以下基本要求：

（1）转向架是车辆的一个独立部件，在转向架与车体之间的连接部件要尽可能少，以方

便拆卸维修。

（2）对于动车转向架来说,还要便于安装牵引电动机及传动装置,以提供驱动车辆运行的动力。

（3）便于安装弹簧减振元件,以满足其平稳性的要求。

## 三、转向架总体布置

每节动车(A 车和 C 车)均配有两个动车转向架,而每节拖车(B 车)则配有两个拖车转向架,如图 3-1 所示。在设计上,动车转向架和拖车转向架基本相同。动车转向架配有牵引驱动装置和相应的设备。

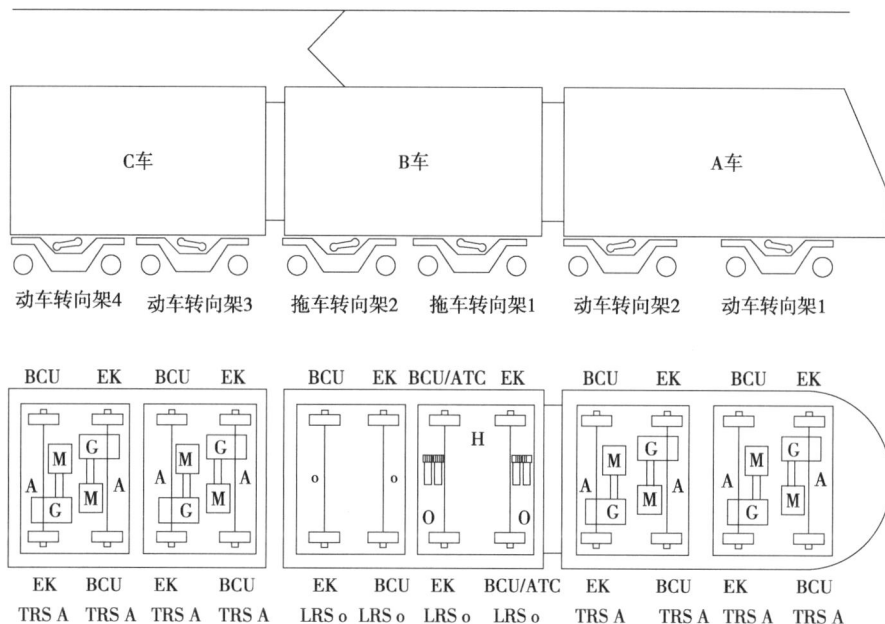

图 3-1　转向架布置图

TRS-动车轮对;M-牵引电动机;EK-接地装置;LRS-拖车轮对;G-齿轮箱;ATC-测速传感器;BCU-速度传感器

## 四、转向架主要技术参数

转向架主要技术参数见表 3-1。

转向架主要技术参数表　　　　　　　　　　　　　　　　表 3-1

| 主要技术参数 | 参数值 | 主要技术参数 | 参数值 |
|---|---|---|---|
| 轨距(mm) | 1435 | 全磨耗车轮滚动圆直径(mm) | 770 |
| 轴距(mm) | 2300 | 轮对内侧距(mm) | 1353 ±2 |
| 转向架中心距(mm) | 12600 | 牵引点高度(mm) | 663 |
| 轴重(t) | 14 | 齿轮中心距(mm) | 370 |
| 新车轮滚动圆直径(mm) | 840 | 齿轮传动比 | 4.964 |
| 半磨耗车轮滚动圆直径(mm) | 805 | 车轮踏面 | DIN5573 磨耗型踏面 |

### 五、转向架主要结构

总的来说,不同转向架的结构差别比较大,很多部件也不一样,但其基本作用和基本组成部分是一样的,一般转向架的组成部分可以分为:构架、轮对、轴箱装置、弹簧减振装置、牵引驱动装置(动车)、牵引连接装置、制动装置(主要指制动单元及其气管)、辅助装置(主要指轴端接地炭刷、速度传感器等)。

> ● **知识拓展**
>
> #### 转向架的自主创新之路
>
> 转向架大致分为三种:第一种是引进的完全由外国研制生产的转向架;第二种是引进国外技术,并在此基础上对部分技术进行改进发展而来的转向架;第三种是我国自主研发制造的转向架。典型的地铁转向架有以下四种。
>
> (1)无摇枕空气弹簧转向架。无摇枕空气弹簧转向架由德国制造,主要运用于上海地铁1号线、2号线以及广州地铁1号线车辆,最高运行速度80km/h。
>
> (2)无摇枕H形构架转向架。无摇枕H形构架转向架是由成熟的欧洲系列3转向架及ET42X转向架系列发展而来的,主要运用在深圳地铁1号线、沈阳地铁1号线、北京地铁1号线、5号线、10号线,以及武汉地铁车辆上。该转向架最高运行速度80km/h。
>
> (3)我国自主研发的转向架。我国自主研发的转向架主要用在北京地铁车辆上,有摇枕DK型转向架和无摇枕转向架两种形式。其中,有摇枕DK型转向架由我国自行设计制造,用于早期的北京地铁车辆有DK1型、DK2型、DK3型、DK8型和DK16型。无摇枕转向架是我国长春客车厂从1994年开始设计制造的。这种类型的转向架一系悬挂装置采用圆锥叠成橡胶弹簧,并兼做轴向定位装置,二系悬挂装置采用无摇枕的空气弹簧。
>
> (4)ZMA120转向架。ZMA120转向架是在SF2500型转向架的基础上,通过消化吸收西门子的设计技术、工艺制造技术、质量控制技术以及国外先进标准等进行全面国产化的转向架。该转向架最大轴重为14t,最高运行速度为120km/h,设计构造速度为135km/h。

## 单元3.2 | 构架

### 一、构架作用与设计要求

构架是转向架各组成部分的安装基础,将车体与走行部件连成一体,构架也是转向架承载的主要部件。对其设计的要求如下：

(1)构架部分尺寸精度要求高,以保证一些部件的高精度安装定位。

(2)要便于各部件与附加装置的安装。

(3)要具有足够的强度和刚度。

## 二、构架类型

(1)按制造工艺类型的不同,构架可分为铸钢构架和焊接构架。由于铸钢构架重量大,铸造工艺复杂,使用中受到一定程度的限制,故城市轨道交通车辆一般采用焊接构架。焊接构架的组成梁是中空箱形,重量轻,节省材料,且能满足强度和刚度的要求。压型钢板的焊接构架,其梁件可以按等强度设计,箱形截面尺寸可以依据部位受力情况设计,而且可以减少焊缝数量,合理分布焊缝。这样不仅可以有足够的强度,而且轻量化,材料利用率高,但这对焊接设备的要求高,而且成本高。

(2)按结构形式的不同,构架通常又分为开口式、封闭式,或者 H 形、日字形、目字形等。目前,城市轨道交通车辆转向架普遍采用 H 形轻量化低合金高强度钢板焊接构架。

## 三、构架组成

构架主要由左、右两根侧梁和横梁组焊而成。构架内部有多块筋板,部分形状复杂的区域采用铸造结构。侧梁是构架的主要承载梁,是传递横向力、纵向力和垂向力的主要部件,并用来确定轮对位置。侧梁上焊有制动缸安装座、轴箱弹簧定位座、空气弹簧支座等。横梁上焊有牵引电动机吊座、齿轮箱吊杆座、牵引拉杆座和横向缓冲器座等。广州地铁 3 号线转向架构架如图 3-2 所示。其结构特点与加工工艺如下：

(1)由两根侧梁和一根中间横梁焊接成无摇枕的 H 形结构。

(2)采用低合金高强度钢板。

(3)构架的焊接按照 DIN6700 焊接体系的要求进行。

(4)动车转向架构架和拖车转向架构架可完全互换。

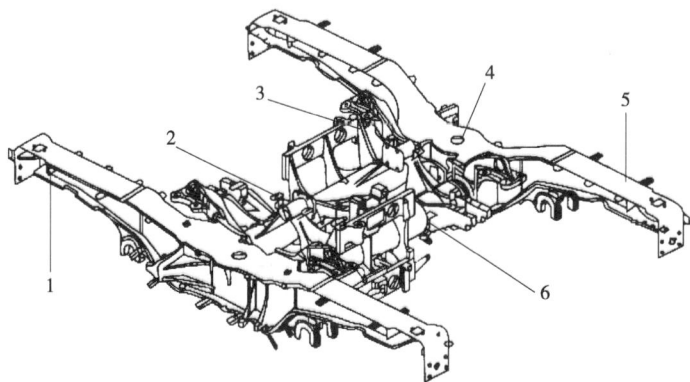

图 3-2 广州地铁 3 号线转向架构架

1—一系弹簧安装座;2-齿轮箱吊杆安装座;3-电动机安装座;4-空气弹簧支座;5-侧梁;6-横梁

### 四、构架主要功能

构架的主要功能如下：

(1)传递牵引力、制动力和承担车体重量。

(2)安装转向架部件及相关系统的安装座。

(3)悬挂齿轮箱。

(4)悬挂电动机。

(5)安装基础制动单元。

## ◎ 单元 3.3 | 轮对轴箱装置

### 一、轮对

轮对既是转向架中重要部件，又是影响车辆运行安全性的关键部件。其性能的好坏直接影响车辆的运行品质，故在制造和运用中，对轮对都有严格的技术要求。

1. 轮对要求

(1)在保证足够强度和一定使用寿命的前提下，使其重量最小，并具有一定弹性，以减小轮轨之间的作用力。

(2)应具备运行阻力小，耐磨性好的优点。

(3)应既能适应车辆直线运行，又能顺利通过曲线，还具备必要的抵抗脱轨的安全性。

2. 轮对技术参数

轮对技术参数见表3-2。

轮对技术参数 表3-2

| 技术参数 | 参数值 | 技术参数 | 参数值 |
| --- | --- | --- | --- |
| 轮对内侧距(mm) | '1353 | 轮缘厚度为(mm) | >26 |
| 轴距(mm) | 2300 | 轮缘高度为(mm) | <35 |
| 车轴最大荷载(t) | 14 | 同一轴的两轮直径的最大差(mm) | ≤2 |
| 新车轮直径(mm) | 840 | 同一转向架两轮轴之间的轮径差(mm) | ≤7 |
| 半磨损车轮直径(mm) | 805 | 同一车辆的各轮直径差(mm) | ≤15 |
| 最大磨损车轮直径(mm) | 770 | 轮对擦伤的标准范围(mm) | 深度>0.5,长度>30 |

3. 轮对组成

轮对主要由车轴、车轮组成，为了满足传动和支撑转向架的作用，轮对上安装有轴箱，动轴还安装有齿轮箱(直线牵引电动机车辆除外)。轮对是由一根车轴和两个同等级型号的车轮通过过盈配合组装而成。通常是采用冷压或热套的工艺来组装轮对,使车轮与车轴牢固地接合在一起,并保证使用过程中无松脱现象。广州地铁 2 号线庞巴迪 ET423 系列转向架动车轮对轴箱装置如图 3-3 所示。

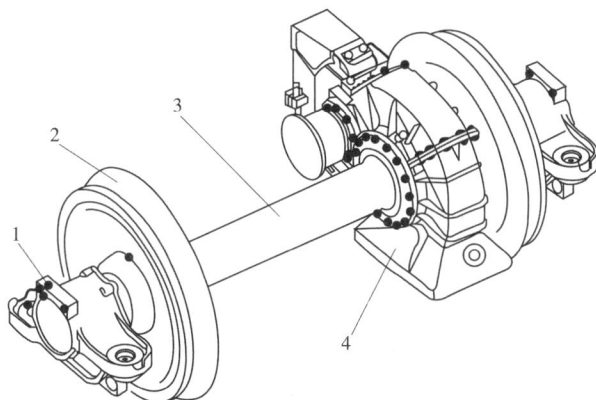

图 3-3　广州地铁 2 号线庞巴迪 ET423 系列转向架动车轮对轴箱装置
1-轴箱;2-车轮;3-车轴;4-齿轮箱

(1)车轴。

①车轴的功能。

连接车轮、轴箱、齿轮箱等部件;传递牵引力;传递制动力;承受转向架和车体重量以及各种冲击。

②车轴的结构特点。

广州地铁 2 号线庞巴迪 ET423 系列转向架动车车轴如图 3-4 所示。

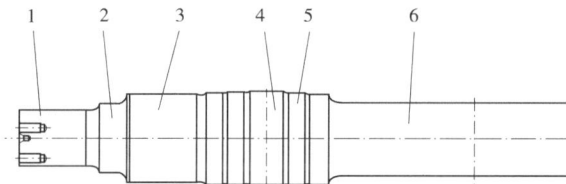

图 3-4　广州地铁 2 号线庞巴迪 ET423 系列转向架动车车轴
1-轴颈;2-防尘挡板座轴段;3-轮座轴段;4-齿轮座轴段;5-齿轮箱轴承座轴段;6-轴身

轴颈:用以安装滚动轴承,承载车辆重量的部位,并传递各方向的静、动荷载。

防尘挡板座轴段:车轴与防尘挡板座配合部位,是车轴探伤的重点部位。

轮座轴段:车轴与车轮配合的部位。有些轮对的轮座采用 1∶300 的锥度与轮孔配合,有利于提高冷压装轮和注油退轮的成功率,但要求轮孔和轮座的粗糙度比较高(达 $Ra0.8$)。不少车轴仍采用圆柱形轮座,但也要求轮座内侧直径比外侧直径大。

齿轮座轴段、齿轮箱轴承座轴段:动车车轴的齿轮座轴段、齿轮箱轴承座轴段,动车车轴的齿轮座轴段部位凹槽较多,超声波探伤时应注意避开其影响。

轴身：车轴中央部分，该部位受力最小。

（2）车轮。

车轮普遍采用的是整体辗钢轮，用钢锭制坯，经锻压和加热碾轧后，机加工而成，制造过程中对车轮进行淬火和热处理以提高强度。

为了降低噪声，减轻簧下重量，有些车辆还采用弹性车轮、消声车轮、S形辐板车轮（图3-5）等新型车轮。

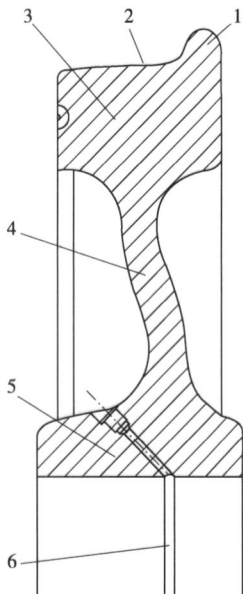

图3-5  S形辐板车轮
1-轮缘；2-踏面；3-轮辋；
4-辐板；5-轮毂；6-油槽

一般精加工的车轮需要进行静平衡试验，车辆运行速度低于120km/h时，车轮静不平衡量要求小于125g·m；车辆运行速度≥120km/h且<200km/h时，车轮静不平衡量要求小于75g·m。

车轮与车轴采用过盈配合，通过冷压和热装的方式压装到车轴上。轮轴配合过盈量要求严格，且根据组装工艺、配合面粗糙度、配合面锥度的不同，要求有所不同，轮轴组装后，既要保证足够的压紧力，又要避免轮轴接触部位应力过大，否则会影响轮对的使用寿命。新型地铁车轮上都有注油孔，轮孔配合面上有油槽，需要换轮时，采用液压工具将旧轮从车轴上退下。一些老式轮对的车轮采用反压设备强行退下，容易划伤车轴，一般不建议再使用。

①车轮各部分名称。

车轮包括踏面、轮缘、轮辋、辐板和轮毂等部分（图3-5）。车轮与钢轨的接触面为踏面。踏面一侧突出的圆弧部分称为轮缘，轮缘的作用是保持车辆沿钢轨运行，防止脱轨。轮辋是踏面下车轮的最外圈。轮毂是轮与轴相互配合的部分。辐板是连接轮辋和轮毂的部分。

②车轮材质要求。

进口车轮普遍采用符合国际铁路联盟 UIC 812-3 标准的车轮，其材质采用 R8 或 R9。广州地铁1号线和4号线车辆采用进口 R8-T 车轮，其中 R8 表示车轮钢的钢种，T 表示踏面淬火。国产 S 型辐板车轮普遍采用 CL60 钢，踏面采用间歇淬火或三面淬火手段提高其淬透性。CL60 钢材的含碳量、强度和硬度都稍高于 R8-T 车轮所用钢材。

车轮钢要求强度高，韧性好，运用中不应发生崩裂故障，且要求具有与钢轨相匹配的硬度，要尽量降低轮、轨磨损，减少踏面疲劳剥离。

③磨耗型踏面。

A. 车轮踏面需要做成一定的斜度，踏面应呈锥形，其作用如下：

a. 便于通过曲线。车辆在曲线上运行时，轮对会自动偏向外轨，由于踏面的锥度存在，在外轨上的车轮滚动直径较大，而沿内轨上的车轮滚动直径较小，同一轮对两边车轮滚动角速度一样，滚动直径较大的外轨车轮走的路程比内轨车轮长。这样不但可以让车轮或转向架顺着曲线方面偏转一定角度，减小轮缘与钢轨的冲角，降低曲线阻力，还正好和曲线区间线路外轨长、内轨短相适应，减少车轮打滑。所以这样的轮对可以较顺利地通过曲线，减少外轨车轮在钢轨上的滑行,如图 3-6a)所示。

b.可自动调中。车轮在直线线路上运行时,如果车辆中心线与轨道中心线不一致,则同样会导致轮对的滚动圆直径发生变化,轮对在滚动过程中能自动纠正偏离位置。

c.由于踏面与钢轨接触面可以不断变化,使踏面磨耗沿宽度方向比较均匀。车轮踏面必须要有斜度,但踏面斜度也是使整个车辆发生自激蛇行运动的原因,蛇行运动会降低车辆的运行品质,如图 3-6b)所示。

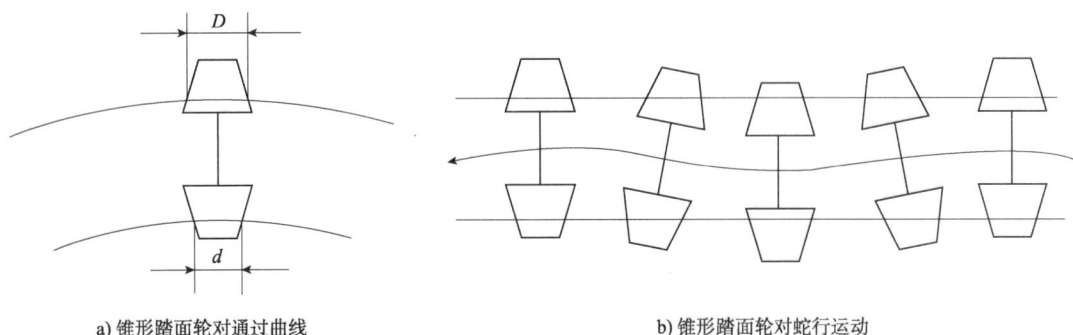

a) 锥形踏面轮对通过曲线　　　　　　　　　　　　　b) 锥形踏面轮对蛇行运动

图 3-6　锥形踏面轮对便于通过曲线特性、自激蛇行运动

锥形踏面容易导致蛇行运动,容易磨损,且镟轮后损耗比较大,现已被磨耗型踏面代替。磨耗型踏面是在锥形踏面的基础上,一开始就把车轮踏面做成类似磨耗后的稳定形状。LM型踏面是我国车辆广泛采用的磨耗型踏面。

B.磨耗型踏面具有以下优点:

a.可增大轮轨接触面积,减少轮轨接触应力,明显减少轮与轨的磨耗。

b.发生磨耗后外形变化小,镟轮时无益消耗小,减少车轮修复成原形时镟切掉的材料,延长车轮使用寿命,减少车轮检修工作量。

c.磨耗型踏面既能保证车辆直线运行的横向稳定,又有利于曲线通过。

由于车轮踏面有斜度,踏面各处直径不相同,一般离车轮内侧 70mm 处所测得的圆的直径是车轮踏面直径,该圆称为车轮名义滚动圆,该直径就是车轮直径。

4.轮对作用

(1)引导车辆安全地沿轨道运行。

(2)承载车辆重量。

(3)将轮轨间黏着制动力和牵引力传递到车辆上(用于传递牵引力的齿轮箱安装于动车转向架轮对)。

## 二、轴箱装置

轴箱装置(图 3-7)由轴箱和轮对轴承组成。

1.轴箱

轴箱由轴箱体、防尘挡板、轴箱盖及轴端附属装置等部件组成。轴箱的作用是将轮对和构架连接在一起,使轮对沿钢轨的滚动转化为车体沿轨道的直线运动,并把车辆的自重以及各种荷载传递给轮对。

2. 轴承

轴箱的轴承主要是滚动轴承（图 3-8）。按照滚动体形状分类,主要有圆柱滚动轴承、圆锥滚动轴承、球面滚动轴承等几种。轴承在车辆运行中承受着巨大的静、动荷载作用,因此,要求轴承具有承载能力大、强度高、耐振、耐冲击、寿命长等特性。一般地,城市轨道车辆采用圆柱滚动轴承或圆锥滚动轴承。如广州地铁 1 号线车辆采用双列圆柱滚动轴承,2 号线车辆采用双列圆锥滚动轴承。

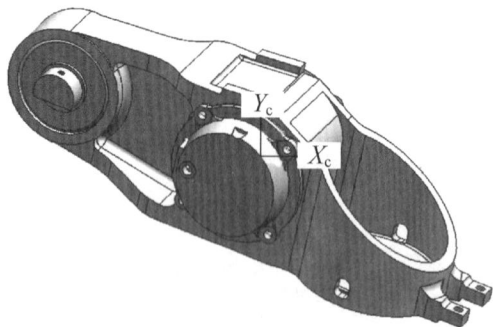

图 3-7　轴箱装置

图 3-8　滚动轴承

图 3-9 为圆柱滚动轴承轴箱装置。轴承由轴承外圈、轴承内圈、滚子、保持架等基本结构组成。轴箱装置横向力传递顺序如下（假设相对于车体轮对向右偏移）：

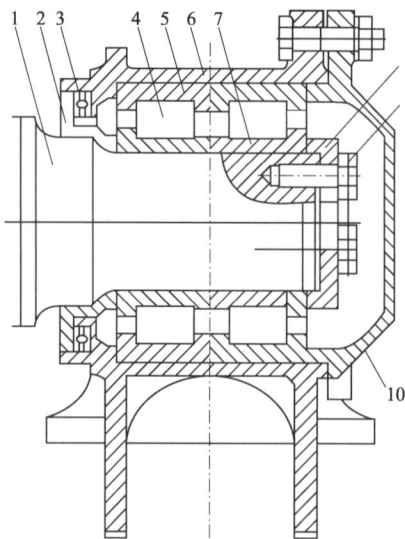

图 3-9　圆柱滚动轴承轴箱装置

1-车轴;2-防尘挡板;3-密封;4-圆柱滚子;5-轴承外圈;6-轴箱;7-轴承内圈;8-内圈压板;9-螺栓;10-轴箱盖

右端:车轴→防尘挡圈→轴承内圈→滚子→轴承外圈→轴箱→转向架→车体;

左端:车轴→螺栓→内圈压板→轴承内圈→滚子→轴承外圈→轴箱后盖→螺栓→轴箱→转向架→车体。

3. 轴箱装置主要功能

（1）连接轮对与转向架构架、支撑一系弹簧的底部，支撑转向架构架。

（2）承受和传递轮对与转向架之间的各种荷载，承受车体重力，传递牵引力、制动力。

（3）给轴承内外圈定位，保持轴颈和轴承的正常位置，从而保证车轴正常安装位置。

（4）使轮对沿钢轨的滚动转化为车体沿线路的平动。

（5）轴箱采用滚柱滚子轴承，在提高承载能力的同时，降低了轴箱摩擦系数，减小了车辆起动和运行的阻力，以适应城市轨道交通车辆高速运行、起动频繁、行车密度大的要求。

（6）保持轴承油脂润滑，保证轴承良好的滑转，减少轴承内部摩擦及磨损，使其具有良好的密封性，防止尘土、雨水等侵入或油脂甩出，防止油脂润滑作用被破坏，避免烧轴事故。

4. 附属装置

轴箱盖上装有附属装置，主要包含有 BCU 速度传感器（图 3-10）、ATC 测速传感器（图 3-11）和接地装置（图 3-12）。

图 3-10　BCU 速度传感器

图 3-11　ATC 测速传感器

图 3-12　接地装置

## 单元3.4 | 弹簧减振装置

城市轨道交通车辆都采用车辆悬挂装置。车辆悬挂方式可分为一系悬挂装置（又称轴箱悬挂装置）和二系悬挂装置（中央悬挂装置），其中一系悬挂装置位于转向架与轴箱之间，二系悬挂装置设置在车体底架与转向架构架之间。

1. 一系悬挂装置

一系悬挂装置由螺旋钢弹簧、橡胶垫、转臂橡胶关节和一系垂向减振器等主要部件组成（图3-13、图3-14）。

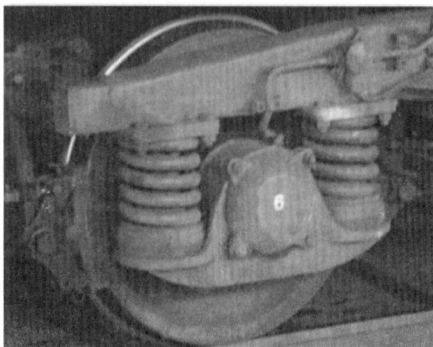

图3-13　螺旋钢弹簧　　　　　　　　图3-14　人字形层叠式橡胶弹簧

一系悬挂的纵向和横向刚度主要由转臂橡胶关节提供，垂向刚度主要由螺旋钢弹簧提供，转臂橡胶关节提供部分垂向刚度。采用这种悬挂方式，轴箱各向定位相对独立，定位刚度准确稳定。

一系悬挂装置的主要功能如下：

（1）支撑轮对以上的车辆重量。

（2）传递牵引力和制动力。

（3）缓冲牵引力及制动力的冲击。

（4）支撑构架与车体重力。

2. 二系悬挂装置

二系悬挂装置装配两个空气弹簧，左、右两侧各一个（图3-15）。

空气弹簧位于构架两侧的侧梁上，支撑车体，构架横梁选用无缝钢管兼作空气弹簧附加空气室，通过空气簧底部与附加空气室之间的节流孔完成二系阻尼减振。空气弹簧采用小刚度、大柔度的气囊，以改善车辆乘坐的舒适性。空气弹簧气囊内部下方的紧急弹簧（橡胶堆）具有较低的垂向和横向刚度，可以保证在空气弹簧失效的紧急工况下，车辆仍能够维持低速安全运行。

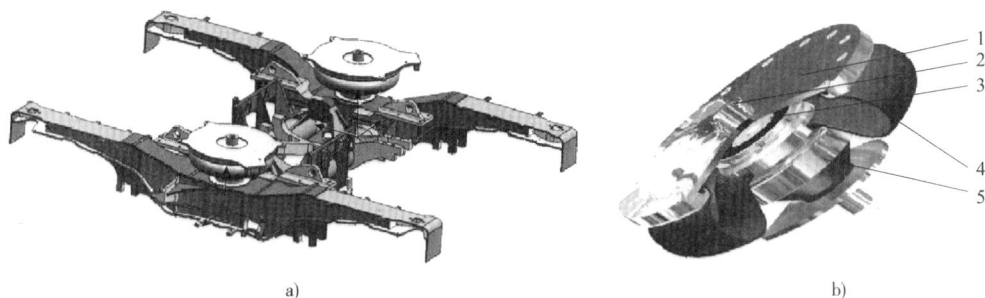

a)                                               b)

图 3-15  二系悬挂装置

1-面板;2-密封环;3-磨耗板;4-气囊;5-紧急弹簧

转向架安装一个差压阀,保证转向架两侧空气弹簧内压之差不超过行车安全规定的某一规定值(通常为 1bar,$1bar = 10^5 Pa$)。若超过时,差压阀将自动连通左、右两侧的空气弹簧,使压差维持在规定范围内。因此,差压阀在空气弹簧悬挂系统装置中起到保证安全的作用。

当车体荷载变化时,空气弹簧通过高度阀调节进行充放气,空气弹簧的高度控制阀采用"二点调平"办法布置,即前、后转向架各有一个高度调整阀。

二系悬挂装置的主要功能如下:

(1)支撑车体重量。

(2)减小振动、避免共振,提高车辆的运行平稳性。

(3)通过高度阀调节确保车辆高度。

二系弹簧直接支撑车体,或者通过摇枕支撑车体。为了提高乘坐舒适度,应该使用大柔度弹簧。此外,为了方便车辆顺利通过曲线,保证车辆的横向稳定性,二系弹簧还应具有良好的横向性能。目前,城市轨道交通车辆普遍采用空气弹簧作为二系弹簧。空气弹簧主要由空气囊和金属橡胶紧急弹簧组成。如转向架安装好后进行加载试验,发现转向架两侧紧急弹簧座高度偏差过大(一般不应大于 3mm),可以在紧急弹簧底部加垫调整。若因镟轮或车轮磨耗导致车体地板面下降过多,也可在转向架两侧紧急弹簧安装座处加垫片补偿地板面高度。

空气弹簧的充排气由安装在构架与车体或构架与摇枕之间的高度阀根据车辆目前的载客量自动控制空气弹簧的充排气,确保不同荷载下空气弹簧的性能基本稳定,并同时保证车辆地板面高度保持不变。

3.高度阀

高度阀根据车辆目前的载客量自动控制空气弹簧的充排气,确保不同荷载下空气弹簧的性能基本稳定,并同时保证车辆地板面高度保持不变。车体高度变化时,连接车体(或摇枕)和构架的驱动杆上下运动,触动高度阀的控制臂,使高度阀保压、充气或排气。

(1)如图 3-16a)所示,当正常荷载位置(保压)时,即 $h = H$ 时,充气通路 $V \rightarrow L$ 和放气通路 $L \rightarrow E$ 均被关闭。

(2)如图 3-16b)所示,当车体荷载增加时(充气),这时 $h < H$,阀动作,使 $V \rightarrow L$ 通路开

启,压缩空气向空气弹簧补充,直至车厢地板上升到标定高度(这时 A 又达到 H 高度)。

（3）如图3-16c)所示,当车体荷载减小时(排气),这时 $h>H$ ,阀动作,放气通路 L→E 开启,空气弹簧向大气排气,直到地板面降至标定高度为止。

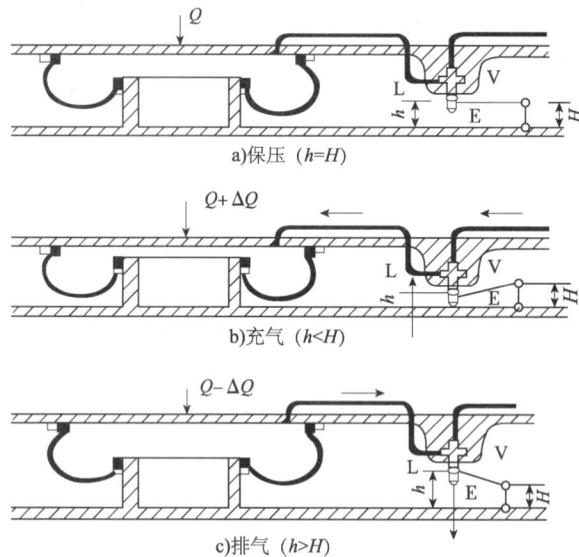

图 3-16　高度控制阀工作原理

$h$-地板实际高度; $H$-地板标定高度; $Q$-荷载

4. 减振器

减振器是弹簧减振装置的重要组成部分之一,主要用来减少振动。城市轨道交通车辆一般采用液压减振器,其工作原理是,车体振动时带动活塞上下运动,驱动油液流经节流阀节流而产生减振阻力,系统的振动机械能转化成为油液的热能而散失掉,从而达到减震的目的。

按减振器的安装部位不同,分为安装在轴箱与构架之间的一系减振器和安装在构架与车体之间的二系减振器[图 3-17a)、b)];按衰减振动的方向不同,分为横向减振器[图3-17c)]、垂向减振器、抗蛇行减振器,城市轨道交通车辆一般采用横向减振器与垂向减振器两种,蛇行减振器广泛运用于高速列车。

a) 一系垂向减振器　　　　b) 二系垂向减振器　　　　c) 横向减振器

图 3-17　减振器

　　城市轨道交通车辆一般采用液压减振器。KONI 系列减振器和 SACHS 系列减振器都在城市轨道交通车辆中广泛使用,其内部结构有很大不同。但无论哪种液压减振器,都是通过车体振动时带动其活塞的上下运动,驱动油液流经节流阀节流而产生减振阻力,系统振动机械能因此转化为油液热能而散逸,达到减振目的。

　　对液压减振器有如下基本要求:

　　(1)具有合适而稳定的阻力和特性。

　　(2)结构坚固,使用寿命长。

　　(3)使用过程中油液不泄漏。

　　(4)便于维修。

　　5.抗侧滚扭力杆

　　抗侧滚扭力杆主要部件是主扭杆,主扭杆是一根具有一定扭转刚度的弹簧杆,横贯构架横梁,两端弯曲或装有扭臂,通过垂向连杆与上方的车体(或摇枕)连接,或与下方的转向架构架连接(图 3-18)。

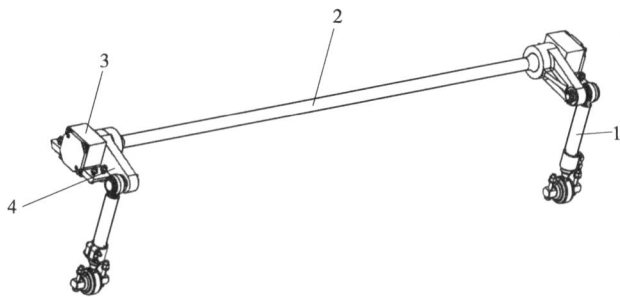

图 3-18　广州地铁 3 号线车辆抗侧滚扭力杆

1-垂向连杆;2-主扭杆;3-支撑座;4-扭臂

　　城市轨道交通车辆通过二系悬挂来满足车辆更高的性能要求。为了提高乘坐舒适性,二系悬挂采用较小的刚度。当车体受到离心力、侧向力和偏载等因素影响时,刚度较小的二系悬挂不能保证车体维持正常姿态,车体两侧较容易出现相对转向架的高度差,即车体相对于转向架发生侧滚运动。这将降低车辆乘坐舒适性和运行平稳性,并且可能使车辆超出列车的动态包络线。

　　在车体和转向架之间安装抗侧滚扭力杆装置以后,车体相对于转向架的侧滚运动时,可通过垂向连杆把车体的侧滚运动传递给扭臂,扭臂绕主扭杆中心作用一个力偶,使主扭杆产生扭转变形。发生扭转变形的主扭杆的复原弹力反作用于车体,可以缓冲并减少车体的侧滚运动,从而一方面保证了车辆不超出限界,确保车辆安全运行,另一方面也保证了车辆的乘坐舒适性。

## ◎ 单元 3.5 ｜ 牵引连接装置和驱动装置

### 一、中央牵引装置

#### 1. 无摇枕转向架的牵引连接装置

转向架构架通过一套牵引连接装置向车体传递牵引力与制动力，并绕车体特定中心回转，牵引连接装置主要由中心销、牵引拉杆等部件组成。

现在我国城市轨道交通车辆普遍采用无摇枕结构的转向架。由于没有摇枕，车体直接置于空气弹簧上，必须靠牵引装置来实现纵向力的传递和转向功能：

（1）连接车体与转向架构架，并传递牵引力和制动力。

（2）能避免车体过度地横向运动，并向转向架传递一定的横向荷载。

图 3-19 所示的中央牵引装置结构，位于牵引杆两端与中心销及转向架连接部位都设有橡胶弹性定位套，这种橡胶关节的弹性定位能够保证转向架绕中心销在各个方向都有一定程度的摆动。这既保证了转向架抗蛇行运动的性能，又能实现转向架与车体之间的转角，保证车辆顺利通过曲线。广州地铁 2 号线车辆采用的就是这种牵引连接装置结构。

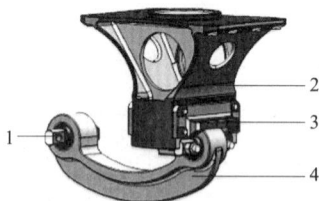

图 3-19 牵引连接装置
1-橡胶弹性定位套；2-中心销；3-提升止挡；4-索引拉杆系统

#### 2. 有摇枕转向架的牵引连接装置

摇枕位于构架与车体之间，其中央牵引装置有两套，一套连接车体和摇枕，另一套连接构架和摇枕。车体和构架之间的横向、垂向和纵向荷载都可以由摇枕进行传递，安装摇枕的转向架相对于车体的运动更加灵活。

### 二、牵引驱动装置

根据城市轨道交通车辆牵引电动机的种类，城市轨道交通车辆有直流传动方式和交流传动方式之分，目前国内近年的城市轨道交通项目基本上为交流传动方式。根据交流传动技术中牵引电动机形式的不同，又可以分为旋转电动机系统和直线电动机系统。旋转电动机系统城市轨道交通车辆把从电网获得的直流电通过牵引逆变器转换为变压变频的交流电,通过安装在 4 根轴上的电动机把电能转化为动能,电动机再通过联轴器—齿轮箱—轮对的传递途径把动能传递到列车的轴上,最终实现列车的牵引功能。直线电动机系统的电动机不需要传动装置,直接通过安装在车辆上的和安装在轨道上的电动机部分之间的电磁作用力直接实现牵引和电制动。

1. 旋转电动机的牵引驱动装置

旋转电动机转向架的驱动装置主要由牵引电动机、联轴器、齿轮箱组成,如图 3-20 所示。电动机转矩通过联轴器传递到齿轮箱,再由齿轮箱传递给车轮,车轮通过轮轨黏着作用,使转矩转化为牵引力或制动力。

图 3-20　牵引驱动装置

1-电动机;2-联轴器;3-齿轮箱;4-构架横梁

(1)牵引电动机。城市轨道交通车辆的动车转向架装有两台牵引电动机,每根车轴上各安装一台牵引电动机,一般采用架悬式安装,能有效地减小簧下质量。电动机一般为笼型三相异步交流电动机,功率 200kW 左右。与直流电动机相比,交流电动机具有维护简单、故障率低、调速方便等优点。

(2)齿轮箱。齿轮箱一端悬挂在构架上,另一端安装在车轴上,主要起减速、传递并增大转矩的作用。牵引电动机的输出轴经弹性联轴器与齿轮箱的小齿轮相连接,大齿轮通过过盈配合安装于车轴上。

(3)联轴器。联轴器由电动机端单元与齿轮箱单元组成,把电动机的转矩传递给齿轮箱,从而驱动车轮运动。联轴器的每个单元都是由相互啮合的外圈和内圈组成,内圈通过过盈配合压紧在电动机输出轴或齿轮箱输出轴上。

2. 直线电动机的牵引驱动装置

直线电动机转向架没有齿轮箱和联轴器,直接通过与线路上的感应板发生电磁作用可直接得到一个向前的牵引力或向后的电制动力。

直线电动机可视为一台旋转电动机沿半径方向切开而展平的感应电动机,定子(磁铁和线圈)和转子(感应板)分别安装在车辆转向架与轨道中间的导轨上,原理和普通旋转感应式电动机的原理一样,只是运动方式为直线运动(图 3-21)。

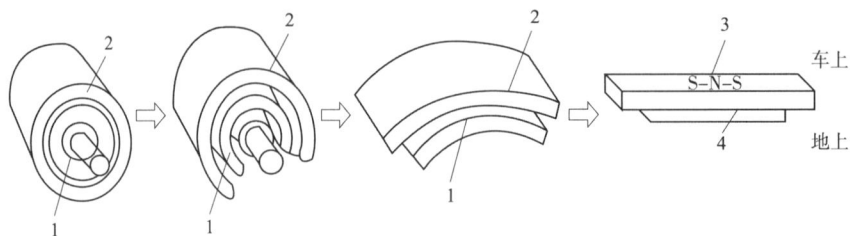

图 3-21　直线电动机原理

1-转子;2-定子;3-直线感应电动机磁铁和线圈(定子);4-感应板(转子)

## 三、基础制动装置

车辆除了设有牵引电动机的电制动系统外,转向架还安装了另外的摩擦制动系统,转向架的每个轮对均配有基础制动单元。以采用轮盘制动的列车为例,基础制动单元安装在转向架构架的侧梁上,该装置具有闸片间隙自动调整功能,使闸片与制动盘间隙始终保持在规定的范围内,每个转向架上装有两个具有停放制动功能的制动单元(图 3-22)。

a)　　　　　　　b)

图 3-22　制动装置

(1)制动夹钳。

制动夹钳由安装座、制动臂、间隙调整器以及弹簧施加制动缸(停放制动)组成(图 3-23)。制动闸片安装在制动臂上,间隙调整器用于在闸片磨损后自动调节闸片与制动盘之间的距离,以保证制动倍率的稳定。

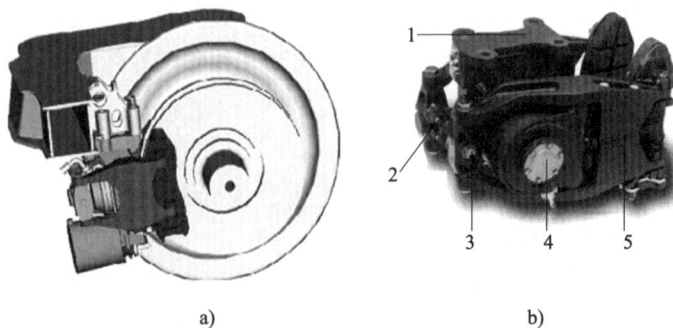

a)　　　　　　　b)

图 3-23　制动夹钳

1-支架;2-间隙调整器;3-间隙调整器复位螺母;4-弹簧施加制动缸;5-制动臂

（2）闸片和制动盘。

制动盘通过螺栓安装在车轮辐板上，车轮制动盘是转向架制动装置的一部分（图3-24）。每个转向架装有8个车轮制动盘和4个制动钳单元。因此，每个车轮装有两个车轮制动盘，各装在车轮榫眼侧。与制动闸片摩擦后，车轮制动盘的制动温度升高。由旋转车轮通风作用所产生的气流对其进行冷却。

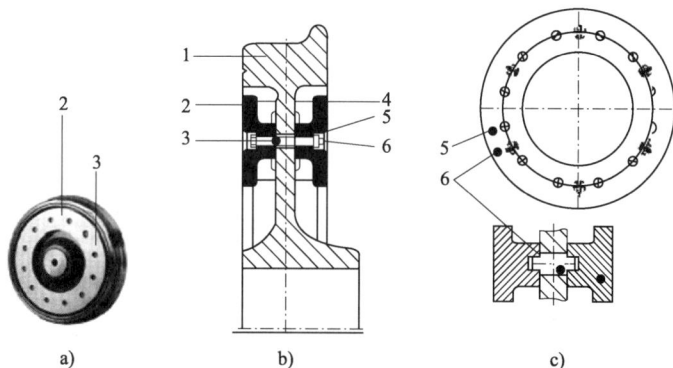

图3-24 轮盘式制动盘

1-轮对；2-制动盘（铸钢）；3-螺栓；4-制动盘；5-防松螺母；6-固定销

### 四、转向架力的传递过程

转向架主要承受垂向荷载（车体所施加）、纵向荷载（牵引力和制动力）、横向力（车体侧向振动和轨道施加）。

（1）垂向荷载传递过程：车体→空气弹簧→构架→一系弹簧→轴箱→轮对→钢轨。

（2）纵向牵引力传递过程：牵引电动机→联轴节→齿轮箱→轮对→轴箱→一系弹簧→构架→牵引拉杆→车体安装座→车体。

电制动力传递过程与此相同，只是力的方向相反。

气制动力的传递过程：轮对→轴箱→一系弹簧→构架→牵引拉杆→车体安装座→车体。

（3）车体施加横向力的传递过程：车体 $\begin{cases} 空气弹簧→紧急弹簧 \\ 车体安装座→横向止挡 \end{cases}$ →构架→一系弹簧→轴箱→轮对→钢轨。

## 单元 3.6 ｜ 常见城市轨道交通车辆转向架

以广州地铁3号线延长线为例，该线车辆采用ZMA120型的转向架，是120km/h速度等级的B型车地铁转向架。ZMA120型B型车转向架共有6种。它们分别是动车转向架1、动车转向架2、动车转向架3、动车转向架4、拖车转向架1和拖车转向架2。其中，动车转向架

1 和动车转向架 2 布置在 A 车底部(带驾驶室的动车)，动车转向架 3 和动车转向架 4 布置在 C 车底部(不带驾驶室的动车)，拖车转向架 1、拖车转向架 2 布置在 B 车底部。

## 一、动车转向架

动车转向架 1、2 之间的区别是，动车转向架 1 安装有轮缘润滑装置，动车转向架 2、3、4 机械结构完全一样，区别在于布线的线号不同。

### 1. 动车转向架 1

动车转向架 1 的机械组成如图 3-25 所示，电气连接如图 3-26 所示。

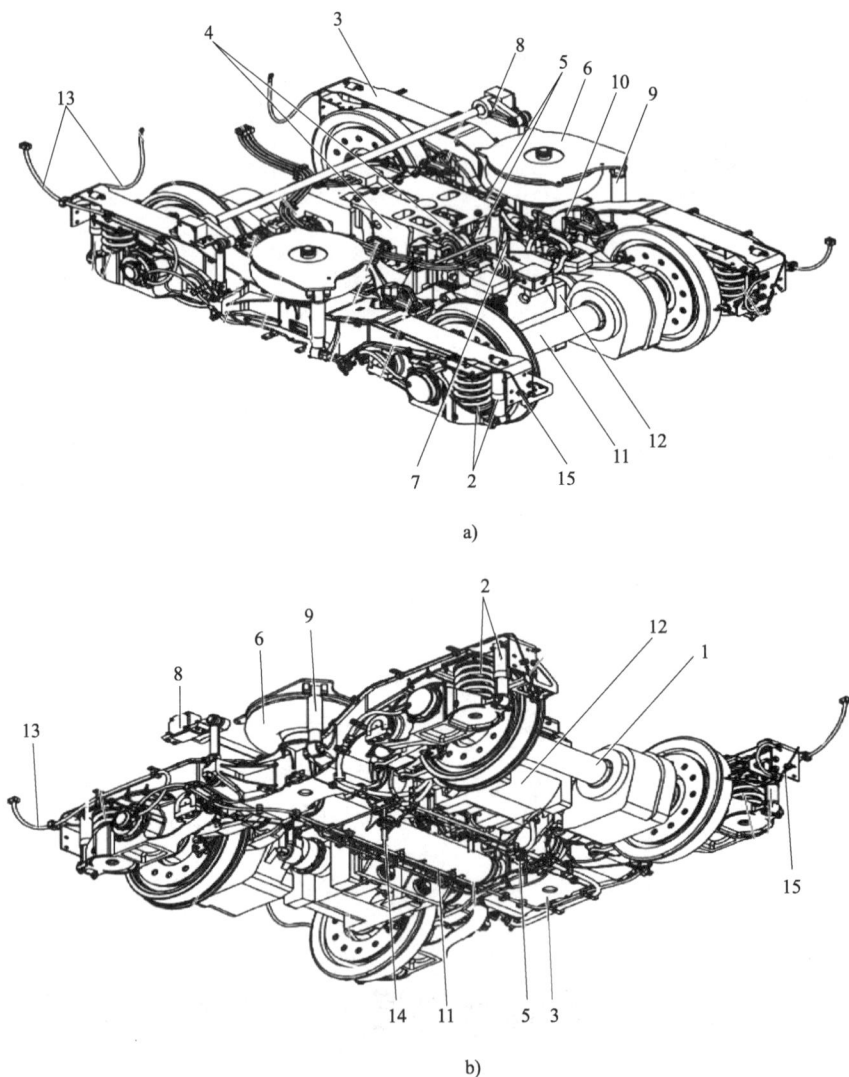

a)

b)

图 3-25　动车转向架 1 的机械组成

1-轮对；2-一系悬挂装置；3-构架；4-牵引装置；5-横向悬挂装置；6-二系悬挂装置；7-高度调整阀连杆；8-抗侧滚扭力杆；9-二系垂向减振器；10-制动装置；11-转向架空气管路；12-驱动单元；13-转向架布线；14-整体起吊装置；15-轮缘润滑装置

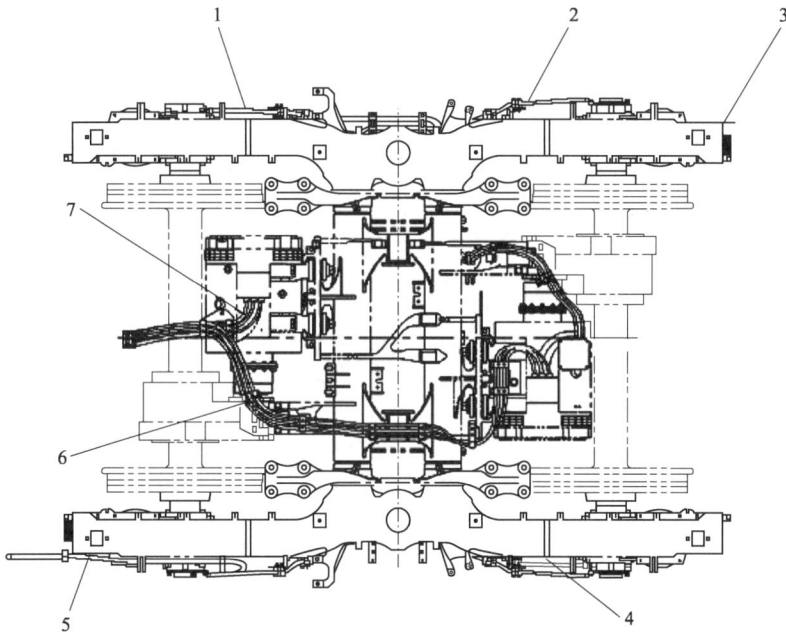

图 3-26 动车转向架 1 的电气连接

1-=28-B102 BCU 传感器 2;2-=11-X102 接地装置串接电缆 1;3-保护性接地;4-=28-B101 BCU 传感器 1;5-=11-X102 与车体接地电缆 1;6-=11-M101 牵引电动机 1;7-=11-M102 牵引电动机 2

2. 动车转向架 2

动车转向架 2 的电气连接如图 3-27 所示。

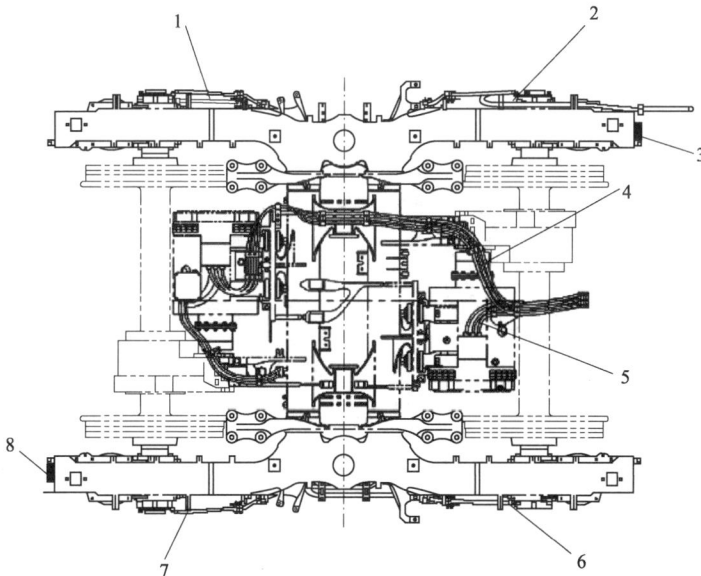

图 3-27 动车转向架 2 的电气连接

1-=28-B104 BCU 传感器 4;2-=11-X103 与车体接地电缆 2;3-保护性接地;4-=11-M104 牵引电动机 4;5-=11-M103 牵引电动机 3;6-=28-B103 BCU 传感器 3;7-=11-X103 接地装置串接电缆;8-保护性接地

### 3. 动车转向架 3

动车转向架 3 的电气连接如图 3-28 所示。

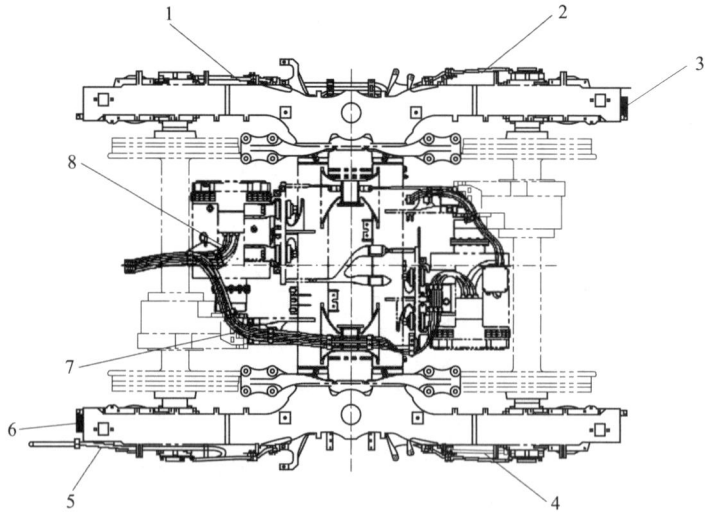

图 3-28　动车转向架 3 的电气连接

1- =28-B302 BCU 传感器 2;2- =11-X302 接地装置串接电缆 1;3-保护性接地;4- =28-B301 BCU 传感器 1;5- =11-X302 与车体接地电缆 1;6-保护性接地;7- =11-M301 牵引电动机 1;8- =11-M302 牵引电动机 2

### 4. 动车转向架 4

动车转向架 4 的电气连接如图 3-29 所示。

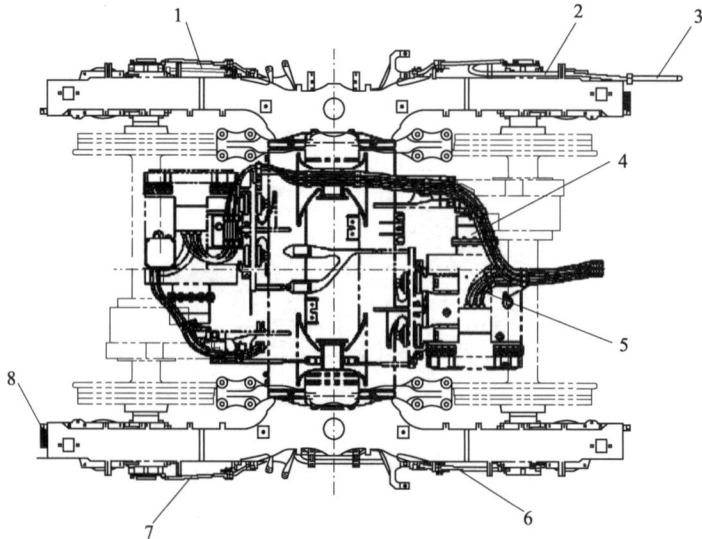

图 3-29　动车转向架 4 的电气连接

1- =28-B304 BCU 传感器 4;2- =11-X303 与车体接地电缆 2;3-保护性接地;4- =11-M304 牵引电动机 4;5- =11-M303 牵引电动机 3;6- =28-B303 BCU 传感器 3;7- =11-X303 接地装置串接电缆 2;8-保护性接地

## 二、拖车转向架

拖车转向架 1、2 之间的区别在于,拖车转向架 1 还装有 ATC 天线,轴箱转速计及相关电气连接的布线不同。

1. 拖车转向架 1

拖车转向架的机械组成如图 3-30 所示,电气连接如图 3-31 所示。

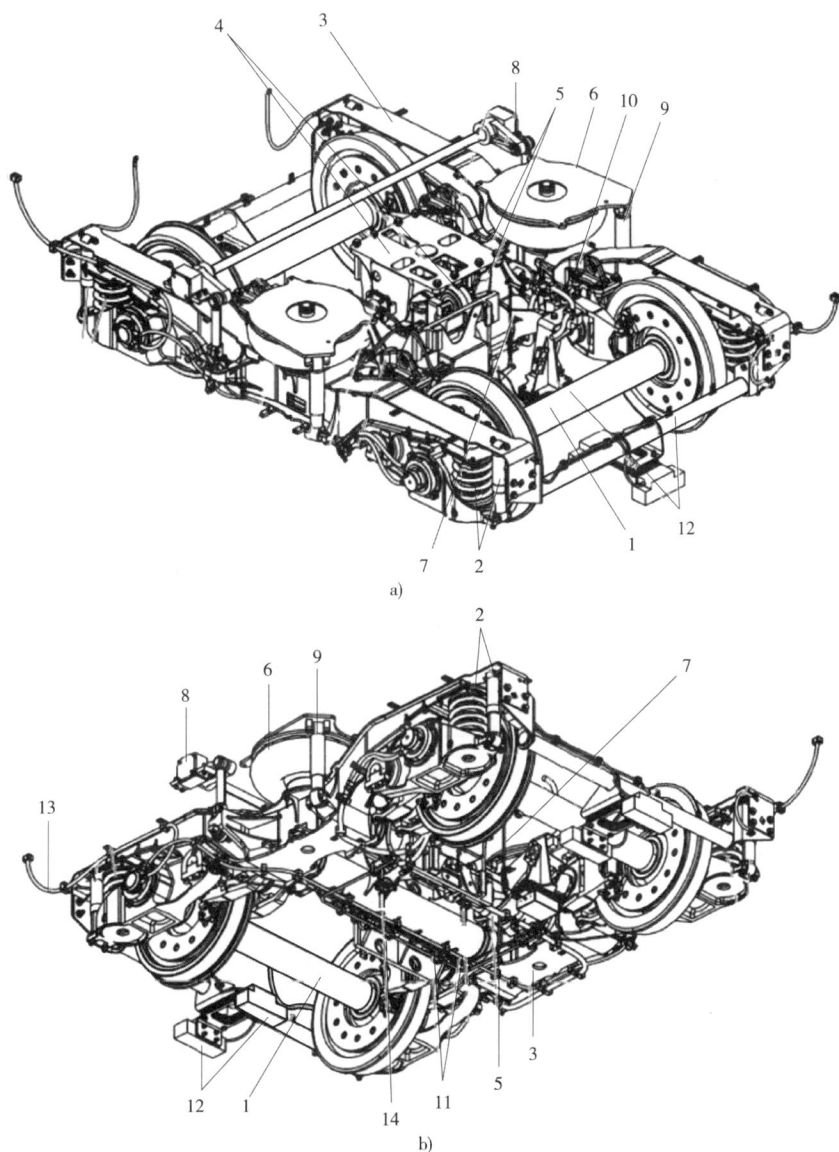

图 3-30 拖车转向架 1 的机械组成

1-轮对;2-一系悬挂装置;3-转向架构架;4-牵引装置;5-横向悬挂装置;6-二系悬挂装置;7-高度调整阀连杆;8-抗侧滚扭力杆;9-二系垂向减振器;10-制动装置;11-转向架配管装置;12-天线(接收/发射);13-转向架布线;14-整体起吊装置

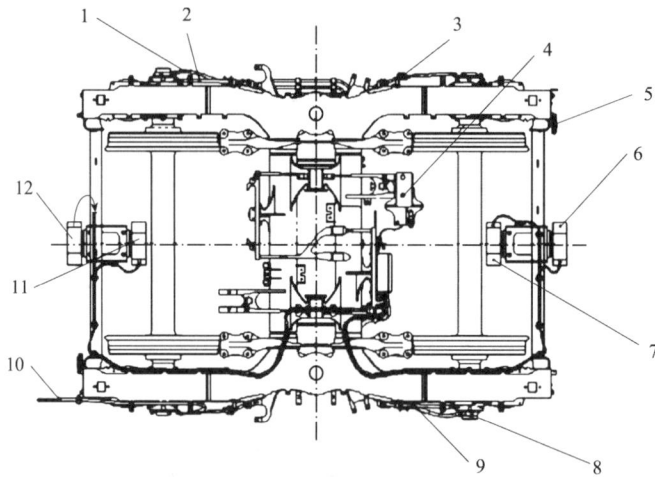

图 3-31 拖车转向架 1 的电气连接

注：BCU 传感器指制动控制单元其中的一个传感器，ATC 转速计指自动牵引控制速度测算传感器。

1-=91-A209 ATC 转速计 1；2-=28-B202 BCU 传感器 2；3-=11-X202 接地装置串接电缆 1；4-=91-A208 接近传感器；5-保护性接地；6-=91-A206 接收天线 1；7-=91-A204 发射天线 1；8-=91-A209 ATC 转速计 2；9-=28-B201 BCU 传感器 1；10-=11-X202 车体接地电缆 1；11-=91-A205 发射天线 2；12-=91-A207 接收天线 2

### 2. 拖车转向架 2

拖车转向架 2 的机械组成和拖车转向架 1 机械组成相同，但电气连接不同。其电气连接如图 3-32 所示。

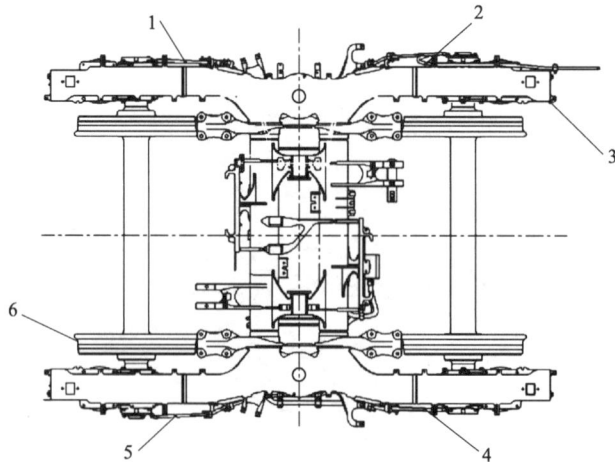

图 3-32 拖车转向架 2 的电气连接

1-=28-B204 BCU 传感器 4；2-=11-X203 车体接地电缆 2；3-保护性接地；4-=28-B203 BCU 传感器 3；5-=11-X203 车体接地电缆 2；6-保护性接地

### 3. 轮缘润滑装置

轮缘润滑装置如图 3-33 所示。

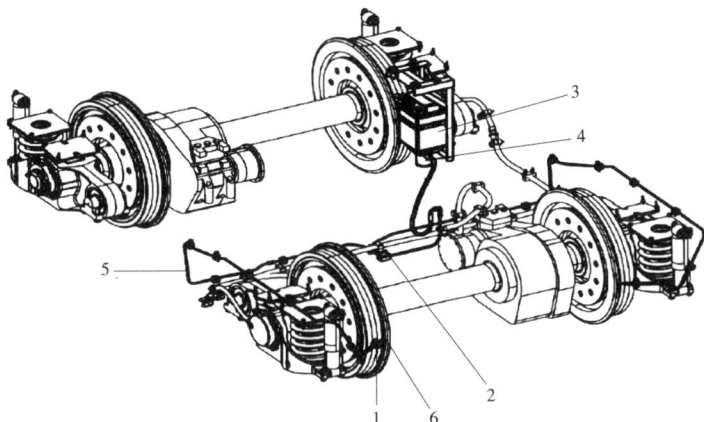

图 3-33 轮缘润滑装置

1-喷嘴;2-润滑油分配器;3-油箱;4-气动泵;5-润滑管路;6-轮缘

在工作时,两套轮缘润滑系统中只有安装在与前进方向一致的一套系统工作。由车辆为轮缘润滑系统提供压缩空气和电源。

当车辆的速度大于 5km/h 时,由车辆上的计算机发出起动信号给轮缘润滑系统的控制装置,压缩空气通过换向后的电磁阀到达气动泵。在压缩空气的作用下,气动泵将油箱中的润滑剂按照预先的设定,定量输送到管路中。其后,在压缩空气的作用下,润滑剂被输送到混合分配器中进行混合分配,混合分配后润滑剂在气流的作用下到达分配器的两个出口。在分配器的出口,润滑剂经由高压管到达喷嘴,在预先设定的工作时间内,喷嘴将定量润滑剂均匀地喷射到轮缘上。

轮缘润滑装置的布置与工作原理

## ● **实训任务**

本模块实训任务见附录任务3。

## ● **知识巩固**

### 一、判断题

1. 牵引装置的作用是用来保证动车和车辆彼此连接,并且传递和缓和拉伸牵引力。

（　　　）

2. 转向架定义:每辆车的转向架被称为 1 位转向架、2 位转向架,靠近车辆 1 位端的转向架为 1 位转向架,靠近 2 位端的转向架为 2 位转向架。 （　　　）

3. 转向架构架与制动装置之间有异物是正常现象。 （　　　）

4. 不管是动车转向架还是拖车转向架都有轮缘润滑装置。 （　　　）

5. 动车转向架的驱动装置包含牵引电动机、联轴器和齿轮箱。 （　　　）

### 二、选择题

1. 关于转向架的功能描述,不正确的是(　　　)。

A. 转向和减振        B. 传力

C. 驱动        D. 承重

2. 下列关于牵引系统的描述,错误的是(　　)。

    A. 列车驱动系统中的一部分

    B. 它的主要任务是把直流电压转换为三相交流电,来驱动电动机

    C. 实现电能→机械能→传给走行部→驱动列车运行

    D. 可以把机械能转换为电能,回馈到接触网

3. 下列哪项不是转向架的作用(　　)。

    A. 承受车辆自重和载重并在钢轨行驶的部分

    B. 将传动装置传递来的功率实现为列车的牵引力和速度

    C. 保证列车沿着轨道运行的平稳和安全

    D. 可以缓和来自各个方向的作用

4. 转向架的功用之一是在(　　)产生黏着力,并传给车底底架,车钩牵引列车前进,或对车辆实行制动。

A. 轮对        B. 轮轨接触点

C. 钢轨        D. 车轴

## 三、简答题

1. 转向架的主要功能有哪些?

2. 在对车轮进行检查时,一般有哪些参数需要检测?

3. 城市轨道交通车辆上一般安装了哪几种减振装置? 它们的作用是什么?

4. 简述转向架力的传递过程。

5. 轮对由哪几部分组成?

# 模块 4
# 车门

## 知识目标

1. 了解车门的特点及编号；
2. 掌握车门的类型、结构部件及各部件功能；
3. 理解客室车门的控制原理。

## 能力目标

1. 能识别车门的结构与部件；
2. 能正确操作客室车门并进行调整；
3. 能正确处理常见的车门故障。

## 素质目标

1. 了解车门在车辆运行中的重要性,培养服务意识；
2. 培养自主学习能力和探索精神；
3. 培养良好的职业习惯,树立安全意识与质量意识；
4. 增强从事城市轨道交通行业工作的认同感和自豪感。

## 建议学时

8 学时。

## 单元 4.1 ┃ 车门特点、类型及编号

### 一、车门特点

城市轨道车辆门系统是乘客及司机上、下车的通道，是车辆车体的一个重要组成部分，它不仅与客车的动力性、经济性、综合性能密切相关，而且对协调客车的整体造型起着重要的作用。门系统的外形设计、开合方式、加工制造及控制方式不仅影响客车外形的美观与动感，而且直接影响城市轨道车辆的安全运营状况。

根据城市轨道交通运载客流量大，乘客上、下车频繁的特点，为了方便乘客，缩短乘客上、下车时间，城市轨道交通车辆车门一般具有以下几个特点：

（1）有足够的有效宽度（一般为 1300 ~ 1400mm）。

（2）均匀对称布置，以便站台乘客均匀分配，上、下车方便迅速。

（3）要有足够数量的车门（一般 A 型车 5 对、B 型车 3 对或 4 对）。

（4）车门附近有足够的空间，以缓和上、下车的拥挤。

（5）能确保车辆运行安全和乘客的安全。

目前，国内外的车辆门系统的制造厂家有：德国 BODE、奥地利 IFE、日本 Nabco、法国 Faiveley、南京康尼等，这些厂家的车门技术代表了目前车门系统的最高水平。

### 二、车门类型

1. 按驱动动力来源分

（1）电控风动门。

电控风动门以压缩空气作为动力源，由压缩空气驱动传动气缸，再通过机械传动系统和电气控制系统来完成车门的开关动作。电控风动门主要由门页、车门导轨、传动组件、门机械锁闭机构、车门紧急解锁装置、气动控制系统以及电气控制系统等组成。随着车门技术的发展，目前城市轨道交通交通车辆很少采用这种车门，但广州地铁 1 号线使用的德国西门子进口列车采用此种车门系统。

（2）电控电动门。

电控电动门由电动机通过传动装置控制门页来完成开关门动作，主要由电动机、传动装置、控制器、闭锁装置和紧急开门装置等组成。电控电动门有两种常见的传动类型：一种是电动机驱动时，使齿带绕着齿带轮做旋转运动，同时带动左、右门页向相反方向运动来实现门的开关，如图 4-1a）所示；另一种是电动机通过一根左、右同步的丝杆和球形螺母驱动滚珠

摆动导向件来实现门的开关,如图 4-1b)所示。

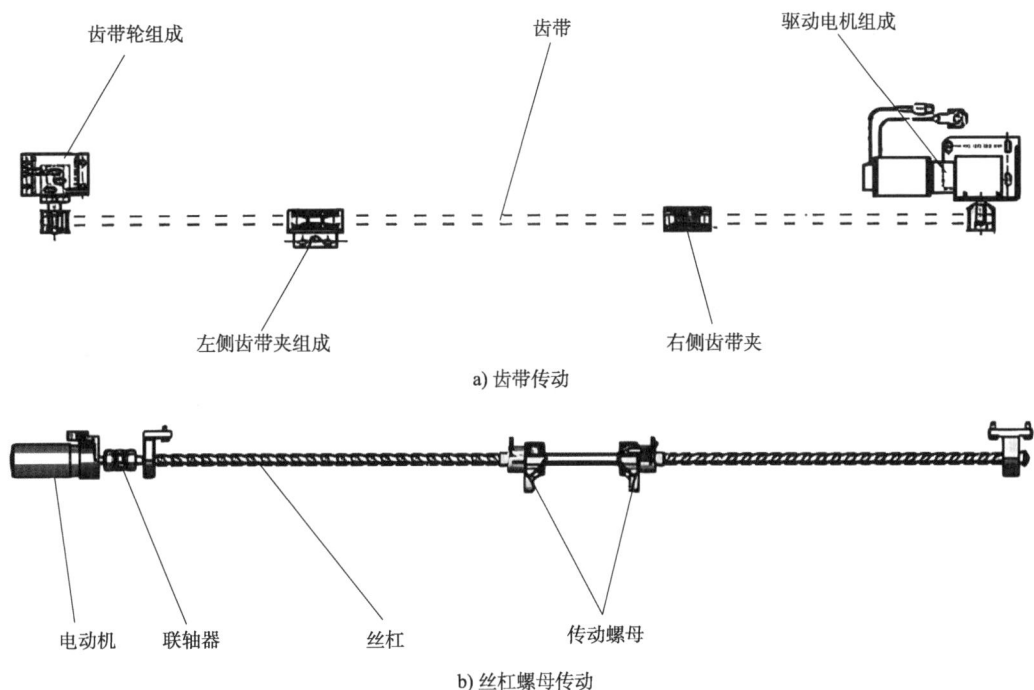

a) 齿带传动

b) 丝杠螺母传动

图 4-1　两种类型的传动结构

## 2. 按开启方式及结构形式分

(1)内藏嵌入式滑动移门。

内藏嵌入式滑动移门简称内藏门,车辆开关门时,门页在车辆侧墙的外墙板与内饰板之间的夹层内移动。车门开启后,门页藏于外墙与内护板的夹层之间,车门关门后,车门与车体外墙不在同一平面,凹于车体外墙内,如图 4-2 所示。传动机构设于车厢内侧车门的顶部,装有导轮的门页可在导轨上移动,传动机构的钢丝绳、皮带或丝杆与门页连接,气缸或电动机驱动传动机构,从而带动门页移动。

内藏门具有如下特点:

①驱动机构占用车辆上的空间小,由于内藏门只做沿车长方向的直线运动,没有曲线运动,因此驱动机构相对较为简单。

②质量较小。

③手动开、关门所需力量较小。

(2)外挂式滑动移门。

外挂式滑动门简称外挂门,与上述内藏嵌入式滑动门的驱动结构和工作原理相同,主要区别在于开关门时,门页和悬挂机构始终位于侧墙的外侧,如图 4-3 所示。

外挂门具有如下特点:

①车内空间相对较大,由于门页和悬挂机构始终处凸出于侧墙的外侧,车内空间

较大。

②车辆运行过程会产生一定的运行阻力。

 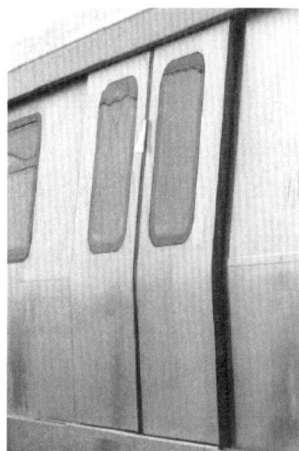

图 4-2　内藏门　　　　　　　　　图 4-3　外挂门

（3）塞拉门。

塞拉门借助车门上端的传动机构和导轨，开启状态时，门页贴靠在侧墙外侧；关闭状态时，门页外表面与车体外墙呈一平面，如图 4-4 所示。

塞拉式客式门
工作原理

图 4-4　塞拉门

塞拉门具有如下特点：

①有助于保持列车外形美观。

②减小空气阻力。

③具有良好车厢密封性，能降低噪声。

④方便自动洗车装置对车体清洗。

车门的形式种类虽然各不相同，但实现功能却大同小异，性能参数也差不多。三种类型车门的性能对比如表 4-1 所示。

三种类型车门比较                    表 4-1

| 序号 | 项目 | 外挂门 | 内藏门 | 塞拉门 |
|---|---|---|---|---|
| 1 | 气密性 | 密封比较简单,车门的密封部件直接暴露于气流中,而且车门与车体的密封只有一对密封条 | 密封性能较外挂门好,主要是由于以下原因:<br>1. 车门并不直接暴露于气流中;<br>2. 从车体外到车厢内部有两组密封,因此气流不容易进入客室 | 气密性好,但是容易过压 |
| 2 | 关门时间 | 关门时间较短,实际关门时间的长短主要依赖于车门的净开度,通常≥2.5s | 和外挂门一样,关门时间较短,实际关门时间的长短主要依赖于车门的净开度,通常≥2.5s | 关门时间较移动门时间长,由两个时间组成即关和塞的时间,通常来说至少比移动门长 1s |
| 3 | 外观 | 车门位于车辆侧墙外侧 | 门页藏于车辆侧墙的外墙与内护板之间的夹层内 | 当门完全关好后与车体外墙呈一平面 |
| 4 | 车辆限界对限界的影响 | 由于车门是悬挂于侧墙的外侧,为满足车辆限界要求,在一定程度上减小了车体的宽度,而车门之间有效空间是最大的 | 由于藏于侧墙内,因此在一定程度上减小了车辆内部的宽度,同时也会减少载客量 | 车辆内部宽度最大,但是由于塞拉门有立柱,因此车内面积没有外挂门的大 |
| 5 | 维修 | 结构简单,维修工作量和维修时间较少;可以快速更换门页,而且可以从外部进行维修 | 结构简单,维修工作量和维修时间较少;门页更换较外挂门复杂,可以从车辆内部对车门进行维修和调整 | 结构复杂,维修量较大,维修时间长;可以从车辆内部对车门进行调整和维护 |
| 6 | 隔噪能力 | 隔噪能力主要取决于门页与车体的接口面 | 隔噪能力较外挂门好 | 由于塞拉门密封性能好,因此具有较好的隔噪能力 |
| 7 | 关门过程中可能出现的问题 | 由于关门过程为直线运动,且关门时间较短,因此,关门受阻的可能性较小 | 由于关门过程为直线运动,且关门时间较短,因此,关门受阻的可能性较小 | 由于内部过压,最后一个门在关门的时候可能较难关上;门在塞的过程中也可能由于乘客堵在车门关闭的方向而受阻,尤其是在大客流的情况下 |
| 8 | 开门过程中可能会遇到的问题 | 开门时车门可能会碰到靠近列车的乘客从而进入障碍物探测状态,但如果站台安装了站台门后不会出现这种问题 | 如果门槛中有碎片或其他异物,可能在开门的时候会受阻塞 | 开门时车门可能会碰到靠近列车的乘客从而进入障碍物探测状态,但如果站台安装了站台门后不会出现这种问题 |

续上表

| 序号 | 项目 | 外挂门 | 内藏门 | 塞拉门 |
|---|---|---|---|---|
| 9 | 可靠性 | 外挂门部件少,可靠性高 | 内藏门部件少,可靠性高 | 部件数量多,而且机构的运动较复杂,因此可靠性较外挂门和内藏门低 |
| 10 | 重量 | 较塞拉门轻 | 较塞拉门轻 | 较重(加上车体接口等重量要比外挂门或内藏门重40~50kg/门) |
| 11 | 窗 | 与客室窗无干涉,窗户的宽度可以达到最大 | 由于内藏门需要在侧墙内滑动,因此,客室窗的宽度将受到影响 | 与客室窗无干涉,客室窗的宽度可以达到最大 |
| 12 | 费用 | 较塞拉门低很多,和内藏门差不多 | 较塞拉门低很多,和外挂门差不多 | 较外挂门和内藏门造价高很多 |
| 13 | 操作环境 | 适用于大客流环境,不适用于高速车辆 | 适用于大客流环境,不适用于高速车辆 | 不适用于大客流环境,适用于高速车辆(>120~140km/h) |
| 14 | 国内外应用经验 | 广州地铁2号线、上海地铁一号线增购车、北京地铁机场快线 | 广州地铁1号线,上海地铁1、2号线,北京地铁2号线,10号线等大多数线路 | 上海地铁3号线,深圳地铁1号线,广州地铁3、4、5号线,北京地铁4号线 |

**3. 按用途分**

对城市轨道交通车辆而言,按照功能的不同,车门可分为驾驶室侧门、驾驶室后端门、客室侧门、客室端门和紧急疏散门五类。各类车门的位置如图4-5所示。

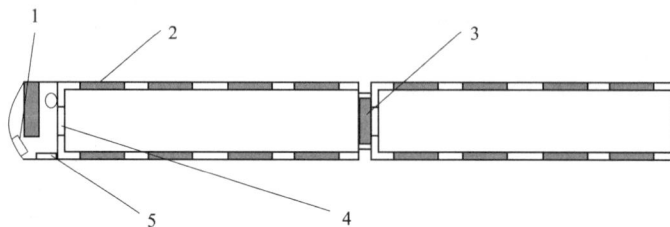

图4-5　各类型车门位置示意图
1-紧急疏散门;2-客室侧门;3-客室端门;4-驾驶室后端门;5-驾驶室侧门

驾驶室侧门多采用一扇单叶车门,在驾驶室两侧墙上分别设置,驾驶室侧门由人工控制,没有气动或电动驱动装置,以供乘务人员上下车。城市轨道交通车辆驾驶室车门一般有内藏门、塞拉门及折页门三种类型。

驾驶室端门是在其后端墙中间设有一个与客室相通的通道门,司机可以由后端门进入客室车厢,并通过客室车厢、后端门,进入另一端驾驶室。在客室一侧没有开门把手,但设置了紧急开门装置,正常情况下不允许乘客开启,当乘客发现危险性事故的特殊情况时,可以启用紧急拉手,开启后端门。

客室侧门均匀布置在车体的侧墙两边,是乘客上下车的通道,也是列车上数量最多、使用最频繁的车门。客室侧门可在ATO模式下自动开关,也可以由司机手动操作驾驶室开关门按钮控制单侧车门。为了保证乘客的安全和车辆正常运营,客室车门具有紧急解锁、安全隔离、障碍物检测、零速保护及状态提示等功能。

客室端门设置在两节车厢之间的贯通道位置,也称为列车贯通门,将列车按编组分成若干个独立空间。现代地铁列车基于列车容量、乘客在各车厢的均匀分布、突发事件疏散等因素的考虑,已经取消了客室端门。

部分型号的城市轨道交通列车紧急疏散门设置在带驾驶室车厢的前端墙上(图4-6),列车在隧道内运行时一旦发生火灾等危险事故时,司机可打开紧急疏散门,释放紧急疏散梯,引导乘客通过紧急疏散梯走向路基中央,然后向两端的车站疏散。

图4-6 紧急疏散门

## 三、车门编号

为便于识别、车门定位、检修、客室车厢设备定位及乘客遗落物品的找寻,地铁车辆的每个客室侧门均有各自编号,虽然不同地铁线路车辆车门编号具有差异性,但均按照相应的车门编号规则。

### 1. 车门编号的规则

城市轨道交通车辆客室车门有两种编号方式:一种是直接对车门进行编号,自1位端到2位端,每辆车的左侧车门为由小到大的连续奇数,右侧车门为由小到大的连续偶数;另一种是对门页进行编号,车门的编号由两个单独门页的号码合并组成,自1位端到2位端,每辆车的左侧门页为由小到大的连续奇数,右侧门页为由小到大的连续偶数。车门的两种编号方式如图4-7所示。

### 2. 确认客室车门编号的方法

当车门出现故障需要站务人员协助司机处理时,首先必须准确找到并确认故障门的位置。

登上列车前(车外):在滑动门右侧立柱上方贴有车门、站台门编号(图4-8),或者通过车身外部印刷的编号来确认(图4-9)。

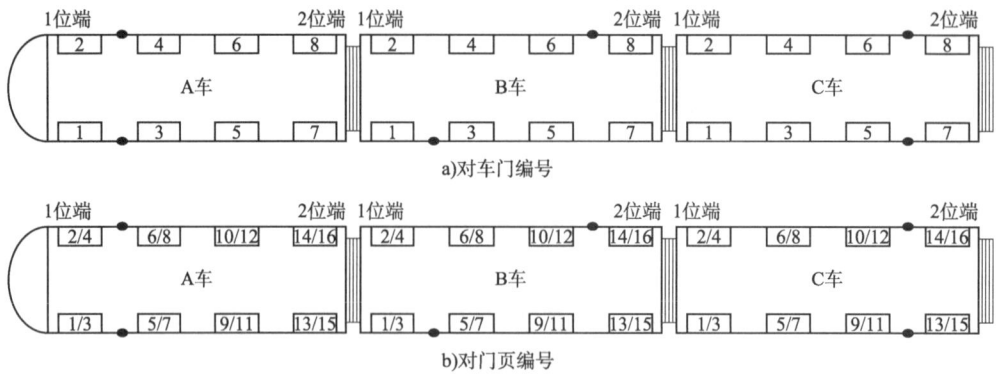

a)对车门编号

b)对门页编号

图4-7 车门的两种编号方式

图4-8 站台门处编号

图4-9 车身外编号

登上列车后（车内）：

（1）乘客报警器下方印刷有车厢编号和车门编号（图4-10）。

（2）每个门旁扶手上方印刷有车门编号（图4-11）。

（3）车厢内连接处印刷有车厢编号（图4-12）。

图4-10 紧急报警器旁编号

图4-11 车厢内扶手处编号

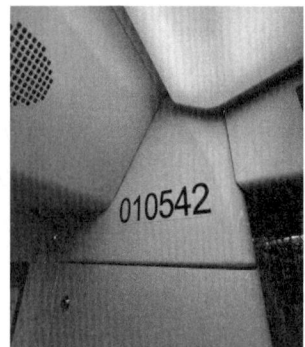

图4-12 车厢连接处编号

## 单元 4.2 ｜车门子系统部件与结构

对于不同类型的车门,其组成结构略有不同,但都包括车门悬挂及导向机构、车门驱动装置、左右门页、安全装置,车门密封装置等机械部件,以及电子门控单元,电气连接、负责监测的各类行程开关、指示灯等电气或气动部件。本单元以电动塞拉门为例,介绍车门结构,如图4-13所示。

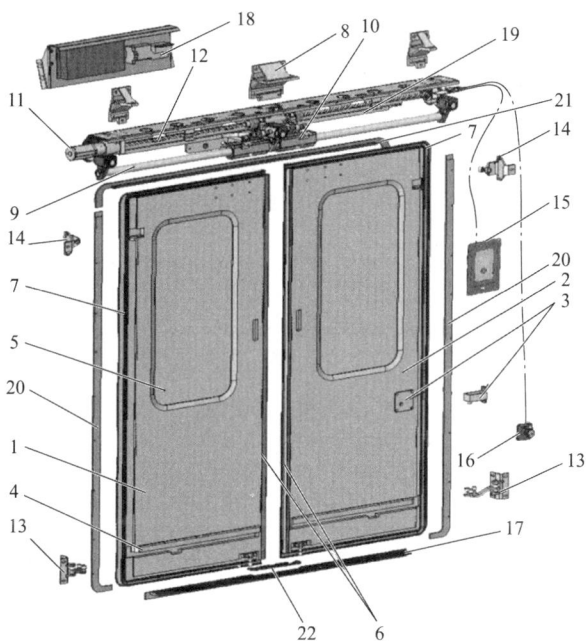

图 4-13  电动塞拉门结构图

1-左门页;2-右门页;3-切除装置;4-下滑道(下导轨);5-门窗;6-护指胶条;7-周边胶条;8-安装支架;9-导柱;10-携门架;11-电动机;12-丝杆;13-摆臂组件;14-平衡轮;15-内紧急解锁装置;16-外紧急解锁装置;17-门槛;18-电子门控单元EDCU;19-上滑道(上导轨);20-侧密封压条;21-上密封压条;22-嵌块

城市轨道交通车辆采用的电动塞拉门根据部件功能不同,分为机构安装部件、承载驱动装置、门扇及限位导向装置、内外操作装置、电气部件五大部分。

### 一、机械安装部件

机械安装部件用于车体与车门构件之间的连接,保证车门与车体密合,保证车门密封性,主要包括:安装架,压条、门页周围密封橡胶条及门槛。

安装架分为顶吊架(1个)和侧吊架(左、右各1各),通过安装架的连接,车门驱动承载机架被固定在车体上。

客室车门的门框上装有上压条和左、右侧压条。车门关闭后,压条与门页的周边胶条配合,保证了门页的防水密封性。

门槛位于门框底部,安装在车体上,门槛上安装有嵌块,确保塞拉门的下部塞入密封,机械安装部件如图 4-14 所示。

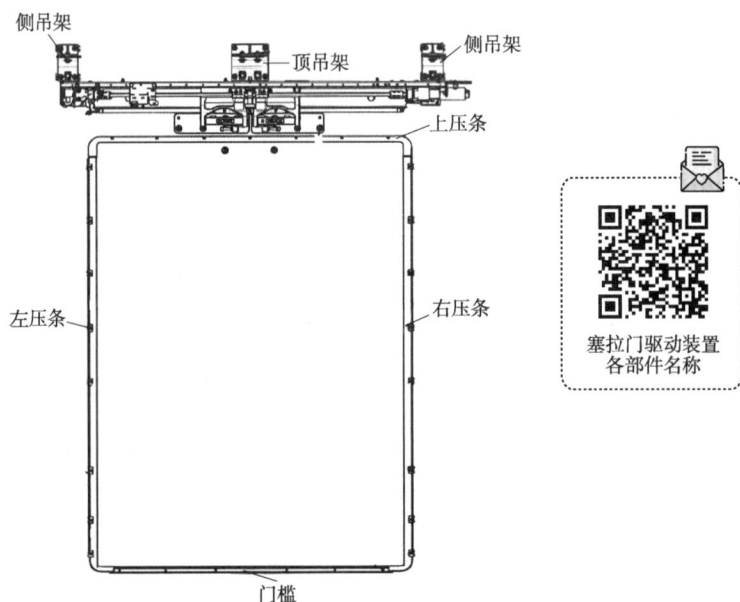

图 4-14 机械安装部件

## 二、承载驱动装置

承载驱动机构是车门系统的核心部件,是车门的驱动机构和执行机构。主要包括安装支架、驱动组件(电动机、联轴器)、丝杆、长导柱、短导柱、携门架、螺母副、传动架等,具体结构如图 4-15 所示。

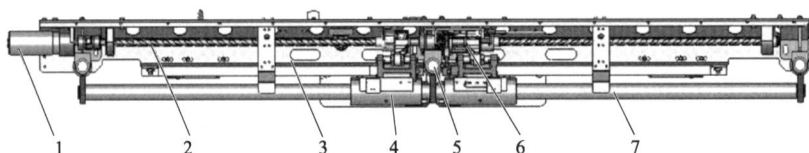

图 4-15 承载驱动结构

1-电动机;2-丝杆;3-上导轨;4-携门架组件;5-横向导柱(短导柱);6-传动螺母;7-纵向导柱(长导柱)

丝杆是车门系统能实现开关门动作的动力传递部件,螺母副中有两只滚动销沿丝杆螺旋槽中滚动(图 4-16)。丝杆的螺旋槽分普通工作段、零升程自锁段和过渡段三段。电动机驱动时,丝杆可以驱动传动螺母以实现电动开关门;无电时,传动螺母可以驱动丝杆,以实现手动开关门。

长导柱为门的纵向开闭提供自由度并保证在开关门过程中门扇与车体平行;短导柱承受门板的重量并为门提供内外横向移动自由度。

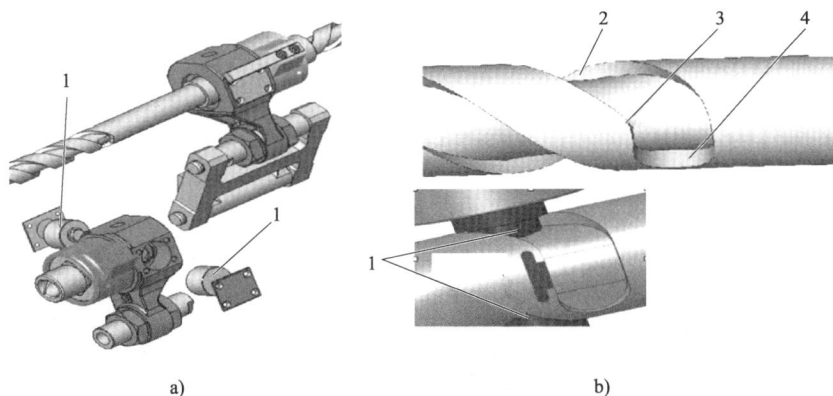

图 4-16 丝杆与螺母副

1-滚动销;2-工作段;3-过渡段;4-自锁段

H 形传动架通过 2 个销轴及 4 个挡卡将螺母副与携门架直线轴承连接起来。

丝杆螺母通过传动架和携门架上的连接座与携门架相连,携门架通过直线轴承在长导柱上滑动。它将力从机构传送到门页并且也把力从门页传送到机构。携门架通过螺钉牢牢地安装在门页上。所有携门架将门页的所有重量和动力传送给纵向导柱。

在携门架与门页连接处,提供了一个偏心调节装置(图 4-17 中偏心轮 5),该装置用来调节门页的 V 形。在携门架内部,还提供了一个偏心调节装置(图 4-17 中偏心轮 8),该装置用来调节门页与车体之间的平行度。携门架通过滚轮在上滑道中运动,缓冲头为门页的全开提供定位。

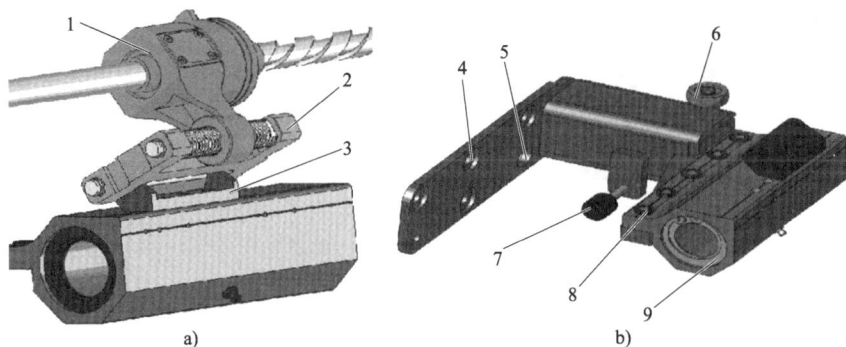

图 4-17 携门架部件

1-传动螺母副;2-传动架;3-携门架连接座;4-螺钉孔;5、8-偏心轮;6-滚轮;7-缓冲头;9-直线轴承

## 三、门页及限位导向部件

车门的运动导向是通过滑道(呈一定的形状,实现相关的横向和纵向运动)使门页沿设定的轨迹运动。上滑道安装在顶部机构上。携门架上有一滚轮在滑道里滚动。下滑道安装在门页上,一个安装在车体结构上的滚轮摆臂装置与该滑道啮合,以提供所要求的导向运动。该导向部件仅承受横向力,不承受纵向或垂向力。限位导向组成部件包括上滑道、平衡

压轮、下摆臂组件、下滑道及下挡销。

上滑道安装在门机架上，其轨迹对门页的运动起导向作用，门页的横向与纵向运动均通过其实现（图4-18）。

平衡轮（图4-19）与安装在门页上部后沿的压板配合（压紧），以防止任何可能的垂直向上力使门页偏移。

图4-18　上滑道

图4-19　平衡轮

下滑道安装在门页下部并与安装在车体上的摆臂组件相配合，以保证门页下部的导向运动。摆臂组件上设置有防脱销，即使发生滚轮断裂的事故，防脱销仍然能够保证门页下部受到约束，门页下部不会脱离车体（图4-20）。

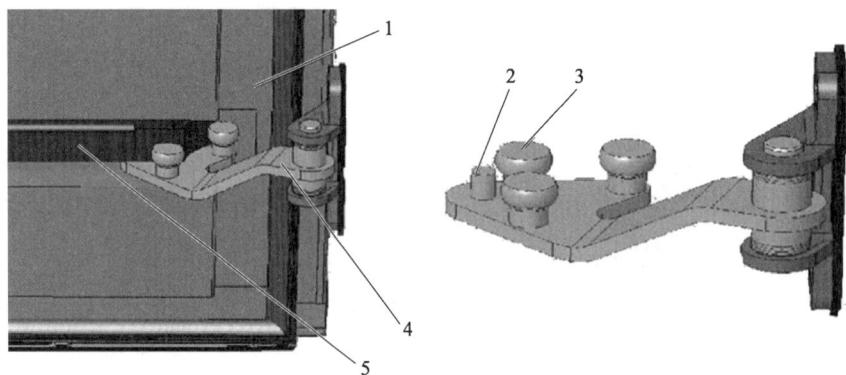

图4-20　下滑道与摆臂组件

1-门页；2-防脱销；3-滚轮；4-摆臂；5-下滑道

下挡销安装于左、右门页下部位置，在门槛嵌块导向槽运动，其主要作用是减小门页的变形（图4-21）。

门页为铝蜂窝复合结构，具有铝框架、铝面板和铝蜂窝芯，采用热固化。为增加机械强度，铝面板的周边都包在铝框架上。除了一些必要的、用于支撑门页和实现门页导向运动的部件外，门页内表面是平的。窗玻璃黏结到门页上并与门页的外表面平齐。门页周边装有胶条，以实现门的周边密封。门页前沿装有一个特殊的中空胶条，以防夹住障碍物。在门页的前沿，装有一个附加的挡销，该挡销与门槛上的嵌块啮合，以保证车门关闭后其挠度符合要求。门页结构如图4-22所示。

图 4-21　下挡销与嵌块

1-抽芯铆钉;2-导向槽;3-下挡销

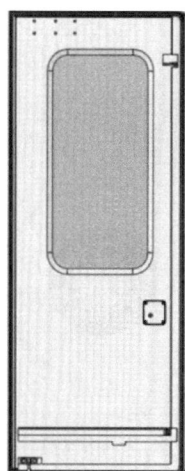

图 4-22　门页

## 四、内外操作装置

车上的内外操作装置主要包括:内紧急解锁装置、外紧急解锁装置与门隔离装置。

为了能够在紧急情况下解锁并打开门,在内侧墙上装有一个紧急开门装置(图 4-23)。操作该装置,将会启动紧急解锁开关,并发出"紧急操作"信号,通过牵拉绳索,门锁被释放;如果此时车辆门释放列车线有效,可以手动开门;如果车辆门释放列车线无效,电动机将施加在关门方向上一个力,以阻止门被打开。紧急手柄可复位,在紧急手柄复位后,门的开关回到正常操作状态。内部紧急解锁装置结构如图 4-24 所示。

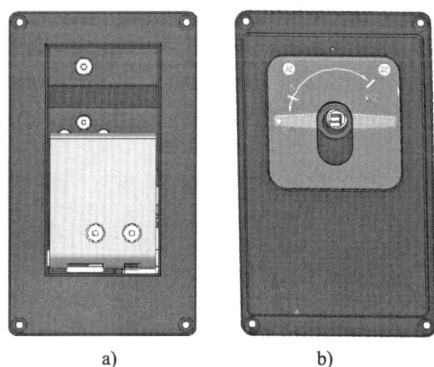

a)　　　　b)

图 4-23　两种类型的紧急开门装置

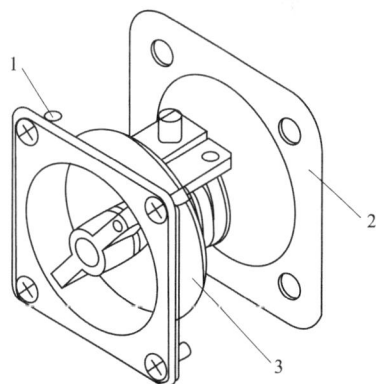

图 4-24　内部紧急解锁装置

1-紧固螺钉;2-调整垫片;3-内操作装置

从外侧看,每节车厢每侧面各设置 1 个紧急入口装置,用四方钥匙(7×7)操作(图 4-25)。该装置被激活,其作用与内部紧急解锁装置所描述的功能相同,结构如图 4-26 所示。

在车门的右侧门柱上（从内往外看）装有一隔离锁装置，以实现门的机械隔离（图4-27）。在门出现故障不能进行正常服务时，可以手动将门移至关闭且锁紧的位置并隔离门。

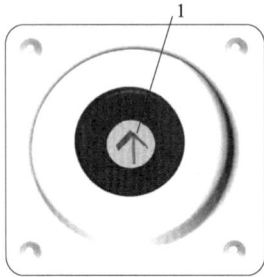

图4-25 外部紧急操作装置

1-四方钥匙

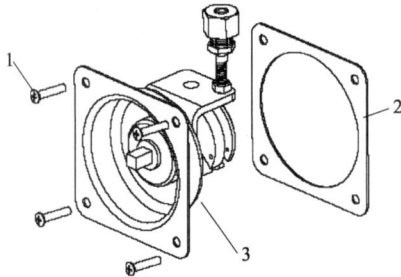

图4-26 外部紧急解锁装置

1-紧固螺钉；2-橡胶垫；3-外操作装置

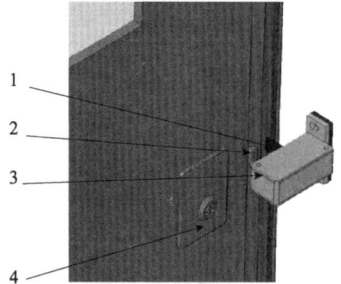

图4-27 退出服务装置

1-开关杠杆；2-锁插销；3-开关盒；
4-四方钥匙

## 五、电气部件

车门电气部件包括门控器组件（图4-28）、驱动电动机组件（图4-29）、S1/S2/S3/S4 行程开关、蜂鸣器，其主要作用是控制车门及监控车门状态。

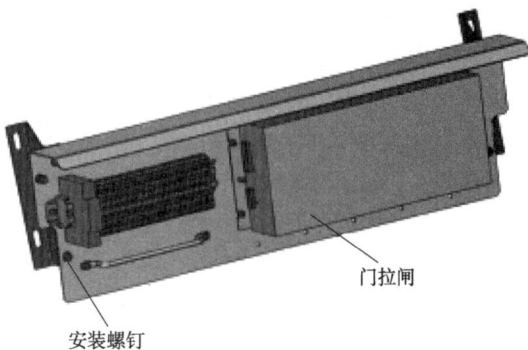

安装螺钉

门拉闸

图4-28 门控器组件

图4-29 驱动电动机

电子门控单元（EDCU）包括内部电源、微控制器和程序存储器。微控制器驱动车门电动机，并控制电动机转矩以及电动机电流和速度。EDCU 可以编程，输入和输出信号由软件控制，并可通过更新软件来实现车门功能的更改。可以通过位于每个 EDCU 上的 USB 接口实现软件下载。每节车厢客室门 1 和 2 的 EDCU 为主车门控制单元 MDCU，而每节车厢的客室门 3~8 的 EDCU 则作为本地车门控制单元 LDCU 来使用。主车门控制单元配有 MVB 总线接口，实现与列车的信息交换。两个带有 MVB 总线接口的 EDCU（MDCU）用来执行与列车的通信任务，互为冗余。不带 MVB 总线接口的（本地）控制单元（LDCU），可通过一个 CAN 总线接口与 MDCU 进行单独通信，门控单元的网络连接如图4-30所示。

驱动电动机为车门实现开关动作的动力来源，供电电压为 DC 110V，包括一个带减速装置直流电动机和一个齿轮联轴器。通过联轴器，电动机的旋转运动传递到丝杆并最终带动门页运动。

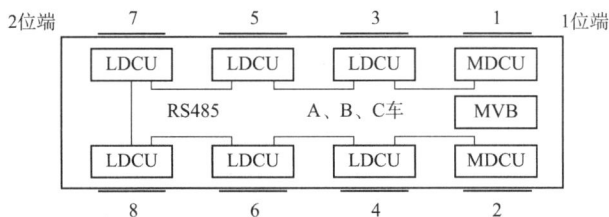

图4-30 门控单元网络拓扑图

行程开关是门控器的感知元件,将车辆的状态转换为高低电平的形式。车门上的行程开关有锁到位开关(S1)、隔离开关(S2)、紧急解锁开关(S3)和关到位开关(S4)共四种。锁到位、关到位行程开关位于车门顶部安装支架上,由螺母副触发,紧急解锁行程开关位于解锁拨叉一侧,由拨叉上的弧面触发,隔离行程开关位于切除锁锁盒内部,由切除锁触发(图4-31)。四种行程开关分别用于监控车门锁到位、关到位、隔离、紧急解锁的状态。

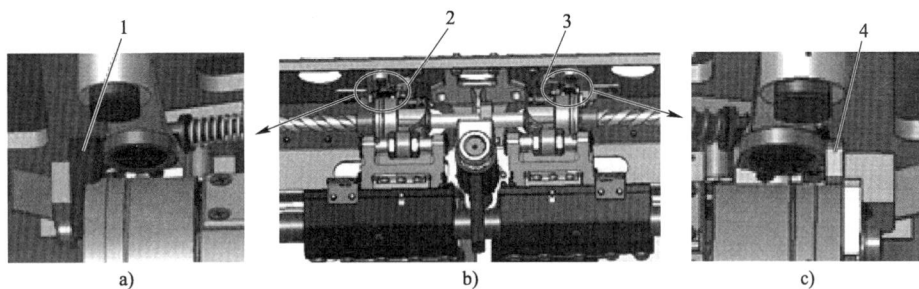

图4-31 关到位开关与锁到位开关

1-螺母撞板;2-关到位开关;3-锁到位开关;4-螺母撞板

# 单元 4.3 | 车门控制与功能

## 一、车门工作原理

当门完全关闭时,门页与车辆的外表面平齐。开门时,门页一开始就进行横向 + 纵向的复合运动,然后沿着车体侧面滑动直到完全打开的位置。塞拉门系统的工作原理如图4-32所示。门的运动由电子门控制器控制,电动机驱动通过锁闭装置与丝杆螺母副连接;丝杆上的螺母通过传动架与携门架相连,携门架与门页相连;携门架在纵向长导柱滑动。长导柱上有三个挂架,每端各一个,中间一个,三个挂架在短导柱上运动。

### 1. 开门

当车门 EDCU(门控器)接收到开门信号时,EDCU 会输出电信号驱动电动机向开门方向工作,电动机通过皮带把电力传送给丝杆,丝杆运动将会带动与之啮合的螺母运动,螺母通过携门架与门页连接,从而带动门页同步运动。

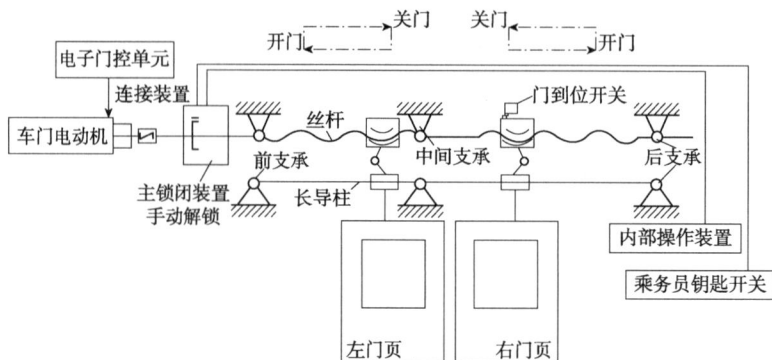

图 4-32 客室车门（塞拉门）开关工作原理图

## 2. 关门

当车门 EDCU 接收到关门信号时，输出电信号驱动电动机向关门方向工作，电动机通过传动装置把电力传送给丝杆，丝杆运动将会带动与之啮合的螺母运动，螺母通过携门架与门页连接，从而带动门页同步运动。

## 二、车门电气控制原理

电子门控单元 EDCU 是车辆电气和车门机械操纵机构之间的接口，电子门控单元对车门的控制由可编程序控制器实现，车门的电气控制原理如图 4-33 所示。当零速信号且有开门使能信号时，EDCU 接收到开门指令后，将控制车门电动机朝开门方向动作，并将车门的相关状态传送给列车控制及诊断系统。关门是一个相反的过程。

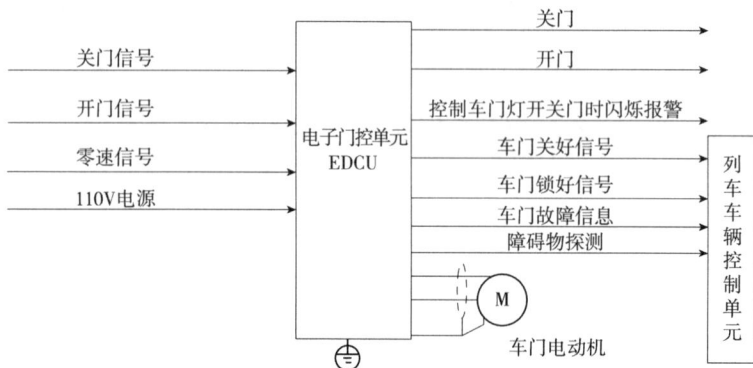

图 4-33 车门电气控制原理图

## 三、车门功能

车门具有开关门、零速保护和安全联锁电路，开关门有报警装置、障碍物监测等安全保护多种功能。

### 1. 开关门

车门控制方式有网络、硬线两种类型，两种类型通过驾驶室继电器柜内车门控制模式转换开关（图 4-34）进行切换：当切换开关打在"网络"位时，EDCU 将接收网络列车线（TCMS）

给出的开门、关门信号；当切换开关打在"硬线"位时，EDCU 将接收来自车辆硬线给出的开门、关门信号。

在司机操作台上的车门开关模式旋钮（图 4-35）设有"AA"（自动）、"AM"（半自动）和"MM"（手动）三个位置。

图 4-34　车门控制模式转换开关　　图 4-35　车门开关模式旋钮

不同驾驶模式下车门位于不同的控制方式，各驾驶模式和车门模式关系如表 4-2 所示。

各驾驶模式与车门模式关系　　表 4-2

| 驾驶模式 | 车门开关模式旋钮 | 负责开、关车门 | 网络/硬线转换开关位置 | 网络收取信号 |
|---|---|---|---|---|
| 自动驾驶模式（ATO） | AA（自动） | ATC | 网络/硬线 | （1）网络接收开门列车线、关门列车线信号（监视并控制）；（2）网络接收门使能列车线信号（只做监视，另外 ATC 通过 MVB 网络接口将门使能信号发给 TCMS 做记录）；（3）网络同时监视手动开、关门继电器触点的状态，同时监视 ATC 输出的开、关门继电器触点状态；（4）EDCU 根据硬线、网络切换列车线的状态，选择接收来自 TCMS 的开关门指令或者来自硬线的开、关门命令 |
| 自动驾驶模式（ATO） | AM（半自动） | ATC 负责开门，司机负责关闭车门 | 网络/硬线 | |
| 自动驾驶模式（ATO） | MM（手动） | 司机 | 网络/硬线 | |
| 自动折返模式（ATB） | AA（自动） | ATC | 网络/硬线 | |
| 自动折返模式（ATB） | AM（半自动） | ATC 负责开门，司机负责关闭车门 | 网络/硬线 | |
| 自动折返模式（ATB） | MM（手动） | 司机 | 网络/硬线 | |
| 无人驾驶的自动折返模式（无列车司机）DATB | AA（自动） | ATC | 网络/硬线 | |
| 无人驾驶的自动折返模式（无列车司机）DATB | AM（半自动） | ATC 负责开门，司机负责关闭车门 | 网络/硬线 | |
| ATP 人工驾驶模式 | MM（手动） | 司机 | 网络/硬线 | |
| 受限人工驾驶模式（RM） | MM（手动） | 司机 | 网络/硬线 | |
| 非受限人工驾驶模式（NRM） | MM（手动） | 司机 | 网络/硬线 | |

因此，车门在 ATO 模式下可自动打开也可以由司机进行开关，在 ATP 模式下由司机手动控制。当车门由司机进行开关时，通过操作门控面板的按钮来实现，门控面板安装在司机

室内,左右侧分开,每侧设一套。车门的开关由电子门控器(EDCU)来控制,门释放列车线、开门列车线、关门列车线、门使能列车线驱动门电动机,从而实现左、右侧车门的开关功能。门动作逻辑如表4-3所示。在门动作过程中内/外侧车门指示灯、蜂鸣器有指示警示功能。

客室门控制逻辑关系 表4-3

| 门释放列车线 | 开门列车线 | 关门列车线 | 门的状态 |
| --- | --- | --- | --- |
| 0 | 0/1 | 0/1 | 关 |
| 1 | 0 | 0 | 保持 |
| 1 | 0 | 1 | 关 |
| 1 | 1 | 1 | 关 |
| 1 | 1 | 0 | 开 |

**2. 开关车门的二次缓冲功能**

开关车门的二次缓冲功能即车门在"接近全开"和"接近全关"时须有可调节的缓冲性能。

**3. 零速度保护**

只有当城市轨道交通车辆速度为零时才可以打开车门,门控器只有在门使能列车线为高电平时才允许打开车门,确保列车只有零速及相关条件才能接通开门电路。列车正线运营时,无法检测到零速信号,则需要操作"门零速旁路开关"(图4-36)实现开门。

**4. 紧急解锁**

在客室内,每扇车门旁都设置了紧急开门装置,用于紧急情况下对客室侧门进行解锁,非紧急情况下严禁操作。同时,每节车辆的外侧也设置了一处用于紧急情况下站务人员从外侧打开车门。当列车速度大于零,列车上任何与外界联系的车门都不允许正常打开,一旦操作紧急解锁装置,车门会保持一个关紧力,并执行紧急制动,直到列车车速为零,被紧急解锁的车门才可以手动拉开。

**5. 故障切除(门隔离)**

每一扇门的车内和车外设一个切除装置,其作用是当车门出现故障时可以将车门从服务状态切除并转为机械锁闭状态。当车门处于关闭且锁闭的位置时,从内侧或外侧可用 $7 \times 7$ 方孔钥匙实现车门隔离。

门切除后,EDCU 关闭切除门所有运动功能,保留故障诊断及通信功能,同时门控单元将该门的切除状态通过数据流传给网络,并在 HMI 屏上显示车门被切除图标,车门红色指示灯持续明亮。

**6. 门警示**

车门具有通过门内外侧指示灯及蜂鸣器进行警示功能。在每个客室门内侧上方设有一个黄色车门状态指示灯(左),一个红色车门隔离指示灯(右),如图4-37所示,每节车外侧左右两侧中央高位各设一个黄色指示灯。在每个客室侧门的机构上安装一个蜂鸣器。车门状态与指示灯及蜂鸣器状态对应情况如表4-4所示。

黄色车门状态指示灯　红色车门隔离指示灯

图 4-36　门零速旁路开关　　　　图 4-37　内侧车门指示灯

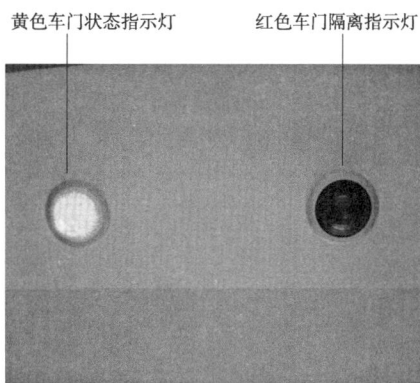

**车门状态与指示灯及蜂鸣器状态对应情况**　　　　表 4-4

| 序号 | 车门状态 | 门状态指示灯 | 车外侧指示灯 | 门切除指示灯 | 蜂鸣器 |
|---|---|---|---|---|---|
| 1 | 门关好 | 灭 | 灭 | 灭 | 停止鸣响 |
| 2 | 开全开 | 亮 | 亮 | 灭 | 停止鸣响 |
| 3 | 开/关门过程 | 闪 | 亮 | 灭 | 鸣响 |
| 4 | 门切除 | 灭 | 灭 | 亮 | 停止鸣响 |
| 5 | 即将关门 | 闪 | 亮 | 灭 | 鸣响 |
| 6 | 门紧急解锁 | 亮 | 亮 | 灭 | 停止鸣响 |
| 7 | 开关门障碍物检测过程 | 闪 | 亮 | 灭 | 鸣响 |
| 8 | 开关门障碍物激活 | 亮 | 灭 | 亮 | 停止鸣响 |

同时,驾驶室车门控制面板按钮下有不同颜色的状态指示灯,为司机提供车门状态指示。驾驶室 HMI 屏也会监控和指示车门的各种状态,其画面显示如图 4-38 所示,各车门状态图标及含义如表 4-5 所示。

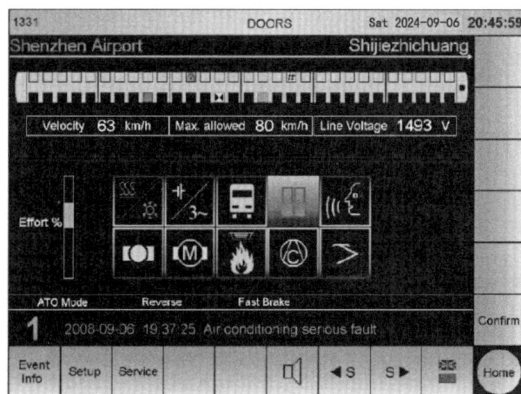

图 4-38　HMI 屏车门状态画面显示

HMI 屏显示的车门状态图标及含义                                    表 4-5

| 序号 | 图标 | 门状态 | 序号 | 图标 | 门状态 |
|---|---|---|---|---|---|
| 1 | # | 紧急解锁 | 5 | | 关门检测到障碍物 |
| 2 | | 门切除 | 6 | | 开门检测到障碍物 |
| 3 | | 门故障 | 7 | | 门开、无故障 |
| 4 | | 门警告 | 8 | | 门关、无故障 |

7. 障碍物检测功能

车门在开关过程中都有障碍物检测功能（图 4-39）。

（1）开门过程障碍检测。

开门过程遇到障碍物，开门阻力增大，障碍物检测被激活，会使开门循环停止 1s，在 6 次（可调）尝试开门后门将会停留在此位置并且电子门控单元会认为此位置是最大可达开门位置，驾驶室 HMI 屏将显示对应车门开门"障碍检测激活"状态图标。此时下达任何关门指令都可将门关闭。

（2）关门过程障碍检测。

关门过程遇到障碍物，障碍物检测被激活，将会施加一个持续 0.5s 的最大关门力，之后门自动打开一定距离（可调），停止 1s 后，再次关闭，连续循环 3 次（可调）障碍物检测都被激活，车门将运动到全开位置，驾驶室 HMI 屏将显示对应车门关门"障碍检测激活"状态图标。

总的来说，车门的防夹功能通过检测电动机电流和车门的移动位置来实现。

8. 安全联锁电路（安全回路）

车门的状态关系到乘客及运营安全，为确保列车运行过程中车门正确锁闭，同侧车门的关到位开关和紧急解锁开关串联。只有当所有车门关好锁闭后，驾驶室内"门锁闭"指示灯亮，安全互锁回路闭合，列车才能牵引起动。列车左、右侧安全联锁电路完全隔离，无共用元件。在运行过程中，如果有乘客将紧急解锁手柄拉下，安全回路断开，列车将触发紧急制动并停车。

如在运营中出现门关好故障，也可以操作驾驶室电气柜的门关好旁路开关（图 4-40），取消牵引封锁。如果车门已被机械隔离，则安全互锁回路将被忽略。

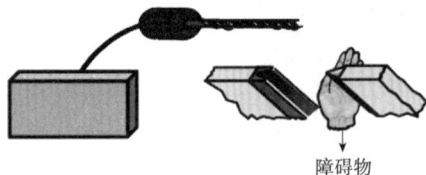

障碍物

图 4-39　障碍物检测

图 4-40　门关好旁路开关

车门防夹功能

9.车门故障显示,储存诊断功能

当车门出现故障时,故障信息可在门控单元和 TCMS 分别存储和读取,并显示在驾驶室 HMI 屏事件信息界面上。同时 EDCU 诊断储存所控制车门的故障代码,也可通过 EDCU 的 USB 接口连接电脑读取故障代码。

## ● 实训任务

本模块实训任务见附录任务4。

## ● 知识巩固

### 一、判断题

1. A 型车一节车厢配备4对车门。                                    (    )

2. 塞拉门传动系统较内藏式移门和外挂密闭门复杂。                      (    )

3. 塞拉门占用车体空间大小介于外挂式移门与内藏式移门之间。            (    )

4. 如果操作了紧急解锁装置,必须在列车重新起动之前将该装置复位,以激活门的操作。
                                                                (    )

5. 在携门架内部,提供了一个偏心调节装置,该装置用来调节门扇与车体之间的垂直度。
                                                                (    )

6. 连续3次关门过程中均检测到障碍物,车门完全打开到最大位置,直到开/关门指令重新将门启动。                                                (    )

7. 一般城市轨道交通车辆共有四种车门,即客室车门、驾驶室车门、紧急疏散门、驾驶室通道门。                                                    (    )

8. 内藏嵌入式车门,开关车门时门扇在车辆侧墙的外墙与内护板之间的夹层内移动,传动装置设于车厢内侧车门的底部。                              (    )

### 二、选择题(单选)

1. 当列车速度大于 5km/h 时,列车上任何与外界联系的车门都不允许正常打开,一旦被强行打开,列车将执行(    )。

A. 停放制动       B. 紧急制动       C. 保压制动       D. 快速制动

2. 地铁自运营以来,(    )的故障率一直居车辆故障首位。

A. 弹簧减振装置系统                      B. 车门系统

C. 牵引连接装置系统                      D. 传动装置系统

3. 每个客室车门上方的内外侧均有一个(    )指示灯,指示车门开关门状态;内侧均有一个(    )指示灯,车门隔离时亮。

A. 蓝色,橙色     B. 红色,橙色     C. 橙色,红色     D. 绿色,红色

4. 车门电动机电压(    )。

A. DC 24V        B. DC 110V       C. AC 110V       D. AC 220V

5. 目前,地铁车辆已经不再设置(　　)。

　　A. 客室侧门　　　　　B. 驾驶室侧门　　　　C. 客室端门　　　　D. 驾驶室端门

## 三、简答题

1. 城市轨道交通车辆的车门应具有什么特点?

2. 车门按照功能可分为哪几种类型?

3. 客室侧门有哪些安全功能?

# 模块 5
# 车辆连接装置

## 知识目标

1. 了解车辆连接装置的设备及功能;
2. 了解车钩缓冲装置的分类用途;
3. 了解车钩缓冲装置的结构及作用;
4. 掌握常见缓冲器的结构和作用原理;
5. 掌握贯通道及渡板的结构。

## 能力目标

1. 能识别城市交通车辆的连接装置;
2. 能根据车钩的特征,对实际运用加以说明;
3. 能识别车钩缓冲装置各部件;
4. 能识别贯通道各部分结构。

## 素质目标

1. 了解连接装置的作用,树立安全意识;
2. 培养敏锐的观察能力;
3. 培养主动学习新知识和新工艺的工作习惯;
4. 培养城市轨道交通行业的自豪感和认同感。

## 建议学时

8 学时。

## 单元 5.1 ┃ 车钩缓冲装置概述

车辆连接装置主要包括：车钩缓冲装置(图 5-1)和贯通道装置(图 5-2)。车辆通过它们连接成列,并实现相邻车辆之间的纵向力传递和通道的连接。

图 5-1　车钩缓冲装置

图 5-2　贯通道装置

如图 5-1 所示,车钩缓冲装置安装于车体底架端部的牵引梁上,其作用是连接车辆成列,实现车辆电路和气路的连通,传递牵引力、制动力,缓和纵向冲击力和振动。如图 5-2 所示,贯通道装置安装于车体端墙的贯通道立柱上,连接车辆车厢,为相邻两节车厢之间的乘客提供站立、通过的空间,均衡车厢间的客流密度,同时一定程度上降低外部的噪声和阻止外部热量的传入。作为车厢内唯一可变形的区域,贯通道装置为列车通过曲线时提供可恢复的变形能力。

### 一、车钩缓冲装置的作用

车钩缓冲装置是车辆最基本的部件,也是最重要的部件之一。安装于铁道车辆或城市轨道车辆车体底架的两端,用来连接车辆成列,并使之彼此保持一定的距离,传递和缓和列车在运行中或在调车时所产生的纵向力或冲击力。此外,还可以实现车辆间的电路和气路连接。

### 二、车钩类型

车钩缓冲装置包括车钩及缓冲器两部分,其中车钩用于实现牵引连挂,缓冲器用于缓冲牵引连挂时所产生的冲击和振动。缓冲器的工作原理是借助于压缩弹性元件来缓和冲击作用力,同时在弹性元件变形过程中利用摩擦和阻尼吸收冲击能量。车钩大体分为非密接式车钩和密接式车钩。非密接式车钩[图 5-3a)]是允许两相连接车钩构体在垂直方向上能有相对位移。因此,这类型的车钩是一种非紧密型连接,车钩间隙都会远大于 3mm。这类车钩较普遍应用于一般铁路客车、货车上。密接式车钩[图 5-3b)]不允许两相连接车钩钩体在垂直方向上相对位移,所以这类的车钩都为紧密连接式的,车钩间隙在 3mm 以下。这类车钩一般用于对行驶环境要求较高的高速列车及城市轨道交通车辆上。

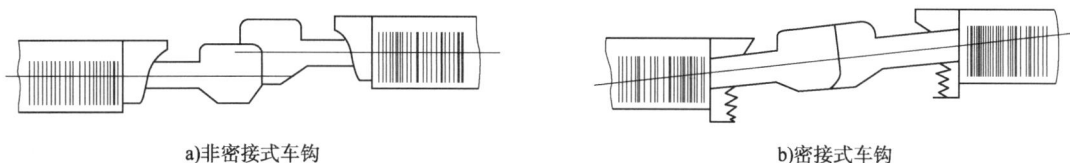

a)非密接式车钩      b)密接式车钩

图 5-3 非密接式车钩与密接式车钩

车钩连接表面的间隙越小,就越能提高列车的运行平稳性,降低列车的纵向冲击,减少牵引制动产生的噪声。但连接表面间隙越小,意味着制造工艺及维护要求越高,同时成本也相对高。

## 三、城市轨道交通车辆车钩类型及技术特点

城市轨道交通车辆中的车钩缓冲装置还常采用风、电均能自动连接的密接式车钩。它要求两钩连接后,其间没有上下和左右的移动,而且对前后的间隙要求限制在很小的范围之内。

根据车辆连挂的特点,城市轨道车辆采用三种类型的密接式车钩:全自动车钩、半自动车钩和半永久牵引杆。一般一列车上都有这三类车钩,但根据每种类型车钩的连挂特点,布置在列车的不同位置,如图 5-4 所示。全自动车钩用于编组列车的端部;半自动车钩用于不同编组单元间的连挂;半永久牵引杆用于同一编组单元内部连挂。

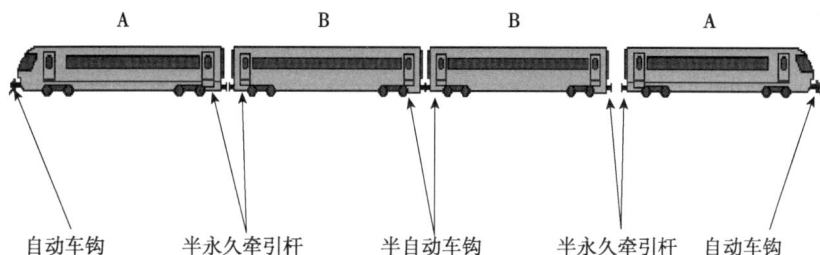

A      B      B      A

自动车钩    半永久牵引杆    半自动车钩    半永久牵引杆    自动车钩

图 5-4 三种类型车钩的布置

自动车钩和半自动车钩都是依靠相邻车辆钩头上的凸锥和凹锥互相插接,起着紧密连接作用。这种车钩使列车的电和气同时连接,其优点是:节省人力,保证安全方便。缺点是:构造较复杂,强度较低。所以它仅能用于地铁、轻轨等轻型轨道车辆上。而半永久牵引杆则利用上下两个套筒联轴器把两个钩杆的凸缘紧密连接在一起,优点是构造简单,缺点就是耗费人力,不易拆装,仅适用于固定编组车辆的连挂。以 330 型车钩为例,三类型车钩的具体参数比较见表 5-1 ~ 表 5-3。

全自动车钩主要技术参数                                        表 5-1

| | | | 压缩强度（屈服强度） | | 1250kN |
|---|---|---|---|---|---|

| 压缩强度（屈服强度） | | | 1250kN |
|---|---|---|---|
| 拉伸强度（屈服强度） | | | 850kN |
| 车钩长度（从连挂面到安装面） | | | 1525mm ± 5mm |
| 橡胶缓冲装置 | 冲程 | 缓冲 | 约 55mm |
| | | 牵引 | 约 40mm |
| | 最大阻抗力 | 缓冲 | 约 680kN |
| | | 牵引 | 约 390kN |
| | 能量吸收 | 缓冲 | 约 14.1kJ |
| | | 牵引 | 约 7.075kJ |
| 可压溃筒体 | 冲击负载 | 缓冲 | 1000kN |
| | 行程 | 缓冲 | 150mm |
| | 能量吸收（动态） | 缓冲 | 约 150kJ |
| 过载保护装置 | 冲击负载 | 缓冲 | 约 1100kN |
| | 行程 | 缓冲 | 30mm |
| | 能量吸收（动态） | 缓冲 | 约 33kJ |
| 车钩的最大摆动 | | 水平 | ±25° |
| | | 垂直 | ±6° |
| 定心装置 | | 重定心角 | ±15° |
| 连挂所需要的最小速度 | | | 0.6km/h |
| 质量 | | | 约 435kg |

半自动车钩主要技术参数                                        表 5-2

| 压缩强度（屈服强度） | | | 1250kN |
|---|---|---|---|
| 拉伸强度（屈服强度） | | | 850kN |
| 车钩长度（从连挂面到安装面） | | | 1180mm ± 5mm |
| 橡胶缓冲装置 | 冲程 | 缓冲 | 约 55mm |
| | | 牵引 | 约 40mm |
| | 最大阻抗力 | 缓冲 | 约 680kN |
| | | 牵引 | 约 390kN |
| | 能量吸收 | 缓冲 | 约 14.1kJ |
| | | 牵引 | 约 7.075kJ |
| 可压溃筒体 | 冲击负载 | 缓冲 | 1000kN |
| | 行程 | 缓冲 | 100mm |
| | 能量吸收（动态） | 缓冲 | 约 100kJ |
| 车钩的最大摆动 | | 水平 | ±25° |
| | | 垂直 | ±6° |

续上表

| 定心装置 | 重定心角 | ±15° |
|---|---|---|
| 连挂所需要的最小速度 | | 0.6km/h |
| 质量 | | 约320kg |

半永久牵引杆主要技术参数     表 5-3

| 压缩强度(屈服强度) | | | 1250kN |
|---|---|---|---|
| 拉伸强度(屈服强度) | | | 850kN |
| 车钩长度(从连挂面到安装面) | | | 1180mm ± 5mm |
| 橡胶缓冲装置 | 冲程 | 缓冲 | 约 55mm |
| | | 牵引 | 约 40mm |
| | 最大阻抗力 | 缓冲 | 约 680kN |
| | | 牵引 | 约 390kN |
| | 能量吸收 | 缓冲 | 约 14.1kJ |
| | | 牵引 | 约 7.075kJ |
| 可压溃筒体<br>(初定在 A 车 2 端和<br>C 车 1 端车钩上设置) | 冲击负载 | 缓冲 | 1000kN |
| | 行程 | 缓冲 | 150mm |
| | 能量吸收(动态) | 缓冲 | 约 150kJ |
| 车钩的最大摆动 | 水平 | | ±25° |
| | 垂直 | | ±6° |
| 质量(带可压溃筒体半永久牵引杆/刚性杆车钩) | | | 约 245/210kg |

# 单元 5.2 | 全自动车钩

全自动车钩位于列车端部,其电气和气路连接装置都组装在钩头上。当车辆连挂时,车钩的机械、气路、电路系统都能自动连接;解钩时,可在驾驶室控制自动解钩或采用手动解钩。解钩后,车钩即处于待挂状态;电气连接器盖板自动关闭,以防止水和尘土进入;主风管连接器也自动关闭,防止压缩空气泄漏。

我国城市轨道交通车辆全自动车钩主要有两种:一种是国产密接式车钩,采用半圆形钩舌;一种是沙库(Scharfenberg)式自动车钩,采用拉杆式连接结构。本单元以广州地铁 3 号线 330 型车钩进行举例学习。

国产密接式车钩的
钩头结构
与作用原理

沙库密接式车钩
总体结构与连挂
动作原理

## 一、全自动车钩结构

全自动车钩布置在列车的端部,即驾驶室的前端位置,用于紧急情

况下的列车救援连挂,以保证故障列车不影响线路的运营,其他车辆能顺利通过。全自动车钩可以实现机械、气路、电路的自动连挂。采用模块化设计,结构分为钩头、钩身、钩尾三部分,其中钩头部件包含了机械钩头、机械解钩装置、电气钩、电气钩操作装置、风管和风管连接器及车钩电气装置,钩身结构简单,主要包括钩杆和可压溃变形管,钩尾主要有垂向支撑、对中装置、带橡胶缓冲器的安装座以及过载保护装置等,钩头、钩身、钩尾三部分用卡环连接。

车辆连挂时依靠两车钩相邻钩头前端的凸凹锥精确地对中,实现两车钩的紧密连接;同时自动将两车之间的电气线路和空气管路接通。在解钩过程中,可由司机控制解钩电磁阀自动解钩,也可人工操作实现手动解钩。具体结构如图 5-5 所示。

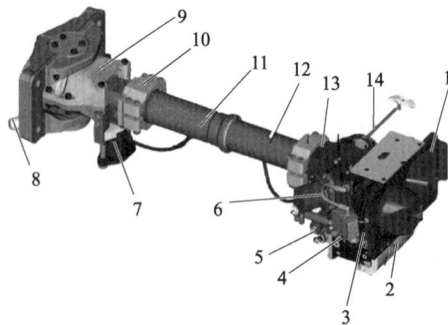

图 5-5　330 型全自动车钩结构图

1-机械钩头;2-电气钩;3-电气装置;4-电气钩操作装置;5-风管连接;6-解钩气缸;7-垂向支撑装置;8-对中装置;9-橡胶缓冲器;10、13-卡环连接件;11-可压溃变形管;12-钩杆;14-解钩拉杆

## 二、全自动车钩子部件

### 1. 机械钩头

机械钩头(车钩头)是车钩的重要连接装置,包括车钩头外壳和钩锁。车钩锁位于车钩头外壳内。车钩头外壳前侧形状特殊,该轮廓包括凸锥和凹锥。凸锥和凹锥周围是宽平车钩正面。车钩锁可旋转,由钩舌、钩板、中心枢轴和拉伸弹簧构成。具体结构如图 5-6 所示。

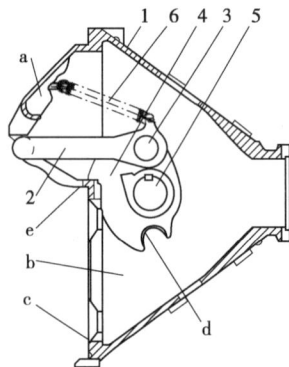

图 5-6　车钩头简图

1-车钩头外壳;2-钩舌;3-钩舌销;4-钩板;5-中心枢轴;6-拉伸弹簧;a-凸锥;b-凹锥;c-车钩表面;d-钩板槽;e-挡块

车钩头的主要功能包括：通过车钩锁机械连接两节车厢，并保证车钩在一定垂直、水平角度偏移的范围内连挂，车钩在连挂位置，拉伸弹簧将车钩锁保持在钩板的挡块位置并将其锁定就位，同时车钩锁传输牵引荷载，车钩表面传输缓冲力。

2. 机械解钩装置

机械解钩装置包括解钩风管、解钩气缸和解钩杆及手柄组成，如图5-7所示。解钩装置的主要功能是将车钩锁从连挂位置转到解钩位置，有自动解钩和紧急情况的手动解钩两种方式。

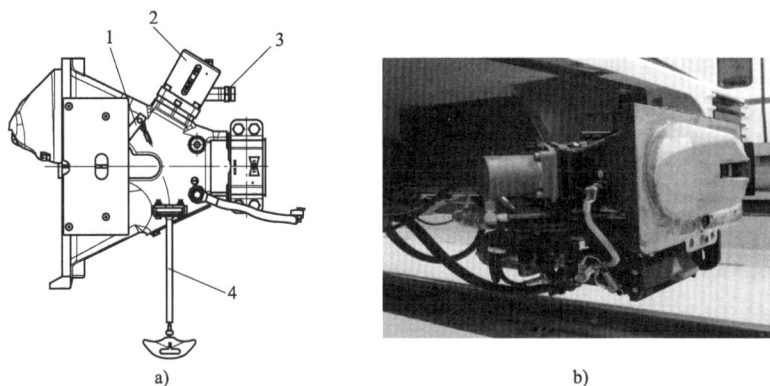

图5-7 解钩装置

1-解钩杆；2-解钩气缸；3-解钩风管；4-手动解钩拉杆

3. 风管连接器

全自动车钩的风管连接器包括主风管(MRP)和解钩管(UP)的两个风管接头，设置于车钩表面的下部中心(或上下部中心各一个)，包括管嘴、橡胶管和普通阀门，具体结构如图5-8所示。其中管嘴凸出于车钩表面，包括套筒和垫片。套筒是用弹簧安装的，并由弹簧紧固以免其从孔中掉落。主风管接头是在列车连挂时连通主风管，解钩管接头在解钩时传导解钩压力空气。

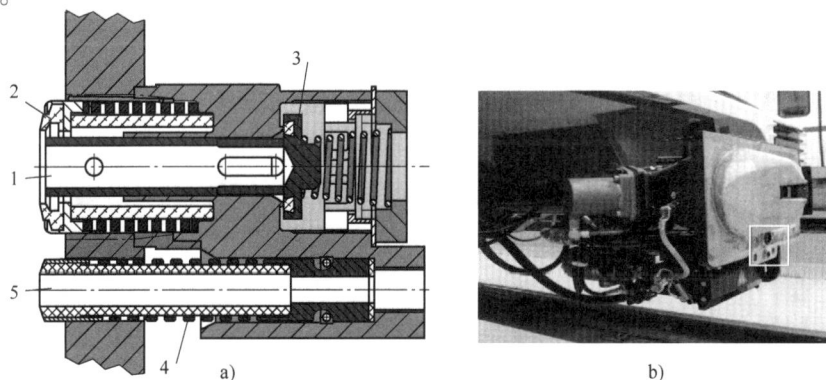

图5-8 风管连接器

1-阀门挺杆；2-管嘴(垫片和套筒)；3-阀板；4-弹簧；5-橡胶管

4. 电气钩

电气钩是全自动车钩的一个组成部分，它通过电气的方式连接两节车的电路部分；电气钩可在列车连挂时自动启动，也可以手动操作。

电气钩主要由外壳、后封盖、触头块,触头封盖、导向元件、对中装置、排放塞等设备组成,具体结构如图5-9所示。外壳为一个矩形横截面,装有前后封盖,前封盖可以自动开启和闭合,后封盖由电缆接头与操作装置接头;电气钩头配有带导向杆及对中装置,帮助电气钩头在连挂过程中实现对准。电气钩头外壳配备有一个带防护罩的排放塞,以排放冷凝水,也可以采用该插塞作为外壳内的通风口。触头块位于电气钩箱体内前部,周围有密封框。接触块上安装接线柱,接线柱前端安装触头,后端安装接线电缆导线。橡胶框构成防水密封件,保护触点不被污染及触摸。触头包括固定触头和弹性触头,为了增强触头导电性及稳定性,触头表面镀金或镀银,分为镀金触头与镀银触头。全自动车钩电气钩头触点呈左右对称分布,连挂和解钩过程均可以自动完成,负责接通两列车的控制电路,线路电压均在110V以下。

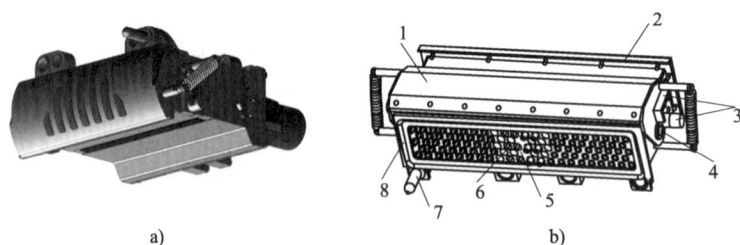

图5-9 电气钩

1-前封盖;2-后封盖;3-封盖导向元件;4-封盖轴承;5-触头块;6-触头;7-对中销;8-密封框

5.电气钩操作装置

电气钩操作装置位于车钩头上,由导向元件、操纵杆、控制杆和工作气缸等组成,具体结构如图5-10所示。电气钩和电气钩操作装置构成了一整套机械装置。控制杆自动打开或关闭封盖。弹簧元件确保两个电气钩头外壳相互紧密挤压,且触头牢固连接。操纵杆机械连接工作气压缸和电气钩头外壳,允许调整电气钩头的凸出和手动操作电气钩。电气钩头外壳在导向杆上沿条直线做前后移动。工作气缸中充有主风管MRP内的压缩空气,可以产生两个方向上的作用力,即电气钩可实现向前、后退两个方向的水平移动,车钩连挂时工作气缸后进气,电气钩向前移动,保护罩自动打开,完成连挂;车钩解钩时工作气缸进气,电气钩向后移动,回至原位,保护罩自动关闭,断开连接,如图5-11所示。

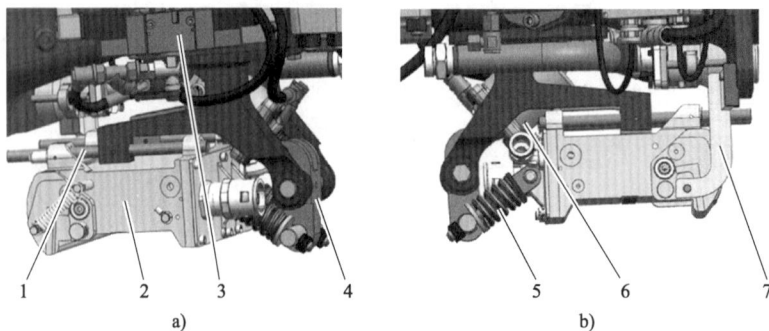

图5-10 电气钩及电气钩操作装置

1-导向杆;2-电气钩头;3-二位五通阀;4-操纵杆;5-压缩弹簧;6-气缸;7-封盖控制杆

a) 连挂，电气钩保护盖打开

b) 未连挂，电气钩保护盖关闭

图 5-11　电气钩两种位置状态

### 6. 电气装置

电气装置的作用是实现车钩的电气控制，并进行车钩的状态监控，全自动车钩有气控气动车钩与电控气动车钩两种，不同类型的车钩电气装置不同。气控气动车钩的电气装置包括 3 个二位五通换向阀、球阀、双向节流阀、管路及接头等。电气钩的伸出与收回主要依靠 3 个二位五通阀进行控制，如图 5-12 所示。电控气动车钩的电气装置主要由中心枢轴处的位置开关 (S2)、位于钩舌上的位置开关 (S1)、电控二位五通阀、继电器、接线盒 (X1)、电缆和紧固件等组成，电气钩的伸出与收回主要依靠 2 个行程开关及 1 个二位五通阀进行控制，如图 5-13 所示。

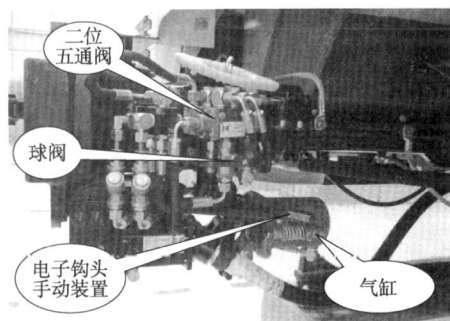

图 5-12　气控气动车钩电气装置

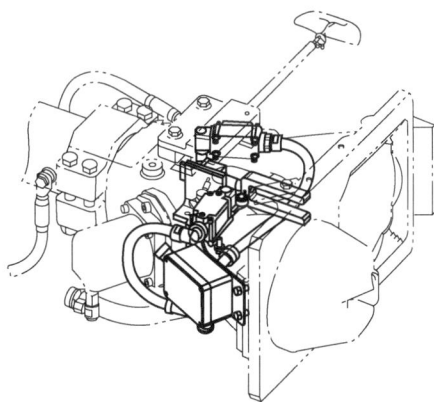

图 5-13　电控气动车钩电气装置

### 7. 垂向支撑

当车钩处于解钩状态时，由橡胶垫和位于橡胶垫钩尾座下面的垂向支撑竖直支承，以保持车钩在解钩状态仍然处于中心轴线位置。通过调整调节螺母，可以对车钩水平位置进行调整,具体结构如图 5-14 所示。

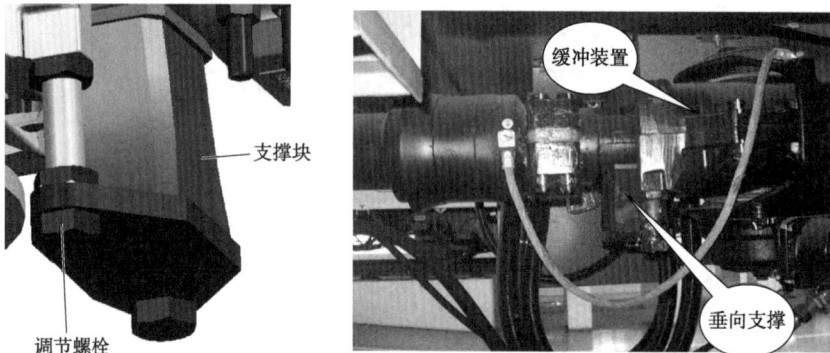

图 5-14　垂向支撑位置与结构

8. 对中装置

对中装置通过螺钉固定在钩尾座轴承座下方,结构包括外壳、气缸、盘形弹簧、杆、辊、凸轮盘等,如图 5-15 所示。通过对中装置施加规定的弹簧力,以将解钩车钩与车辆纵轴中心线维持在一条线上,并在规定的对中角度内将车钩重新对中,水平移动受到缓冲。

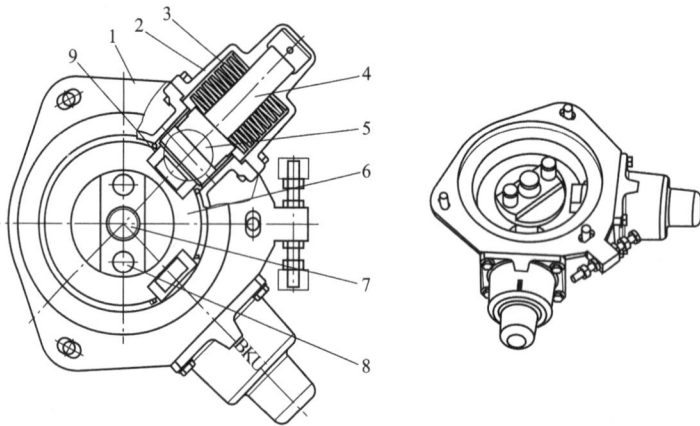

图 5-15　对中装置简图

1-外壳;2-气缸;3-盘形弹簧;4-杆;5-辊;6-凸轮盘;7-销;8-平行销;9-槽

## 三、全自动车钩工作原理

全自动车钩控制也包括机械控制、气路控制与电气控制三部分,车钩有三种状态:待挂、连挂、解钩三种状态。

全自动车钩的连挂是通过两车钩低速相撞自动完成的,连挂的顺序是,先机械、气路连挂,接着是电路连挂。全自动车钩的解钩有两种方式:一是按压驾驶室解钩按钮进行自动解钩;二是紧急情况下拉动钩头旁的手动解钩拉环进行手动解钩,解钩的顺序是先电路断开,再机械、气路用时断开。

1.机械原理

全自动车钩机械连挂是通过机械钩头完成的,利用旋转的车钩锁完成连挂与解钩。

待挂:为车钩连接前状态,钩舌靠近凸锥边缘。拉伸弹簧将钩板压向车钩头外壳内部的止挡,如图5-16所示。

连挂:与相邻车辆的车钩对撞自动完成。如图5-17所示,动作如下:在对方钩锁的撞击下,钩沿中心轴向逆时针方向旋转,弹簧压缩,钩锁滑入钩舌定位槽中锁定。连挂后,弹簧恢复到原状况,完成两车钩的连接互锁。当连挂时,钩锁形成一个平行四边形,从而保证力的均衡,以免出现意外解锁现象。钩锁承受均匀分布在两个连接链上的张力荷载。正常的磨损不会影响钩锁的安全使用。

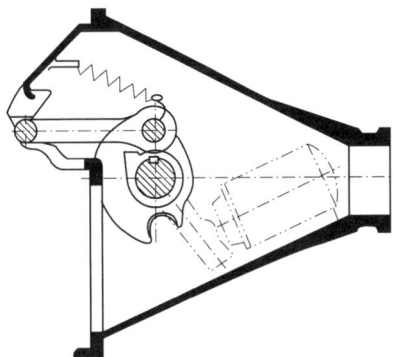

图5-16　待挂原理图　　　　　　　　　　　图5-17　连挂原理图

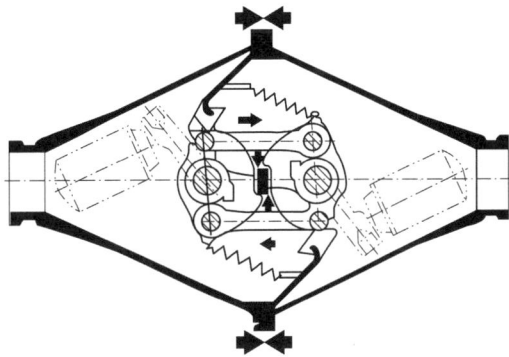

解钩:司机操纵按钮控制电磁阀,使解钩气缸作用,气缸活塞杆推动钩舌做顺时针转动,张紧弹簧拉伸,使车钩的钩锁脱开相邻车钩的钩舌,车钩处于解钩状态,拉动一组车钩分离,如图5-18所示。当两节车完全分离后,弹簧力使车钩恢复到待挂状态。

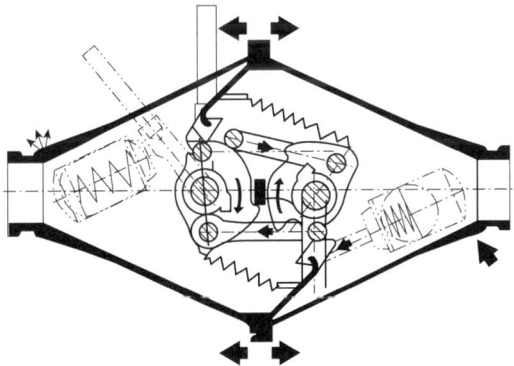

图5-18　解钩原理图

2.气路原理

气路的控制是与机械控制同时完成的,是由风管接头自动完成连挂与解钩。

连挂时,两个风管接头的阀门挺杆相互挤压,弹簧压缩,打开阀板,气路连通,同时两个管嘴相互紧密挤压密封。解钩时,管嘴挤压力消失,在弹簧的作用下关闭主风管阀门。

### 3. 电路原理

全自动车钩电路控制存在气控和电控两种类型，其中广州地铁1号线、2号线、3号线北延段、8号线采用气控方式，3号线、4号线、5号线和广佛线采用电控方式。

气控方式下，电气钩的伸出与收回主要依靠3个二位五通阀进行控制。

当两车连挂时风管接头处单向阀B处于缩回状态，两车主风管连通，压缩空气以图5-19所示方式分别作用于二位五通阀H与二位五通阀J，并使2个阀体处于图所示位置。此时，压缩空气作用于电气钩动作气缸E后部，电气钩伸出并保持伸出状态。

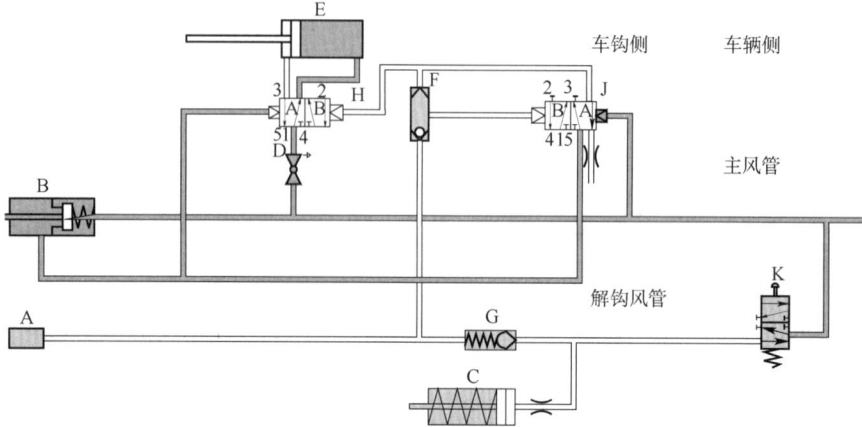

图5-19　气控车钩连挂控制原理

A-解钩风管接头；B-配备压力阀的主风管接头；C-解钩气缸；D-球阀；E-电钩头气缸；F-双向节流阀；G-单向阀；H-用来驱动电钩头操纵装置的二位五通阀；J-用来控制解钩操作的二位五通阀；K-驾驶室按钮

司机操作解钩按钮，解钩二位五通阀K处于图5-20所示位置，解钩风管中的压缩空气一路通过气路作用于2个二位五通阀（H和J），使2个阀体处于图所示位置。此时，压缩空气作用于E前部，电气钩缩回；另一路作用于解钩气缸。

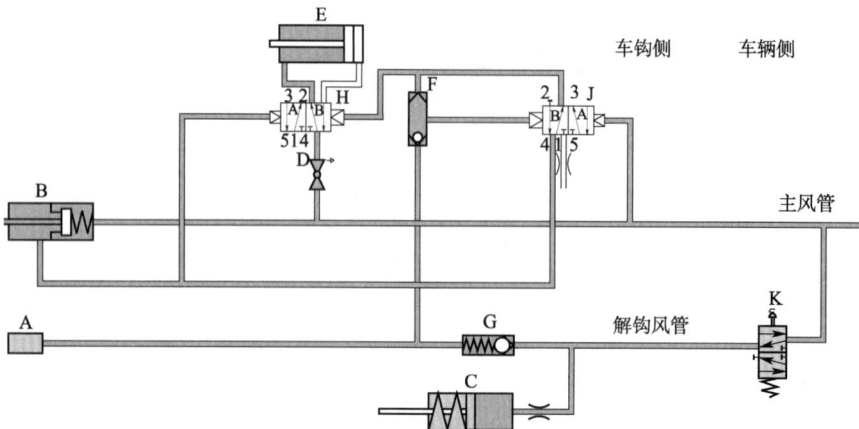

图5-20　气控车钩解钩控制原理

A-解钩风管接头；B-配备压力阀的主风管接头；C-解钩气缸；D-球阀；E-电钩头气缸；F-双向节流阀；G-单向阀；H-用来驱动电钩头操纵装置的二位五通阀；J-用来控制解钩操作的二位五通阀；K-驾驶室按钮

解钩后,K 复位,解钩风管中无压缩空气,C 恢复原位。J 在主风管压缩空气作用下处于图 5-21 所示位置,排空 2 个二位五通阀相应的控制气路。H 保持解钩过程中的位置,电气钩保持缩回状态。

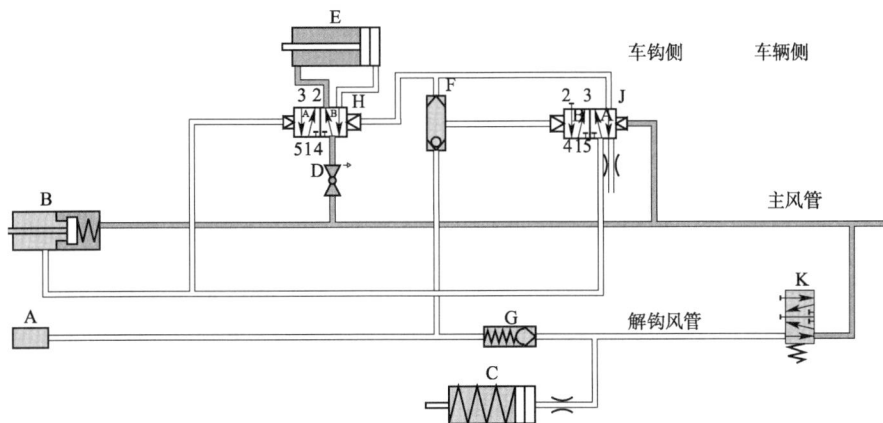

图 5-21　气控车钩待挂控制原理

A-解钩风管接头;B-配备压力阀的主风管接头;C-解钩气缸;D-球阀;E-电钩头气缸;F-双向节流阀;G-单向阀;H-用来驱动电钩头操纵装置的二位五通阀;J-用来控制解钩操作的二位五通阀;K-驾驶室按钮

电控方式下,电气钩的伸出与收回主要依靠 2 个行程开关及 1 个二位五通阀进行控制。车钩的电气钩电路、气路图如图 5-22 所示,电控电路原理如图 5-23 所示。其中,中心枢轴上的位置开关(S2)通过中心枢轴旋转触发。当中心枢轴达到预定范围时,操作位置开关,将车钩锁的位置信号发送到列车控制系统。位于钩舌的位置开关(S1)通过对应车钩的钩舌进行操作,一旦对应车钩的钩舌锁定在钩板槽内且对应车钩锁旋转至其连挂位置,则位置开关将对应车钩的感测传送至车钩。

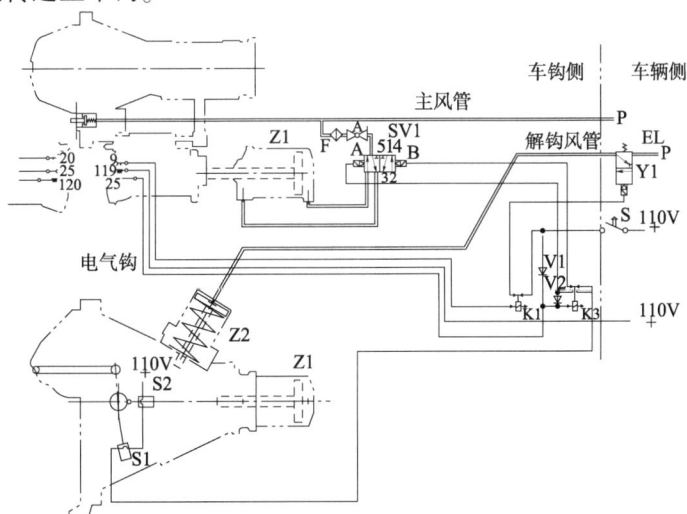

图 5-22　电控车钩电路、气路图

A-带通风口的管塞;F-过滤器;Y1-解钩阀;S-解钩按钮;K1、K3-继电器;V1、V2-二极管;Z1-电钩头气缸;Z2-解钩气缸;S1、S2-行程开关;SV1-二位五通阀

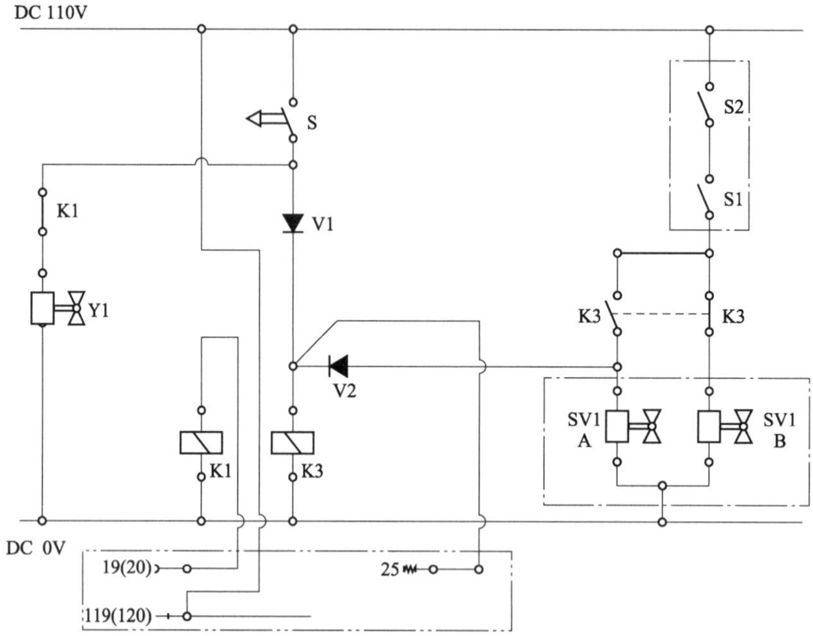

图 5-23　电控车钩控制电路

A-带通风口的管塞；Y1-解钩阀；S-解钩按钮；K1、K3-继电器；V1、V2-二极管；S1、S2-行程开关；SV1-二位五通阀

当车钩完成机械连挂时，触发钩头处 2 个行程开关（S1 和 S2）闭合，此时车钩连挂的二位五通阀 SV1 的 B 端得电，阀体动作，主风管压缩空气通过二位五通阀作用于电气钩气缸 Z1 后部，电气钩伸出。当电气钩连挂好后，继电器 K1 得电，解钩电磁阀 Y1 失电，解钩风管气路断开。

司机操作解钩按钮（UCS），继电器 K3 得电，此时车钩连挂的 SV1 的 A 端得电，阀体动作，主风管压缩空气通过二位五通阀作用于 Z1 前部，电气钩缩回并保持。接着继电器 K1 失电，使得解钩电磁阀 Y1 得电，解钩气缸的压缩空气作用于解钩气缸 Z2，此时机械钩解钩。

电气钩也可以手动控制，当供气系统中断而无法供气，应当手动分离电动车钩后，再进行机械解钩。如电气车钩出现故障，则可以停用电气车钩的自动控制装置，对车钩只进行机械连挂。

# 单元 5.3 | 半自动车钩与半永久牵引杆

## 一、半自动车钩

半自动车钩用于两编组单元之间的车辆连挂。

半自动车钩与全自动车钩类似，机械、气路均与全自动车钩相同。机械头部设有凹凸锥体，具有导入特性。当两车单元连接时，无须手工操作也可保证实现无间隙的刚性连接，从而确保车辆在不同高度和垂直/水平曲线时实现完美连接。当车辆机械连接时；空气管路自动连接;解钩则通过手动操作实现。

1. 半自动车钩结构

通常,半自动车钩的钩头连接形式与全自动车钩相同,连挂方式和锁闭方式也相同,不同之处在于没有电路连接的自动控制装置,电气连挂需手动连接。同时,有的半自动车钩不设可压溃变形管、过载保护装置等。具体结构如图 5-24 所示。对于半自动车钩的机械部分,本节不再重复,可参考全自动车钩,本节主要介绍半自动车钩电气部件。

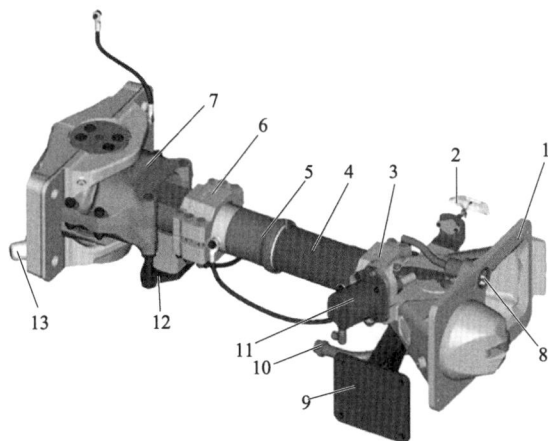

图 5-24 半自动车钩

1-机械钩头;2-手动解钩杆;3、6-卡环连接器;4-钩杆;5-可压溃变形管;7-橡胶缓冲器;8-四触点电连接器;9-电缆吊架;10-风管连接;11-解钩气缸;12-垂向支撑;13-对中装置

半自动车钩的电气部分,目前有两种形式,一种是采用电气车钩(图 5-25);另外一种是采用跨接电缆(图 5-26)。这两种形式各有优缺点:采用电气车钩方式,具有解钩和连挂方便等优点,但电气车钩价格高;采用跨接电缆方式,具有解钩简单,配件价格低等优势,但在解钩过程中经常需要插拔电气插头,容易损坏插头并引起故障。

图 5-25 电气车钩

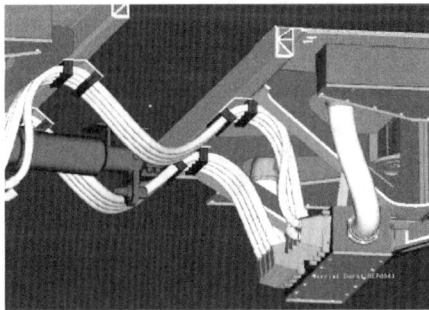

图 5-26 跨接电缆

半自动车钩的电气连接是通过电气车钩或者跨接电缆来实现的,需要手动进行连挂和解钩。机械车钩解钩时,需要操纵位于车底架的按钮阀或是在轨道侧手动操作来完成。解钩操作必须按"断开电源→分离电气部分→分开机械钩头"的步骤进行。

半自动车钩采用四触电连接器检测车钩状态,安装在钩头上方,当车钩机械钩头连挂好后,相应的四触点连接器导通,从而为列控系统提供检测信号。具体结构和位置如图 5-27 所示。

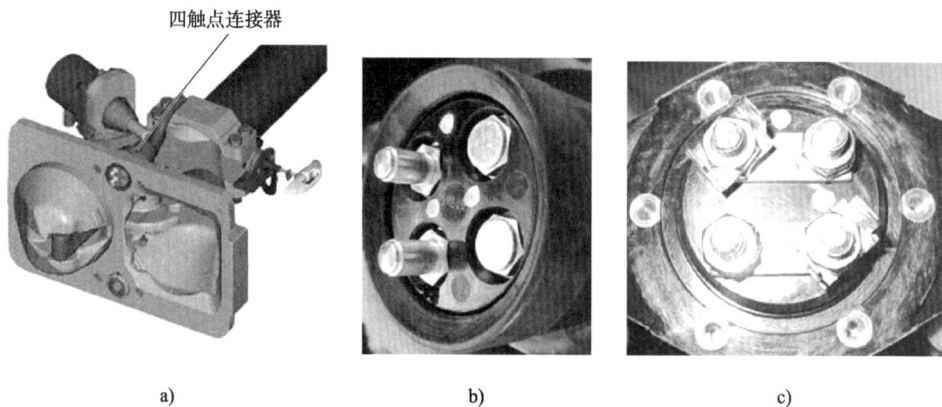

图 5-27　四触点连接器结构和位置

　　四触点电连接器对称布置,包含 2 个弹性触头、2 个固定触头。车钩连挂时,固定/弹性触头被压向反向车钩,同时建立电气连接,建立车钩监控回路。四触点连接器的尾部设有接线端子,列车线通过接线端子固定,上、下两个触点分别短接,即使处于连挂的上、下两对触点任意一对出现损坏,也能保证电路不会断路,增加了可靠性。电连接器橡胶框密封接触区,可防尘、防水和防止对触头的机械损坏及意外接触。

　　2. 半自动车钩控制原理

　　半自动车钩的机械、气路控制原理与全自动车钩完全一样,电路的连挂需要手动操作,并利用电连接器自动完成列控回路激活。

　　机械解钩有两种方式:一是通过操作车钩上的手动解钩拉绳实现(图 5-28);二是操作 C 车二位端下部的手动解钩阀,驱动解钩气缸进行自动解钩(图 5-29)。解钩顺序也是按照先断开电源,分离电气,然后机械、气路断开。

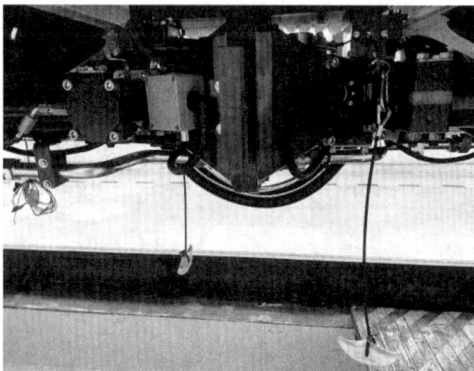

图 5-28　手动解钩拉绳

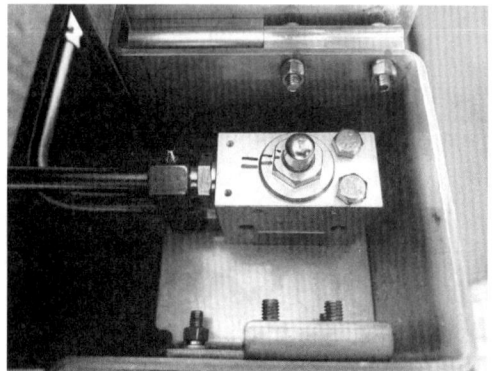

图 5-29　手动解钩阀

　　电路连接是手动操作完成的,四触点连接器在车钩连挂后连接,列车线在车钩旁的跳接箱内实现交叉连接半自动车钩连好继电器,继电器触发后闭合列车激活回路,为列车控制系统提供信号,具体电路控制原理如图 5-30 所示。

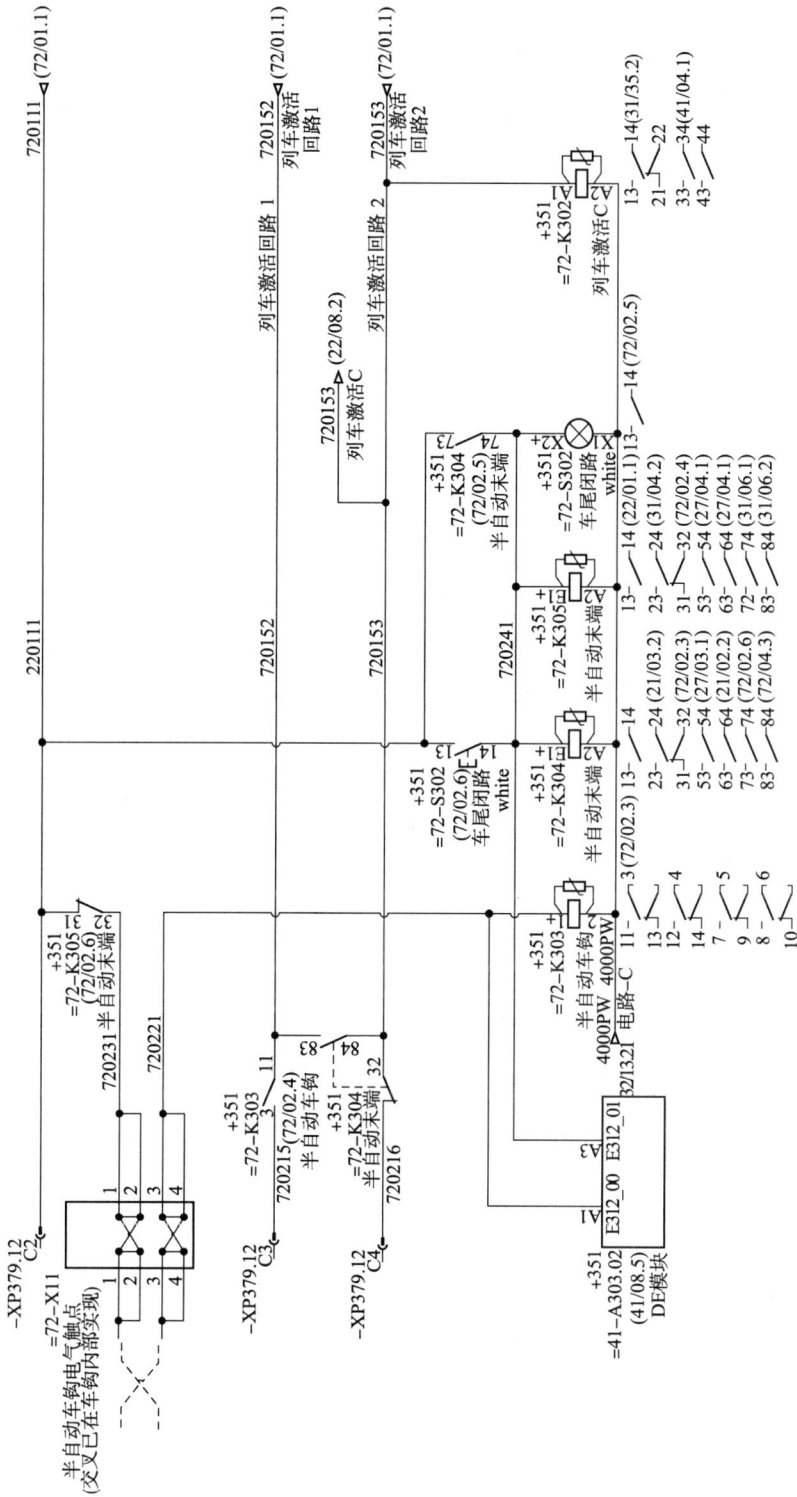

图 5-30 半自动车钩控制电路

（1）两编组连挂运行，车尾未闭路（=72-S302 断开，=72-K304、=72-K305 线圈不得电），且两车钩连挂好（两 C 车钩头的四触点连接器接通）。电路 1：720111→=72-K305（31/32）→=72-X11（1/2 触点）→另一车钩的=72-K303 线圈得电；电路 2：另一车钩的 720111→另一车钩的=72-K305（31/32）→=72-X11（3/4 触点）→=72-K303 线圈得电；电路 3：通过两 C 车的=72-K303（3/11 常开触点）列车激活回路 1 导通；电路 4：通过两 C 车的=72-K304（31/32 常闭触点）列车激活回路 2 导通。

（2）单编组运行，车尾闭路（=72-S302 闭合，=72-K304、=72-K305 线圈得电），且半自动车钩未连挂（=72-K303 线圈失电）。其电路为，电路 1：720111→=72-S302（13/14）→=72-K304、=72-K305 线圈得电，=72-S302 灯亮；电路 2：720111→=72-K304（73/74）→=72-X11（3/4 触点）→=72-K304、=72-K305 线圈得电，=72-S302 灯亮；电路 3：750152（列车激活回路 1）→=72-K304（83/84 常开触点）→720153（列车激活回路 2）导通形成环路。

## 二、半永久牵引杆

半永久牵引杆是用于同一编组单元内部车辆间连接，不具备机械解钩功能，除非是因发生非常情况或为了车间检修外，该单元车组是不需要分离的。解钩作业需在车辆段内进行，采用易于分解的套筒联轴器相连。因此，可保证两车钩密接的不松弛的安全连接。设有气路、电路连挂，也设有缓冲器。半永久牵引杆的连挂和解钩都需要人工来操作完成。

半永久牵引杆有两种类型（图 5-31），分别为带可压溃变形管（A 型）、不带可压溃变形管（B 型）。牵引座通过卡环连接组件连接在一起。组件可以很容易地拆卸，这样就能快速地分离车厢，以便于维修。

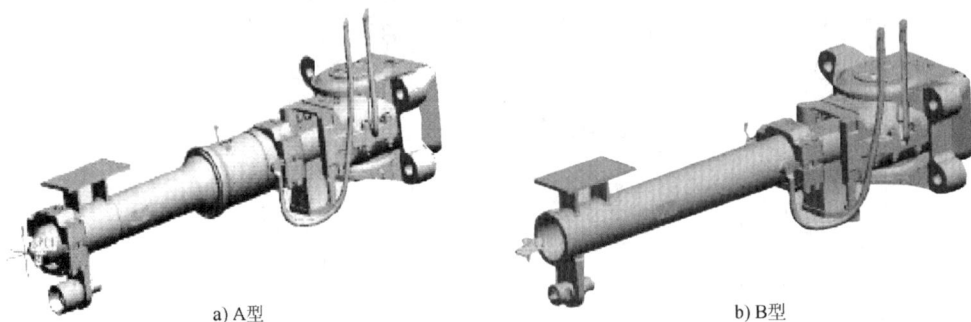

a）A 型    b）B 型

图 5-31　半永久牵引杆（A 型）和半永久牵引杆（B 型）

半永久牵引杆的结构较简单，主要由车钩杆、风管连接、橡胶缓冲器、可压溃变形管、垂直支撑等组成，具体结构如图 5-32 所示。

半永久牵引杆一般是固定连接，不需要经常进行车辆之间的解编。因此，半永久牵引杆电气部分一般采用跨接电缆方式连接来实现，所有的电气连接部分都是半永久牵引杆的一个组成部分。它通过插在牵引杆电气箱上的一组跨接电缆将两辆车连接在一起。

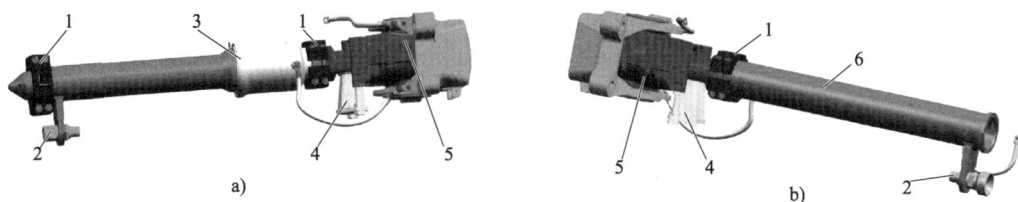

图 5-32　半永久牵引杆结构图

1-卡环连接器;2-主风管接头;3-可压溃变形管;4-垂向支撑;5-带橡胶缓冲器的钩尾安装座;6-钩杆

## 单元 5.4 | 缓冲装置

### 一、车钩能量缓冲装置

车钩缓冲装置由车钩和缓冲器组成,车钩主要是完成机械、气路、电路的连接及控制,而缓冲器的作用是传递和缓和纵向冲击力。

目前,城市轨道车辆车钩的能量吸收装置主要有橡胶缓冲装置、可压溃变形管、过载保护装置等,其中过载保护装置设置在全自动车钩上设置,是最后一级能量吸收,下面分别介绍这几种能量吸收装置的特性。

#### 1. 橡胶缓冲器

橡胶缓冲装置吸收规定的缓冲和牵引荷载,并把超出吸收范围的部分传递给车辆底架。缓冲器和支撑座组合在一起,允许车钩在水平方向和垂直方向摆动以及扭转运动。缓冲器安装于车钩支撑座的上方,采用的是两个半环形对接的橡胶环形缓冲件。它属于可复原的能量吸收部件,吸收第一级能量。环形橡胶缓冲器不仅可缓和冲击作用力,而且可以吸收冲击能量削弱冲击力,提高车辆运行平稳性。

橡胶缓冲器主要由牵引杆、缓冲器体、环形橡胶弹簧等几部分组成,具体结构如图 5-33 所示,属于免维护的橡胶缓冲装置,上面装有对中装置,紧固在支撑座的上方或下方。橡胶缓冲装置是通过牵引杆运动挤压橡胶垫来缓和冲击力,可缓冲吸收两个方向的缓冲能量,其力和位移曲线如图 5-34 所示,最多能吸收 22kJ 能量。

#### 2. 可压溃变形管

可压溃变形管属于不可复原的能量吸收装置,属于二级能量吸收装置,用于吸收冲击时产生的机械能。装置由一个预装载的压溃管和一个冲头组成,具体结构如图 5-35 所示。

当车钩所受的冲击力超过橡胶缓冲器的承受力范围,装在钩身上的可压溃变形管受到挤压而将冲击能转化为变形能,起到保护作用。当吸收冲击超过可压溃变形管承受的变形力时,有螺母的杆前部分就被推到钩头箱体里,将产生永久变形。这时,必须更换可压溃变形管。可压溃变形管吸收的能量与冲头位移有关,具体关系如图 5-36 所示,最大可吸收能量为 185kJ。

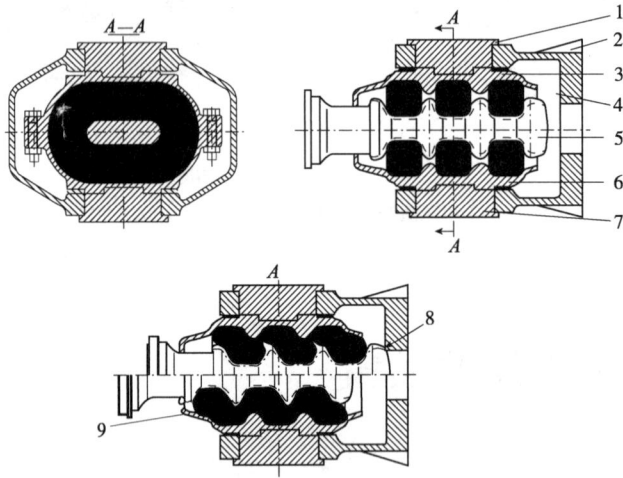

图 5-33　橡胶缓冲装置

1、7-轴颈;2-轴承座;3、6-上、下壳;4-橡胶垫;5-牵引杆;8、9-挡块

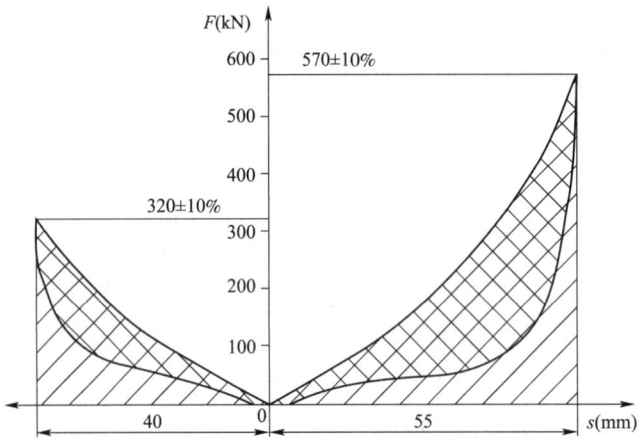

图 5-34　橡胶缓冲器力和位移曲线

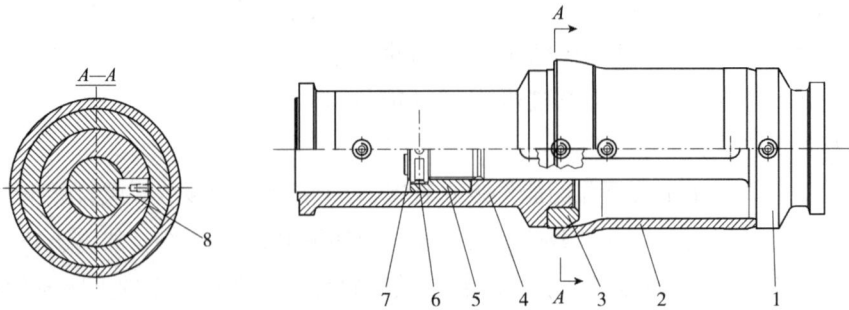

图 5-35　可压溃变形管

1-冲头;2、5-压溃管;3-锁紧螺母;4-压溃体;6-键;7-保持环;8-锁紧装置

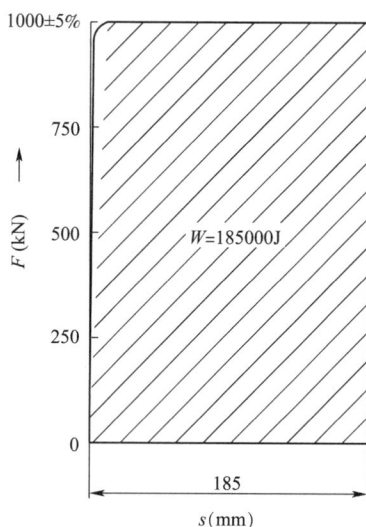

图 5-36  可压溃变形管力和位移曲线

3. 过载保护装置

钩尾冲击座前端与车钩支撑座连接,后端与车体底架牵引梁连接,在钩尾座与车体连接中装有过载保护鼓形套筒。其作用是:当冲击力超过一定范围时,起到车钩和车体的过载保护作用,使之免受损失,如图 5-37 所示,当超载保护鼓形套筒撞碎后,将车钩推向后面。单个过载保护鼓形套筒力和位移曲线如图 5-38 所示,最多能吸收 8250J 能量,全自动车钩有四个鼓形套筒,最多吸收能量 33kJ。

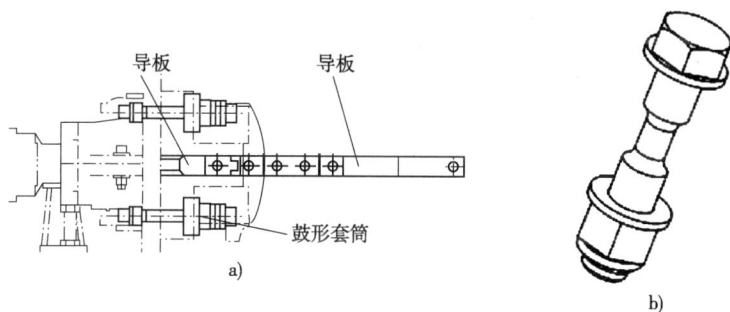

图 5 37  过载保护装置

## 二、车钩机械能量吸收

车钩系统吸收车体的机械能,设有四级能量吸收装置。

第一级:冲击速度低于 8km/h,由可复原的能量吸收装置(橡胶缓冲器)吸收。

第二级:冲击速度位于 8 ~ 15km/h 范围内,由橡胶缓冲器和可压溃变形管共同吸收。

第三级:冲击速度大于 15km/h,由橡胶缓冲装置 + 可压溃变形管 + 过载保护装置共同吸收。

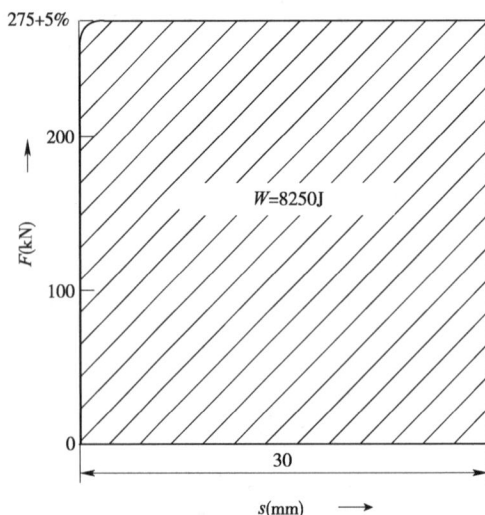

图 5-38　单个鼓形套筒力和位移曲线

第四级：若前三级无法吸收所有冲击能量，则驾驶室部位的底架及边梁成为能量散耗区，最大限度地保护客室和乘客的安全。

一旦发生撞车事故，当冲击速度大于 15km/h 时，可压溃变形管产生永久变形后必须立即更换；同时，要立即检查车体、转向架、通道、设备箱及支承，必须对车辆尤其是电气连接进行全面检查。

## 单元 5.5 ┃ 贯通道装置

贯通道装置也就是风挡装置，位于两节车厢的连接处，是两车辆通道连接的部分，它具有良好的防雨、防风、防尘、隔音、隔热等功能，能够使旅客安全地穿行于车厢之间，具体位置如图 5-39 所示。贯通装置分为整体式和分体式。深圳地铁采用的是分体式风挡装置，即贯通装置的一半装在每辆车的端部，在该装置的下部还设有分开式渡板。渡板连接处由车钩支撑。

上海地铁 1、2 号线，广州地铁 1 号线均选用这种贯通装置，其内部高度为 1900mm，宽 1500mm。

### 一、贯通道功能

六节编组列车贯通道配置如图 5-40 所示，每列车共 5 套。

贯通道有以下主要功能：

（1）为相邻两节车厢之间的乘客提供站立、通过的空间。

（2）可以降低外部噪声和热量传递。

（3）作为整列车内的可变形区域，为列车通过曲线时提供可恢复的变形能力。

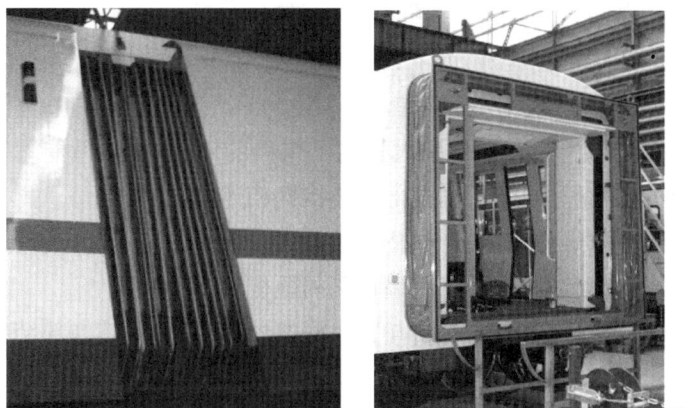

图 5-39　贯通道实物图

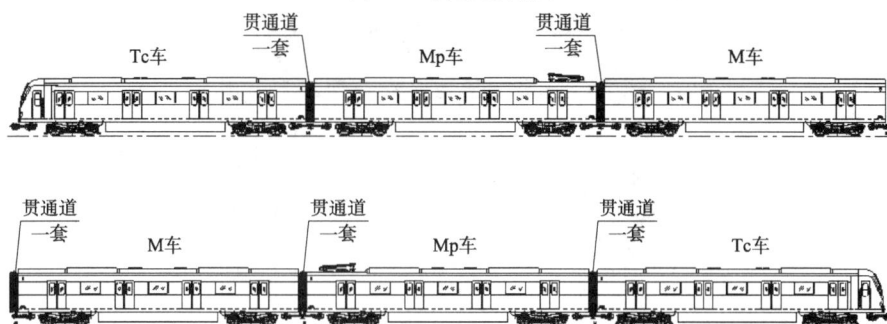

图 5-40　六节编组列车贯通道布置

## 二、贯通道结构

贯通道主要由折棚、车体框、侧护板、顶护板以及渡板与踏板等部分组成，如图 5-41 所示。

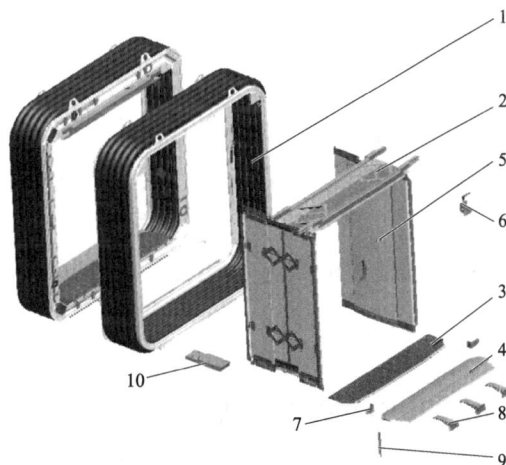

图 5-41　贯通道

1-外风挡;2-顶护板;3-渡板;4-踏板;5-侧护板;6-上护板安装座;7-下踏板支撑;8-支撑装置;9-接地线;10-车钩磨耗板

**1. 折棚组成**

折棚组成包括棚布、紧固框架、连接框、面料框部分。

每个折棚组成由环状折棚构成，每折环的下部设有2个排水孔，折棚由海普龙材料制成，具有防火性、高强度、防老化等特性，在－45～＋100℃范围内能够正常使用，抗拉强度≥3000N/cm²。棚布采用双层夹心结构，大大提高了风挡的隔音、隔热性能。每折棚布的缝制边缘用铝型材制成的中间框压夹，折棚端部与连接框相连。

紧固框架是由铝型材焊接而成，通过固定在框架上的螺钉将波浪式风挡牢固地与车辆端部连接，在该部件的上面还设有固定内墙板和内顶板的连接装置。

连接框架也是铝合金骨架焊接而成，与紧固框架外形相似，但其内部结构和实现的功能是不同的（图5-42）。

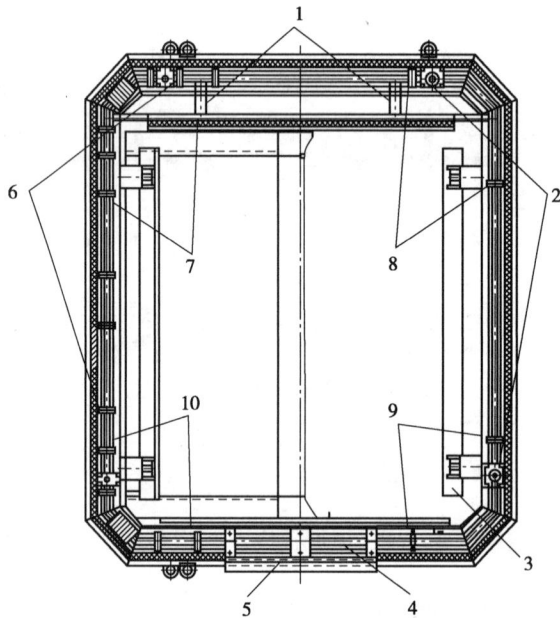

图5-42　连接框架结构

1-连接顶板的支架;2-定位孔;3-侧壁;4-支撑金属板;5-滑动支架;6-定位销;7-锁钩;8-锁闭机构;9-锁闭机构;10-锁钩

（1）在框架的侧面和顶部设有两个定位孔和定位销，当连挂时，定位销插入对应框架的定位孔中而实现准确连挂。

（2）在框架上设有四个锁钩和锁钩机构，连挂后用手工将锁钩插入对应锁闭机构中，实现风挡的惯性连接。

**2. 车体框**

车体框主要组成部分为车体框焊接组成、锁舌组成。

车体框固定在车体两端，用于固定折棚组成，通过旋转锁舌方向实现快速连挂解锁功能。

车体框通过螺钉安装在车体上，中间采用密封胶条进行密封。折棚组成与车体框之间也采用胶条进行密封,车体框上的锁闭装置可以实现折棚与车体框的快速连挂和分解,具体位置结构如图 5-43 所示。

3.侧护板组成

每套侧护板组成包括中间护板、边护板及连杆组成,具体结构如图 5-44 所示。

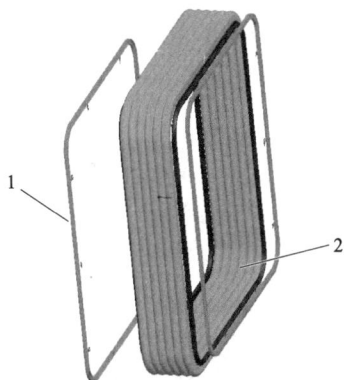

图 5-43　车体框与折棚　　　　　图 5-44　侧护板结构
1-车体框架;2-折棚　　　　1-边护板;2-中间护板;3-连杆组成

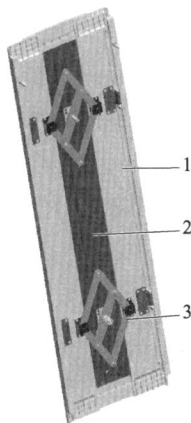

侧护板组成通过安装架与安装在车端的护板安装座固定,由于配有快速锁闭机构,侧护板组成可迅速安装在车端,并可快速开启。边护板为铝型材,表面喷漆。中间护板、边护板通过连杆连接形成一体。风挡运行时,各部件复合运动,中间护板、边护板可在同一平面内实现拉伸和压缩,在中间护板弹性范围内实现轻微的转动(即侧滚运动)。中间护板、边护板上下均装有裙边,裙边由橡胶制成,当侧护板上下运动时,裙边有弹性变形,使侧护板能与车体的运动保持一致。

4.顶板组成

每个贯通道装置配有一套顶护板组成,具有完整的顶装饰面。顶护板组成由边梁、边护板、中间护板及连杆机构等组成,具体结构如图 5-45 所示。中间护板通过连杆机构将边护板连接在边梁上。由于连杆机构为铰接式,可适应车辆运行中车端的各种变化。顶板组成通过边框用螺钉固定在车体端墙上。

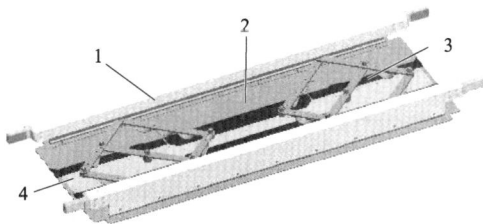

图 5-45　顶板结构
1-边梁;2-边护板;3-连杆机构;4-中间护板

5. 渡板与踏板

在紧固框架和连接框架侧各有一组渡板，在紧固框架一侧的渡板组成靠托架支撑，而在连接框架一侧的渡板一端通过安全支撑座与支撑金属板相连接，另一端支撑在渡板组成上。渡板组成由车厢侧相互铰接的固定连接板和活动连接板组成，渡板由地板、活动地板和镶边组成。地板为不锈钢板，活动地板为花纹不锈钢板，各相对滑动面间设有磨耗板。渡板装置能够保证追随与适应连挂车辆运行过程中的各种复杂运动，具有足够的强度与刚度，能够确保乘客安全通过，并为站立的旅客提供安全地方，能承受 9 人/m² 的压力负荷，表面无凸起物及障碍物。

踏板（图 5-46）包括踏板前页、踏板支撑。踏板支撑安装在车体端墙上，踏板前页安装在踏板支撑上。踏板前页上表面为光滑面，供渡板在其上面滑动。

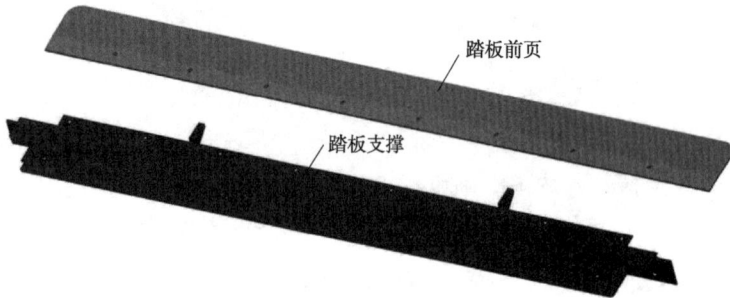

图 5-46　踏板组成

# 三、主要尺寸及技术参数

主要尺寸及技术参数见表 5-4。

主要尺寸及技术参数　　　　　　　　　　　　　　　　表 5-4

| 项目 | 参数 |
|---|---|
| 连接长度（mm） | 520 |
| 净通过宽度（mm） | 1300 ~ 1500 |
| 净通过高度（mm） | 1900 |
| 渡板距轨面高（mm） | 1100 |
| 隔热系数 | $K < 5.0 \text{W/(m·K)}$ |
| 隔声量 dB(A) | ≥30 |
| 气密性 | 压力从 3600Pa 降至 1350Pa 的泄漏时间在 50s 以上 |
| 阻燃性 | 所有非金属部件应符合《铁路客车用非金属材料阻燃要求》（TB/T 2402.93） |
| 使用寿命 | 主要金属件寿命 30 年，折棚布寿命 15 年 |

## ● 实训任务

本模块实训任务见附录任务5。

## ● 知识巩固

### 一、判断题

1.密接式车钩不允许两相连接车钩构体在垂直方向上有相对位移,且对前后间隙要求限制在很小的范围之内。 （    ）

2.车辆连接装置包括:车钩缓冲装置和贯通道装置,通过它们使列车各车辆相互连接,实现相邻车辆横向力的传递和通道的连接。 （    ）

3.非密接式车钩不允许两个相连接的车钩钩体在垂直方向上有相对位移;密接式车钩允许两相连接车钩构体在垂直方向上有相对位移。 （    ）

4.半自动车钩可以实现机械、气路和电路的完全自动连挂和解钩,或人工解钩。（    ）

5.橡胶缓冲器可作为车钩缓冲装置的重要部件,用来吸收车辆冲击能量。当两辆列车相撞时,将会产生不可恢复的变形。 （    ）

6.贯通道装置也就是风挡装置,位于两节车厢的连接处,是两车辆通道连接的部分。

（    ）

### 二、选择题

1.(    )的机械、气路和电路的连接和解钩都需要人工操作,但一般只有在架修以上的作业时才进行分解。

    A.半自动车钩　　　　　　　　　B.自动车钩

    C.半永久性牵引杆　　　　　　　D.半永久性牵引杆和半自动车钩

2.半永久性牵引杆用于(    )之间的编组,使编组实现连接。

    A.列车单元　　　　　　　　　　B.同一单元内车辆

    C.不同单元车辆　　　　　　　　D.列车单元同另一单元内的任一车辆

3.半永久牵引杆只是将两车车钩连接改为牵引杆连接,取消了气路和电路的连接。车辆之间的气路和电路可以(    )连接。

    A.自动或手动　　B.手动　　　　C.自动　　　D.不需要

4.电气箱内的触点为(    ),保证电气连接时密接可靠,主要应用于自动车钩上。

    A.固定触点和弹性触点　　　　　B.固定触点或弹性触点

    C.固定触点　　　　　　　　　　D.弹性触点

5.全自动车钩一般运用于连挂(    )。

    A.驾驶室端部　　　　　　　　　B.同一单元内部连接

    C.不同单元连接　　　　　　　　D.列车中部

6.车钩缓冲装置一级能量吸收装置是(　　)。

    A. 可压溃变形管            B. 橡胶缓冲器

    C. 过载保护装置            D. 能量耗散区

## 三、简答题

1.车钩缓冲装置主要有哪些组成部分？各有什么作用？

2.车钩有哪些类型？各自有什么特点？

3.简述贯通道的作用与结构。

# 模块 6
# 制动与供风系统

## 知识目标

1. 了解城市轨道交通车辆制动系统的特点、制动的类型及制动相关的概念;
2. 了解城市轨道交通车辆制动系统的组成;
3. 掌握城市轨道交通车辆供风系统的组成及控制;
4. 了解基础制动装置的类型及结构;
5. 掌握城市轨道交通车辆的制动系统。

## 能力目标

1. 能识别城市交通车辆制动系统的设备;
2. 能在列车上找到供风系统的气源回路;
3. 能识别不同类型的基础制动装置并识别其结构。

## 素质目标

1. 了解制动的作用,树立安全意识;
2. 培养主动学习新知识和新工艺的工作习惯。

## 建议学时

10 学时。

## ◉ 单元6.1丨制动概述

### 一、制动基本概念

1.制动作用和缓解作用

（1）制动：制动是指人为地施加外力，使列车减速、停车、阻止其加速及保持静止的作用。从能量变化的角度理解，制动过程是一个能量转移的过程，是将列车运行所具有的动能人为控制转变成其他形式能量的过程。

（2）缓解：对于已经实施制动的列车，解除或减弱其制动作用，均可称之为缓解。对于运动着的列车，欲使其减速或停车，就要根据需要施加给列车一个一定大小的、与其运动方向相反的外力，以使其实现减速或停车，即实施制动。列车制动停车后起动加速前或运行途中限速制动后加速前，均要解除制动作用，即实施缓解。

2.制动机

制动机是指产生制动原动力并进行操纵和控制的部分设备。

3.制动力

制动力是由制动装置产生的与列车运动方向相反的外力，对城市轨道交通车辆而言，制动力是制动时由制动装置产生作用后，引起的钢轨施加于车轮的、与列车运行方向相反的力。

4.制动距离

制动距离是指从司机实施制动(将制动手柄移至制动位)的瞬间起，到列车速度降为零的瞬间止，列车所行驶的距离，是综合反映列车制动装置的性能和实际制动效果的主要技术指标。

对于城市轨道车辆，不同运营公司有不同的规定。上海地铁规定：城市轨道交通列车在满载乘客的条件下，在任何运行初速度下，其紧急制动距离不得超过180m。广州地铁规定：当初速度为80km/h、60km/h、40km/h时，紧急制动距离分别不超过200m、118m、56m。

### 二、制动系统特点及要求

（1）城市轨道交通的站距很短，一般都在1km左右。例如：广州地铁1号线从西朗到广州东站，全长18.48km，设有16个车站，平均站距1.23km。由于站间距离短，列车加速、减速及停车都比较频繁。为了提高运行速度，增加列车密度，必须使列车起动快、制动快、制动距离短。这就要求其制动装置具有操纵灵活、动作迅速、停车平稳准确、制动率及制动功率相对较大等特点。

（2）城市轨道交通的客流量波动大，空载时列车重量仅为自重，而满载时列车重量却很大。例如：广州地铁的每辆动车空车重量为380kN，而满载（超员，载客432人）时总重为639.2kN。因此，载客量对列车的重量有较大的影响，对列车制动时保证一定的列车减速度、防止车轮滑行及减轻车辆间纵向冲动都是不利的。因此，制动装置应具备在各种荷载工况下车辆制动力自动调整的性能，使车辆制动率基本不变，从而实现制动的准确性和停车的平稳性。

（3）城市轨道交通的动车车辆上具有独立的牵引电动机，这就为采用电制动提供了基本条件。电制动的功率大，尤其是在较高速度范围内，能承担大部分的制动负荷，可以满足城市轨道交通车辆轴制动功率大的要求；电制动是非摩擦制动，没有摩擦副零件的磨耗和噪声，减少了维护工作和对环境的污染，因而比较经济；其再生制动可以节约能源，具有一定的经济和社会效益，所以，采用电制动具有积极的意义。但电制动在低速时制动力小，而且既要保证电制动失效和紧急情况下的行车安全，又要满足停车和停放的要求，所以摩擦制动是一种必备的制动方式。在几种制动方式同时安装和使用时，要充分发挥它们的最佳作用，需要一套完善的制动控制装置来控制，使它们协调配合。

（4）城市轨道交通车辆一般运行在人口稠密地区，并用于承载旅客，其行车安全非常重要。因而，要求其制动机具有以下功能：

①具有紧急制动性能，遇有紧急情况时，能使列车在规定距离内安全停车。

②列车在运行中发生诸如列车分离、制动装置故障等情况时，应能产生紧急制动作用。

③紧急制动除可由司机操纵外，必要时还可由行车人员利用紧急按钮（紧急阀）等进行操纵。

## 三、制动模式

按照制动时列车运动动能的转移方式不同，制动可以分为摩擦制动和动力制动。

### 1. 摩擦制动

通过摩擦副的摩擦将列车的运动动能转变为热能，逸散于大气，从而产生制动作用。城市轨道交通车辆常用的摩擦制动方式有闸瓦制动、盘形制动和轨道电磁制动。

（1）闸瓦制动，又称为踏面制动，是最常用的一种制动方式。其工作原理如图6-1所示。制动时，闸瓦压紧车轮，轮、瓦间发生摩擦，将列车的运动动能通过轮、瓦间的摩擦转变为热能，逸散于空气中。城市轨道交通车辆普遍采用如图6-2所示的单元气缸式闸瓦制动。

在闸瓦与车轮这对摩擦副中，车轮主要承担着车辆走行功能，其材料不能随意改变。要改善闸瓦制动的性能，只能改变闸瓦材料。早期的闸瓦材料主要是铸铁。为了改善摩擦性能，增加耐磨性，城市轨道交通车辆大多采用合成闸瓦，但合成闸瓦的导热性较差，因此，目前也有采用导热性能良好，且具有较好的摩擦性能的粉末冶金闸瓦。

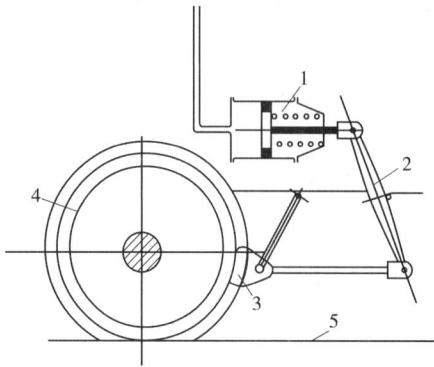

图 6-1　闸瓦制动
1-制动缸;2-制动杠杆;3-闸瓦;4-车轮;5-钢轨

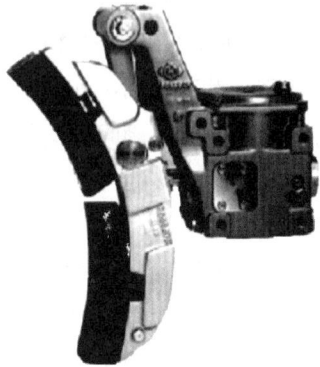

图 6-2　单元气缸式闸瓦制动

（2）盘形制动（图 6-3），有轴盘式和轮盘式之分,城市轨道交通车辆一般采用轴盘式。当轮对中间由于牵引电动机等设备使制动盘安装发生困难时,可采用轮盘式。制动时,制动缸通过制动夹钳使闸片夹紧制动盘,闸片与制动盘间产生摩擦,将列车的运动动能转变为热能,热能通过制动盘与闸片逸散于大气。

图 6-3　盘形制动
1-车轮;2-车轴;3-制动盘(轴盘);4-制动盘(轮盘)

盘形制动方式能选择高性能的摩擦副材料和良好的散热结构,可以获得比闸瓦制动大得多的制动功率。

（3）轨道电磁制动,也叫磁轨制动,如图 6-4 所示。在转向架构架侧梁下通过升降气缸安装有电磁铁,电磁铁下设有磨耗板。制动时,将电磁铁放下,磨耗板与钢轨(3)吸住,列车的动能通过磨耗板与钢轨的摩擦转化为热能,逸散于大气。轨道电磁制动能得到较大的制动力,因此常被用作紧急制动时的一种补充制动手段。

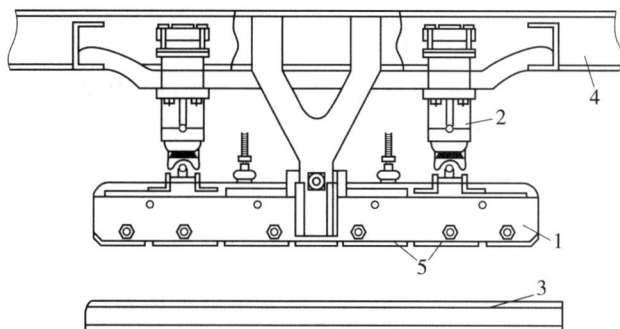

图 6-4　磁轨制动
1-电磁铁;2-升降气缸;3-钢轨;4-转向架构架侧梁;5-磨耗板

### 2.动力制动

动力制动也称电制动。列车制动时,将牵引电动机变为发电机,使动能转化为电能,对这些电能的不同处理方式形成了不同方式的动力制动。城市轨道交通车辆上采用的动力制动形式主要有再生制动和电阻制动,都是非接触式制动方式。

(1)再生制动。再生制动是把列车的动能通过电动机转化为电能后,再使电能反馈回电网。显然,这种方式既能节约能源,又能减少制动时对环境的污染,并且基本上无磨耗。因此,这是一种较为理想的制动方式。

(2)电阻制动。将发电机发出的电能加于电阻器中,使电阻器发热,即电能转变为热能,也称能耗制动。电阻器上的热能靠风扇强迫通风而散于大气中。电阻制动一般能提供较稳定的制动力,但车辆底架下需要安装体积较大的电阻箱。

## 四、制动模式

城市轨道交通车辆根据运行的要求,制动系统采用以下几种制动模式:

### 1.常用制动

常用制动在正常运行下为调节或控制列车速度,包括进站停车所实施的制动,特点是制动比较缓和、制动力可以连续调节,制动过程中能够根据车辆荷载自动调整制动力,当常用制动力最大时即为常用全制动。

### 2.紧急制动

紧急情况下为使列车尽快停止而实施的制动,称为紧急制动,特点是作用比较迅速而且将列车制动能力全部使用。列车装有一个"失电制动,得电缓解"的紧急空气制动系统,贯穿整个列车的连续电源线,满足故障-安全的设计原则。紧急制动是在列车遇到紧急情况或发生其他意外情况时,为使列车尽快停车而实施的制动,其制动力与快速制动相同。紧急制动时考虑了脱弓、断钩、断电等故障情况,故只采用空气制动,而且停车前不可缓解,在尽可能减小冲动的情况下不对冲动进行具体限制。

### 3. 快速制动

快速制动是为了使列车尽快停车而实施的制动,其制动力高于常用全制动(上海地铁、广州地铁快速制动力高于常用全制动22%),这种制动方式是在制动距离不足等情况下,制动系统各部分作用均正常时所采取的一种制动方式。其特点是与常用制动相同,制动过程可以施行缓解。受冲击率极限的限制,主控制器手柄回"0"位,制动过程可缓解且具有防滑保护和荷载修正功能。

### 4. 保压制动

保压制动是为防止车辆在停车前的冲动,使车辆平稳停车,可通过 ECU 内部设定的执行程序来控制。

第一阶段:当列车制动到速度 8km/h 时,DCU 触发保压制动信号,同时输出给 ECU,这时,由 DCU 控制的电制动逐步退出,而由 ECU 控制的气制动来替代。

第二阶段:接近停车时(列车速度 0.5km/h),一个小于制动指令(最大制动指令的70%)的保压制动由 ECU 开始自动实施,即瞬时地将制动缸压力降低,如果由于故障,ECU 未接收到保压制动触发信号,ECU 内部程序将在 8km/h 的速度时自行触发。

### 5. 弹簧停放制动

为防止车辆在线路停放过程中发生溜逸,城市轨道交通车辆应设置停放制动装置。停放制动通常是将弹簧停放制动器的弹簧压力通过闸瓦作用于车轮踏面来形成制动力。在正常情况下,弹簧力的大小不随时间而变化,由此获得的制动力能满足列车较长时间断电停放的要求。弹簧停放制动的缓解气缸充气时,停放制动缓解,弹簧停放制动的缓解气缸排气时,停放制动施加,弹簧停放制动还附加有手动缓解的功能。

## 五、城市轨道交通车辆制动系统应具备的条件

(1)操纵灵活,制动减速度大,作用灵敏可靠,列车前后车辆制动、缓解一致。

(2)具有足够的制动能力,保证列车在规定的制动距离内停车。

(3)对于新型的城市轨道交通车辆,一般要求具有电制动功能,并且在正常制动过程中,应尽量充分发挥电制动能力,以减少对城市环境的污染、噪声以及降低运行成本,同时还应具有电制动与摩擦制动协调配合的制动功能。

(4)制动系统应保证列车在下长大坡道制动时,其制动力不会衰减。

(5)电动列车各车辆的制动能力应尽可能一致,制动系统应根据乘客量的变化,具有空重车调整能力,以减少制动协调配合的制动功能。

(6)具有紧急制动能力,遇有紧急情况时,能使列车在规定距离内安全停车,紧急制动除可由司机操纵外,必要时还可由行车人员利用紧急按钮进行操纵。

(7)城市轨道交通列车在运行中发生诸如列车分离、降弓、断电、制动系统故障等危及行车安全的事故时,列车能自动触发紧急制动。

## 单元 6.2 | 供风系统

城市轨道交通车辆采用电动车组,以单元进行编组,所以其供风系统也是以编组单元来供气,每一单元设置一套风源系统,安装在每个编组单元的 C 车车底,相邻车辆的主风管通过截断塞门和软管相连。

一般供风系统主要是由空气压缩机组、空气干燥器、二次冷却器、气缸、压力传感器、压力控制器、安全阀等空气管路辅助元件组成的。用风设备主要包括:制动装置、空气悬挂装置、车门控制装置,以及风喇叭、刮雨器、受电弓气动控制设备、车钩操作气动控制设备等。供风系统制造的压缩空气为用风设备的驱动提供动力,而压缩空气的净化和干燥处理是不可或缺的,其目的是除去压缩空气中所含有的灰尘、杂质、油滴和水分等,保证制动系统及其他用风设备能长时间可靠地工作。供风系统气路如图 6-5 所示。

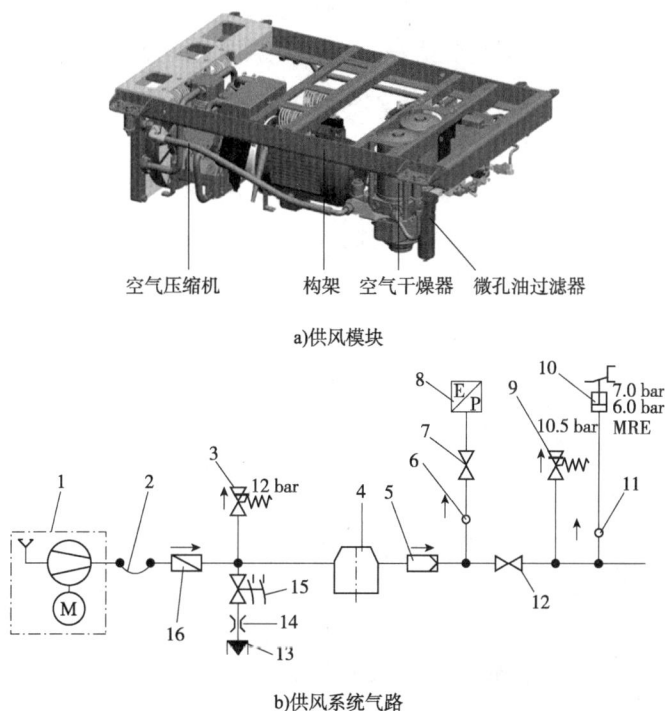

空气压缩机　构架　空气干燥器　微孔油过滤器

a)供风模块

b)供风系统气路

图 6-5　供风系统气路示意图

1-压缩机组;2-软管;3、9-安全阀;4-干燥器;5-油过滤器;6、11-测试接点;7、12-截断塞门;8-压力传感器;10-压力控制器;13-外接供气接头;14-节流孔;15-电气开关截断塞门;16-单向阀

供风系统的供风设备和用风设备如图 6-6 所示,包括供风设备、制动控制设备、转向架上安装的制动设备、微处理器控制的车轮防滑保护装置、箱体通风装置、空气悬挂设备、汽笛及操作按钮、受电弓驱动设备和车钩操作设备。由图 6-6 可知,受电弓驱动设备 C 组和供风

设备 A 组安装在动车 C 车上，汽笛及操作按钮安装在有驾驶室 A 车，箱体通风装置配置在 B 车和 C 车，仅用于车底电气柜的散热。供风系统分为三级供风：第一级，无条件地给制动系统供风，以确保列车随时能够施加制动从而保障运营的安全；第二级，只有 MRE 压力大于 6.5bar 时，才给空气悬挂系统供风；第三级，只有 MRE 压力大于 7.5bar 时，才给箱体供风。

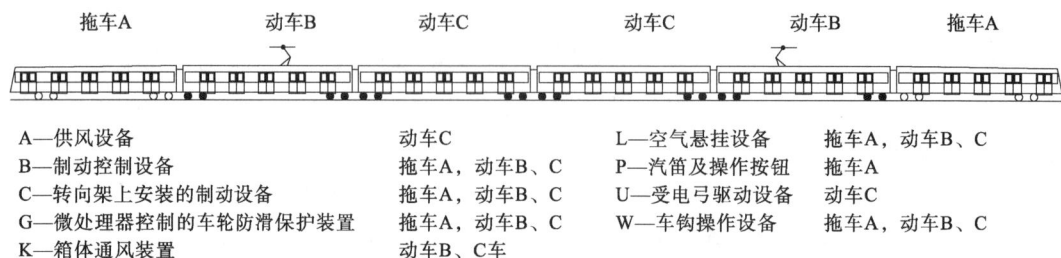

| A—供风设备 | 动车C | L—空气悬挂设备 | 拖车A，动车B、C |
| B—制动控制设备 | 拖车A，动车B、C | P—汽笛及操作按钮 | 拖车A |
| C—转向架上安装的制动设备 | 拖车A，动车B、C | U—受电弓驱动设备 | 动车C |
| G—微处理器控制的车轮防滑保护装置 | 拖车A，动车B、C | W—车钩操作设备 | 拖车A，动车B、C |
| K—箱体通风装置 | 动车B、C车 | | |

图 6-6　某车辆供风设备和用风设备布置示意图

## 一、空气压缩机

空气压缩机（简称空压机）是用来制造压缩空气（也称压力空气）的装置。城市轨道交通车辆采用的空气压缩机要求具有噪声小、振动小、结构紧凑、维护方便、环境适应性强的特点。目前，城市轨道交通车辆主要使用活塞式空气压缩机和螺杆式空气压缩机两种。

1. 活塞式空气压缩机

地铁车辆很多采用 VV120 型活塞式空气压缩机，由 380V、50Hz 三相交流电动机驱动，具有结构紧凑，所以维护量少。结构由固定机构、运动机构、进排气机构、中间冷却装置和润滑装置等几部分组成。其中，固定机构包括机体、气缸、气缸盖；运动机构包括曲轴、连杆、活塞；进排气机构包括空气滤清器、气阀；中间冷却装置包括中间冷却器（简称中冷器）、冷却风扇；润滑装置包括润滑油泵、润滑油路等，如图 6-7 所示。

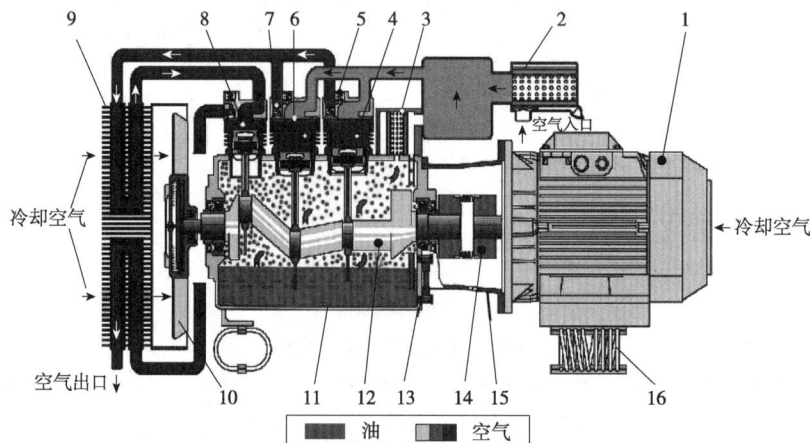

图 6-7　VV120 型活塞式空气压缩机组

1-电动机；2-空气过滤器；3-油环；4-低压气缸；5-安全阀；6-吸气阀；7-供给阀；8-高压气缸；9-冷却器；10-风轮＋黏性联轴器；11-曲轴箱；12-曲轴；13-油表管；14-联轴器；15-中间法兰；16-弹簧组

压缩机采用飞溅式润滑方法,连接杆每次转动时都浸在集油箱中,油流会自动流回集油箱中,因此不需要额外的装置,如油泵、过滤器或阀等。

空气压缩机属于两级压缩,低压级有两个气缸,高压级只有一个气缸,三个气缸呈 W 形布置。空气通过干式空气过滤器滤清后,由低压缸吸入。此干式空气过滤器可给压缩机良好的保护,维护时只需要更换滤芯。一个真空指示器用来显示滤芯内的灰尘集结情况,若真空指示器内部显示红色,表明需更换滤芯。活塞式空压机的工作原理如图 6-8 所示。

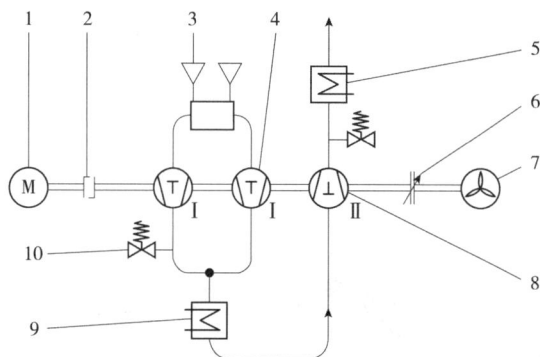

图 6-8　VV120 型活塞式空气压缩机组原理示意图

1-电动机;2-联轴器;3-空气过滤器;4-低压气缸;5-后冷却器;6-黏性联轴器;7-冷却风扇;8-高压气缸;9-中间冷却器;10-安全阀

空气压缩机有一个集成的中间冷却器和后冷却器,用风扇强迫通风冷却。空气在通过中间冷却器前已进行两个低压气缸的一次压缩,中间冷却后,此空气送到高压气缸进行二次压缩。通过后冷却器之后的压缩空气,以合适的温度排出进入空气干燥器,确保干燥效果达到最佳条件。

冷凝风扇装有黏性联轴器,可以根据环境温度和压缩机出口处温度连续、有规则地进行自动冷却调节。这种结构保证了压缩机在良好的工作温度下运行。同时,黏性联轴器作为离合器,当物体卡住风扇,离合器就会打滑,避免损坏。

活塞式空气压缩机的应用广泛、技术成熟,可靠性和稳定性好,无须特殊润滑,性价比高。

2. 螺杆式空气压缩机

TSAG-0.9AR Ⅱ 型螺杆式空气压缩机组,是专为地铁或轻轨车辆设计的电动空气压缩设备,由五大主要部件构成:驱动装置、空气压缩机体、风冷却装置、空气净化装置和吊架,它们用螺栓连接在一起组成一个紧凑单元。

螺杆式空气压缩机的结构:它的主机是双回转轴容积式压缩机,转子为一对互相啮合的螺杆,螺杆具有非对称啮合型面。主动转子为阳螺杆,从动转子为阴螺杆。常用的主副螺杆齿数比依压缩机容量而有所不同,为 4:5、4:6 或 5:6。两个互相啮合的转子在一个只留有进气口和排气口的铸铁壳体里面旋转。当螺杆副啮合旋转时,它从进气口吸气,经过压缩从排气口排出,得到具有一定压力的压缩空气。

螺杆副如图 6-9 所示,是一对齿数比为 4:6 以特定螺旋角互相啮合的螺杆。其中,阳螺杆（通常做驱动螺杆）为凸型不对称齿；而阴螺杆（常用做从动螺杆）为瘦齿型弯曲齿。两螺杆的齿断面型线是专门设计并经过精密磨削加工的，在啮合过程中两齿间始终保持"零间隙"密贴，形成空气的挤压空腔。

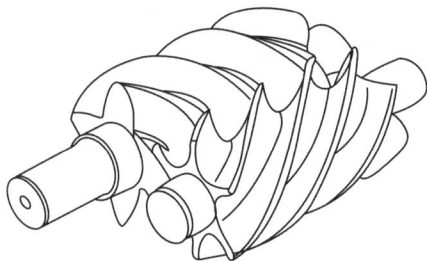

图 6-9　螺杆副

螺杆式空气压缩机的工作原理：该压缩机的工作过程分为吸气、压缩、排气三个阶段，流程图如图 6-10 所示。

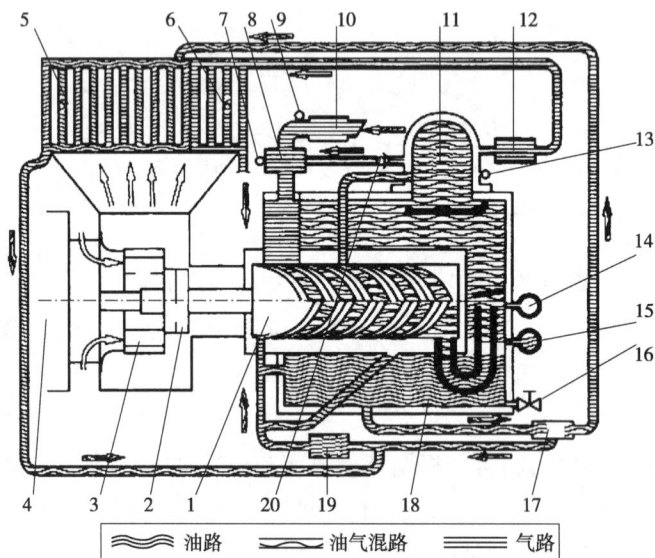

图 6-10　螺杆式空气压缩机工作原理示意图

1-螺杆；2-联轴器；3-冷却风扇；4-电动机；5-油冷却器；6-空气冷却器；7-压力开关；8-进气阀；9-真空指示器；10-空气滤清器；11-油细分离器；12-最少压力单向阀；13-安全阀；14-温度开关；15-视油镜；16-泄油阀；17-温度控制阀；18-油气筒组成；19-机油过滤器；20-单向阀

螺杆安装在壳体内，在自然状态下就有一部分螺杆的沟槽与壳体上的进气口相通。在任何时候，无论螺杆式空气压缩机的螺杆旋转到什么位置，总有空气通过进气口充满与进气口相通的沟槽。这是压缩机的吸气过程。

随着压缩机两转子不停转动，封闭有空气的螺杆沟槽与相对的螺杆的齿的啮合从吸气端不断地向排气端发展，啮合的齿占据了原来已经充气的沟槽空间，将在这个沟槽内的空气挤压，体积渐渐变小，而压力则随着体积变小而逐渐升高，直到空气推到排气口完成压缩过程。

压缩过程结束，封闭有压缩空气的螺杆沟槽的端部边缘与螺杆壳体端壁上的排气口边缘相通时，受到挤压压缩的空气被迅速从排气口推出，进入螺杆压缩机的排气腔。随着螺杆副的继续转动,螺杆啮合继续向排气端的方向推移,逐渐将在这个沟槽内的压缩空气全部挤出。这是压缩机的排气过程。

在压缩过程中,压缩机不断地向压缩室和轴承喷射润滑油,起到润滑、密封、降噪、冷却的作用。

螺杆压缩机的三个工作过程并没有一个明确清晰的界限,在工作过程中都是一并、周而复始地不断进行。

## 二、空气干燥器

空气压缩机输出的压缩空气中含有较多的水分、油分和机械杂质等,必须经过空气干燥器将其中的水分、油分和机械杂质除去,才能达到车辆上用风设备对压缩空气的要求。液态的水、油微粒及机械杂质在滤清器(或油水分离器)中基本被除去,降低压缩空气的相对湿度(通常相对湿度在35%以下)是避免用风过程中出现冷凝水危害的主要方式。

空气干燥器一般都是塔式的,有单塔式和双塔式两种。城市轨道交通车辆大量采用双塔式空气干燥器,本书主要以双塔式干燥器为例加以说明。

相对于直流传动车辆,交流传动车辆选用的空气压缩机的排气量较小,它的停止工作间隙不能满足单塔式干燥器再生所需的时间间隙,这时使用双塔式干燥器就可以解决问题。

1. 双塔式(也称双筒式)空气干燥器的构造

如图6-11所示,双塔式干燥器由干燥筒($1_a$、$1_b$)、干燥器座(3)、双活塞阀(4)、电磁阀(5)四个主要部分组分。两个干燥筒(1)除了装有干燥空气用的吸附剂外,在其下部均装有油水分离器。干燥器座(3)上设置有再生节流孔(4)、两个单向阀(12)、一个旁通阀(11)和一个预控制阀(6),如图6-12所示。电磁阀(7)和电子循环控制器相配合,控制干燥器的干燥和再生循环。另外,每一个干燥筒还有一个压力指示器(2)(图6-11),用以显示干燥筒的工作状态;压力指示器显示红针为干燥工况;相反,红针复位则为再生工况。进气口($P_1$)可选择为前面或右侧,排气口($P_2$)可选择为左侧或右侧。

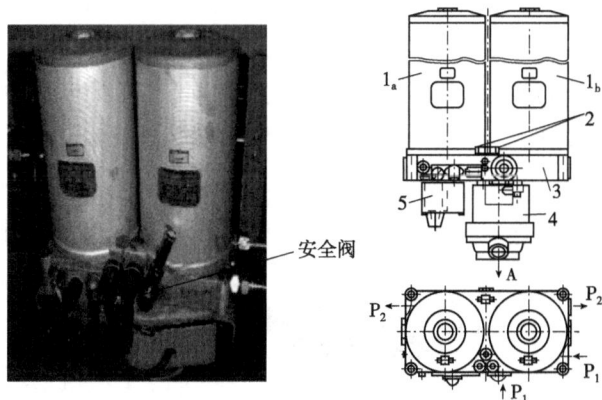

图6-11 双塔式空气干燥器

$1_a$、$1_b$-干燥筒;2-压力指示器;3-干燥器座;4-双活塞阀;5-电磁阀;A-排泄口;$P_1$-进气口;$P_2$-出气口

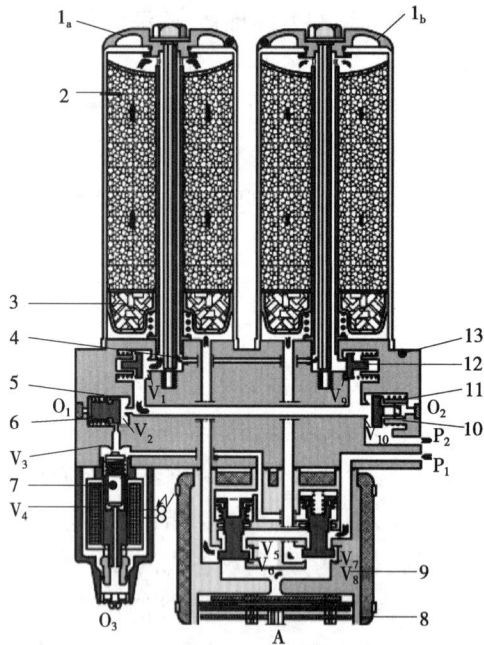

图6-12 双筒式空气干燥器（干燥筒$1_a$为吸附工况、干燥筒$1_b$为干燥工况）

$1_a$、$1_b$-干燥筒；2-吸附剂；3-油水分离器；4-再生节流孔；5-克诺尔 K 形环；6-预控制阀；7-电磁阀；8-隔热材料；
9-双活塞阀；10-克诺尔 K 形环；11-旁通阀；12-单向阀；13-干燥器座；A-排泄口；$O_1 \sim O_3$-排气口；$P_1$-进气口；$P_2$-出气口；
$V_1 \sim V_{10}$-阀座

**2. 双塔式空气干燥器的作用原理**

（1）工作原理。

双筒干燥器工作过程为干燥与再生两工况同时进行，压力空气在一个筒中流过并干燥时，另外一个筒中的吸附剂即再生。从空气压缩机输出的压力空气首先经过装有拉希格圈的油水分离器，除去空气中的液态油、水、尘埃等。然后，压力空气再流过干燥筒中的吸附剂，吸附剂吸附压力空气中的水分。

一部分干燥过的压力空气（约13%～18%）被分流出来，经过再生节流膨胀后，进入另一个干燥塔对已吸水饱和的吸附剂进行脱水再生，再生工作后的压力空气经过油水分离器时，再把积聚在拉希格圈上的油、水及机械杂质等从排泄通路排出。

（2）作用过程。

干燥筒$1_a$处于吸附工作状态，干燥筒$1_b$则处于再生工作状态（图6-13）。相当于处在工作循环的前$T/2$。

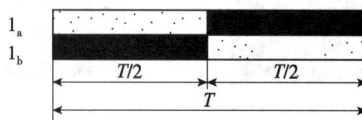

图6-13 一个工作循环示意图

$1_a$、$1_b$-干燥筒；$T$-工作循环；■-再生工况；▨-吸附工况

为了保证干燥器工作的准确性,干燥器内部要求达到一定的移动压力时,预控制阀 6 才开启,双活塞阀 9 才能够移动到位。旁通阀 11 保证移动压力迅速建立,当压力空气压力超过这个移动压力之后,才能打开旁通阀 11,使压力空气流向总气缸。两个单向阀 12 的作用是,防止当空气压缩机不工作时压力空气逆流。

(3)循环控制。

循环控制器在空气压缩机启动的同时也开始工作,它根据规定的程序控制电磁阀 7 的开关时间;从而控制双干燥筒工作循环,每两分钟转换一次工作状态。

如果循环控制器或电磁阀出现故障,空气压缩机输出的压力空气仍可以通过干燥器其中的一个干燥筒干燥,保证压力空气的供给。

双塔式干燥器没有再生气缸,但设有一个定时脉冲发生器,以使两个干燥塔的电磁阀定时地轮换开关,以使两个塔的功能定时进行轮换。

## 三、滤油器

滤油器的作用是吸附压缩空气中的油分。压缩机耗油量与压缩机型号、油的特征和运行条件有高度联系,因此并不恒定。在高温运行条件下,高达 50% 的压缩机油耗经过干燥器。这些油几乎都被滤油器吸收。因此,必须定期排出滤油器中的油并定期更换滤筒。

## 四、风缸

风缸是一种用钢板制成的高压容器,用于储存压缩空气,具有很高的耐压性。按照其功能的不同,风缸分别有主风缸、制动风缸、总风缸、空气悬挂系统风缸等类型。在城市轨道交通车辆上,通常将主风缸、制动风缸与制动辅助控制气路箱集成在一个框架内,形成制动控制模块,如图 6-14 所示。

## 五、截断塞门

截断塞门安装在制动支管上(图 6-15),当列车中的车辆因特殊情况或列车检修作业需要停止车辆空气制动系统的作用时,关闭该车的截断塞门,切断车辆制动机与制动主管的压缩空气通路,同时排出副风缸和制动缸的压缩空气,使制动机缓解,以便于检修人员安全操作。

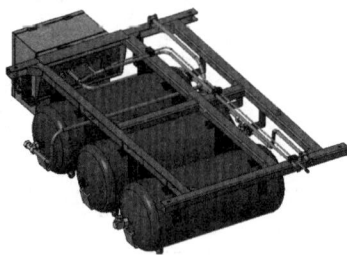

图 6-14 风缸　　　　　　　　　图 6-15 截断塞门示意图

## 单元 6.3 | 基础制动装置

空气制动系统中的制动执行装置,通常被称为基础制动装置。所有空气制动力均是通过基础制动装置产生的。根据制动方式的不同,基础制动装置主要有闸瓦制动装置和盘形制动装置两种形式。城市轨道交通车辆闸瓦制动装置普遍采用单元制动器,盘形制动装置为盘形制动单元,有轮盘式和轴盘式两种。基础制动装置的用途是把作用在制动缸活塞上的压缩空气的推力,扩大适当倍数后,再平均传到闸瓦或闸片上,使闸瓦压紧车轮,或使闸片压紧。

### 一、闸瓦制动装置

城市轨道交通车辆采用的闸瓦单元制动缸有两种:带停放制动器单元制动缸和不带停放制动器单元制动缸。克诺尔制动机的两种单元制动缸是 PC7Y 型和带停放制动器（也称弹簧制动器）的 PC7YF 型。

1. 单元制动器组成

PC7Y 型单元制动缸（图 6-16）不带停放制动器,由制动缸体(1)、传动杠杆(2)、缓解弹簧(5)、制动缸活塞(6)、扭簧(7)、闸瓦(8)、闸瓦间隙调整器(9)等组成,并带有手制动杠杆及其安装枢轴。

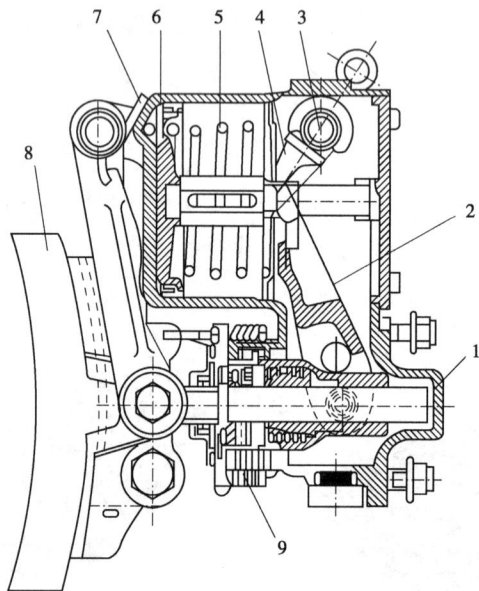

图 6-16　PC7Y 单元制动缸

1-制动缸体;2-传动杠杆;3-安装在制动缸体上的枢轴;4-手制动杠杆;5-缓解弹簧;6-制动缸活塞;7-扭簧;8-闸瓦;9-闸瓦间隙自动调整器

PC7YF 型单元制动缸(图6-17)是在 PC7Y 型单元制动缸的基础上增加了一个用于停车制动的弹簧制动器,包括缓解气缸(12)、缓解活塞(10)、活塞杆(6)、螺纹套筒(8)、停放制动弹簧(9)、缓解拉簧(7)、停放制动杠杆(5)等。

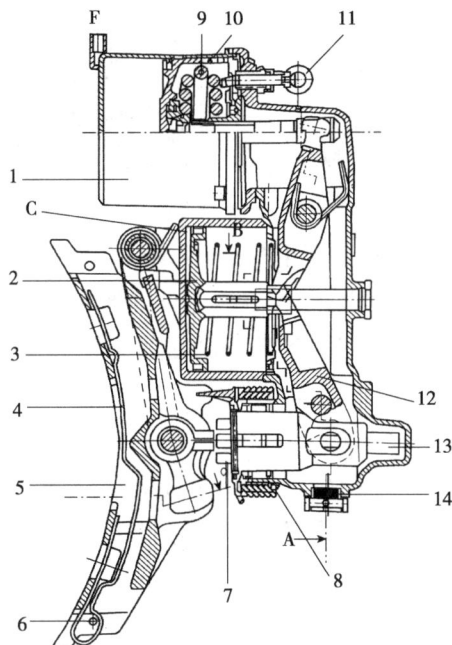

图 6-17　PC7YF 单元制动缸

1-闸瓦托吊;2-闸瓦间隙调整器;3-制动杠杆;4-活塞杆;5-停放制动杠杆;6-活塞杆;7-缓解拉簧;8-螺纹套筒;9-停放制动弹簧;10-缓解活塞;11-缓解气缸;12-吊销;13-闸瓦托;14-制动活塞

单元制动缸安装于转向架横梁组成的下方,参看转向架结构图。带停放制动器单元制动缸(PC7YF)安装在每个转向架上,处于对角线的两个车轮的一侧,而另一对角线的两个车轮的一侧安装不带停放制动单元制动缸(PC7Y)。

2.单元制动器的工作原理

当列车制动时,制动缸充气,在压力空气的作用下,制动缸活塞压缩缓解弹簧右移,活塞杆推动制动杠杆,而杠杆的另一端则带动闸瓦间隙调整器向车轮方向推动闸瓦托及闸瓦,使闸瓦紧贴车轮。

缓解时,制动缸排气,这时闸瓦及闸瓦托上所受到的推力被撤除,在制动缸缓解弹簧及闸瓦托吊杆上端头的扭簧的反弹力作用下,闸瓦及活塞等机构复位。

## 二、盘形制动装置

盘形基础制动装置具有结构紧凑、制动效率高、能有效地缩短制动距离、减轻踏面磨耗及检修工作量小等优点,在新型城市轨道交通列车上得到了广泛的应用。盘形基础制动装置主要由制动盘、合成闸片、盘形制动单元和杠杆等部件组成。

制动盘按照安装方式的不同,可分为轴盘式和轮盘式两种。轴盘式的制动盘压装在车轴

内侧,如图6-18所示。轮盘式制动盘根据车辆的空间安装在车轮的两侧或一侧,如图6-19所示。因车轴上装有牵引电动机和齿轮箱,制动盘一般只能安装在车轮上。

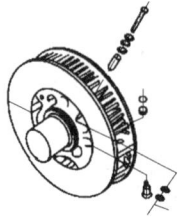

图6-18 轴盘式制动盘 图6-19 轮盘式制动盘

WKZ型盘形制动单元由克诺尔公司生产,采用气动控制,与安装在轮对上的制动盘共同作用,产生摩擦制动。WKZ型盘形制动单元为紧凑型基础制动装置,体积小,适用于安装空间较小的转向架。夹钳与转向架通过四个螺栓安装固定,不需要安装盘或支架。WZK型盘形制动单元分为两种:一种是不带停放制动的盘形制动单元,另一种是带停放制动的盘形制动单元。

1. 不带停放制动的盘形制动单元

不带停放制动的盘形制动单元(图6-20)用于执行列车常用制动、快速制动和紧急制动的气制动功能。盘形制动单元主要由气缸及腔体、间隙调整装置、制动杆和制动闸片及其支架组成。

2. 带停放制动的盘形制动单元

带停放制动的盘形制动单元(图6-21)在原来结构基础上增加了停放制动缸与手动缓解装置,常用制动的施加过程与不带停放制动的盘形制动单元一样。停放制动执行充气缓解、排气施加原则,在此基础上还安装了手动缓解装置,可以在停放制动故障或需要在车底缓解停放制动情况下手动缓解。

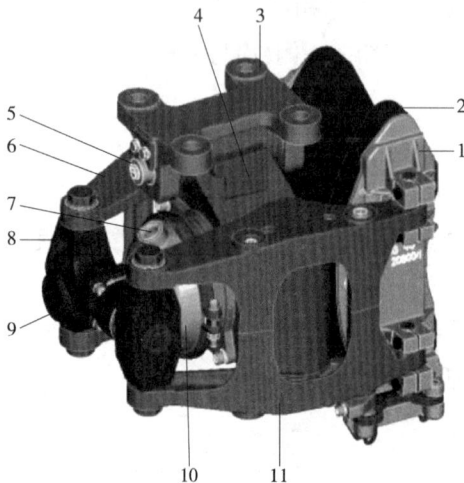

图6-20 不带停放制动的制动夹钳结构图
1-闸片支架;2-闸片;3-支架;4-腔体;5-螺栓;6、11-制动杆;7-气管接口;8-控制杆;9-间隙调整装置;10-气缸

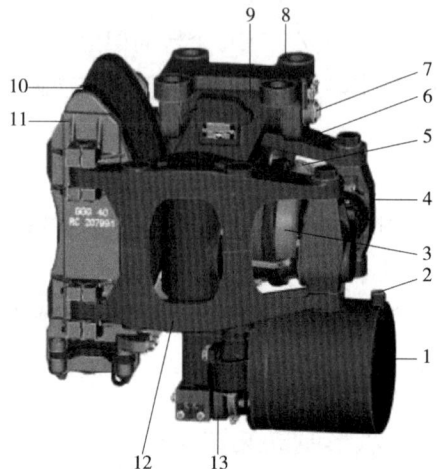

图6-21 带停放制动的制动夹钳
1-停放制动缸;2-停放制动缸进气口;3-气缸;4-间隙调整装置;5-气管接口;6、12-制动杆;7-螺栓;8-支架;9-腔体;10-闸片;11-闸片支架;13-手动缓解齿轮

## ◉ 单元 6.4 | 典型车辆制动系统

我国城市轨道交通车辆大多采用了德国克诺尔制动机公司生产的模拟式电空制动装置,它通过列车总线贯通整个列车,形成连续回路。该模拟制动装置采用电控制空气、空气再控制空气的控制方式。制动的电指令是利用脉冲宽度调制,能进行无级控制。

KBGM 制动系统由动力制动系统、空气制动系统及指令与通信网络系统组成。本书以该制动系统为例,介绍城市轨道车辆制动系统。

### 一、动力制动系统

动力制动一般与牵引系统连在一起形成主电路系统,包括再生反馈电路和制动电阻器,将动力制动产生的电能反馈回接触网(第三轨)或者消耗在制动电阻上。动力制动是车辆在常用制动下的优先选择,仅带驱动单元的动车具有动力制动功能,动力制动包括再生制动和电阻制动两种形式。它具有独立的滑行保护和荷载校正功能。每节动车装备有:一个三相调频调压逆变器(VVVF)、一个牵引控制单元(DCU)、一个制动电阻、四个自冷式三相交流电动机 M1、M2、M3、M4(每轴一个,相互并联)。

1. 再生制动

常用制动时,牵引电动机工作处于发电机状态,将车辆的动能转换为电能,经 VVVF 逆变器中 IGBT 模块整流为直流电反馈于供电网,供列车所在接触网供电区段上的其他车辆牵引用和供给本车的其他系统(如辅助系统等),此即再生制动。再生制动基本原理如图 6-22 所示。

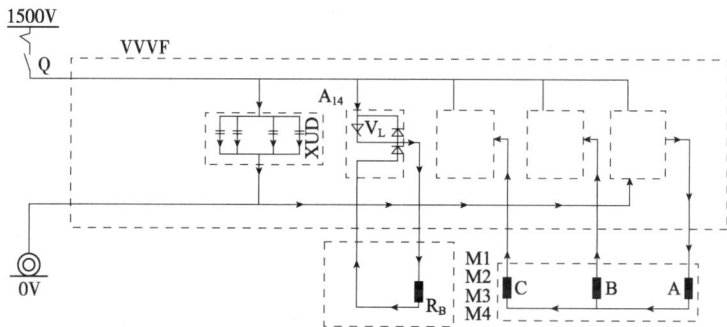

图 6-22  再生制动原理图

再生制动的形成必须具备两个条件:一是反馈于接触网的电压比网压高;二是发出的电能能被列车所在接触网供电区段上的其他车辆或者列车本身其他系统(如辅助系统)所利用。

### 2. 电阻制动

如果制动列车所在的接触网供电区段内无其他列车吸收该制动能量,VVVF 则将能量反馈在线路电容上,使电容电压 XUD 迅速上升,当 XUD 达到最大设定值 1800V 时,DCU 启动能耗斩波器模块 $A_{14}$ 上的门极可关断晶闸管 GTO：GTO 打开制动电阻 $R_B$,制动电阻 $R_B$ 与电容并联,将电动机上的制动能量转变成电阻的热能消耗掉,即电阻制动(亦称能耗制动)。电阻制动能单独满足常用制动的要求。电阻制动原理如图 6-23 所示。

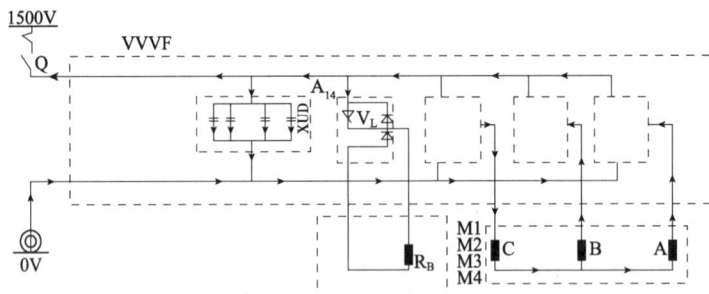

图 6-23　电阻制动原理图

电阻制动是承担电动机电流中不能再生的那部分制动电流。再生制动电流加电阻制动电流等于制动控制要求的总电流,此电流受电动机电压的限制。再生制动与电阻制动之间的转换由 DCU 控制,能保证它们连续交替使用,转换平滑,变化率难以觉察。当列车处于高速时,动车采用再生制动,将列车动能转换成电能,当再生制动无法再回收时(如当网压上升到 1800V 时),再生制动能够平滑地过渡到电阻制动。

动力制动具有独立的滑行保护功能,四台电动机是并联的,因此当 DCU 检测出一根轴发生滑行时,DCU 能对四台电动机进行同步控制,同时降低或切除四台电动机的电制动力。

## 二、空气制动系统

空气制动装置主要由风源及管路系统、控制部分和执行部分三个主要部分组成。控制部分是制动装置的核心,由带有防滑控制的制动微机控制单元 ECU(B05/G02)、制动控制单元 BCU(B06)、空气控制屏(Z01,部分阀类的集中安装屏)等组成。

### 1. 电子控制单元 EBCU

制动控制系统有一个用于控制电空制动和防止车轮滑行的微机处理机,常称为电子制动控制单元 EBCU,它是空气制动管理控制核心。制动实施时,它通过多功能列车总线(MVB)接收各种与制动有关的信号(如制动指令值 PWM 信号、电制动实际值信号、荷载信号等),计算出一个当时所需气制动动力的制动指令,并将其输出给 BCU,BCU 进行气制动补充;同时 EBCU 还实时监控每根轴的转速,一旦任一轮对发生滑行,能迅速向该轮轴的防滑阀(G01)发出指令,沟通制动缸与大气的通路,使制动缸迅速排气,从而解除该轮对的滑行现象,实现 EBCU 对各轮对滑行的单独保护控制。此外,制动微机处理控制系统还具有本车的控制系统故障自诊断功能与故障储存功能。

### 2. 防滑控制单元 ECU

防滑系统是制动控制系统的一部分,牵引微机控制单元 DCU(用于电制动)和制动微机控制单元 ECU(用于空气制动)均有独立的防滑控制系统,在常用制动、快速制动和紧急制动状态下,防滑控制系统均处于激活状态。下面介绍制动微机控制单元 ECU 的组成和工作原理。防滑系统由防滑电磁阀、控制中央处理器、速度传感器和测速齿轮等部件组成。

如图6-24 所示,在每根车轴上都设有 1 个对应的防滑电磁阀(排风阀),它们由 ECU 防滑系统所控制。当某一轮对上的车轮的制动力过大而使车轮滑行时,防滑系统所控制的与该车轮对应的防滑电磁阀迅速沟通制动缸与大气的通路,使制动缸迅速排气,从而解除了该车轮的滑行现象。该系统通过速度传感器和测速齿轮始终监视着同一辆车上 4 个轮对的转速,并对应着 4 个对应的防滑电磁阀。防滑系统有一安全回路,当防滑阀被激活超过一定时间(5s)时,安全回路起作用,取消防滑控制并产生故障信号。

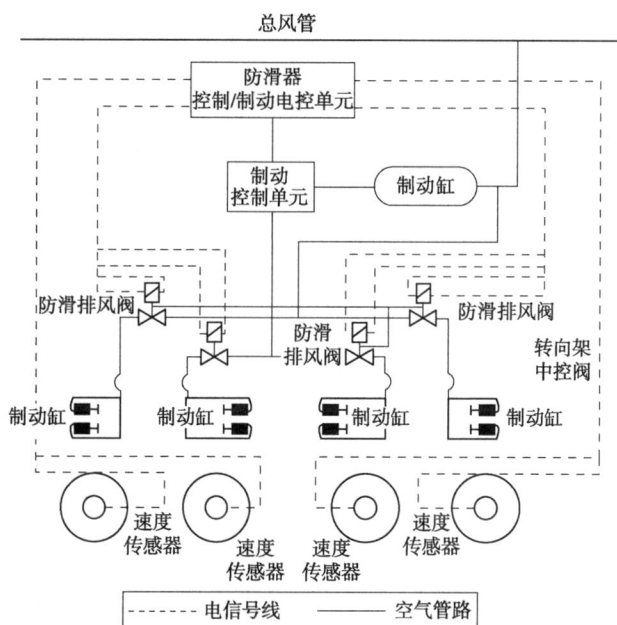

图6-24 电子防滑控制示意图

### 3. 制动控制单元 BCU

制动控制单元 BCU 是空气制动的核心,主要由模拟转换阀、紧急电磁阀、称重阀、中继阀、荷载压力传感器(将荷载压力 $T$ 转换成相应的电信号传输给 ECU)、预控制压力开关等元件组成。制动控制单元采用模块化设计,所有的元件都安装在一个铝合金集成板上,如图 6-25 所示。这样设计的主要目的是,集成板便于从车上拆卸和更换,维修检查或大修时不会影响车辆的运用。图 6-26 所示为 BCU 各部件的气路;图 6-27 所示是按气路连通关系绘制的展开图,较好地表示出各部件之间的气路关系及其在气路板内的通路,也简略示出了各部件的外形。

图 6-25　制动控制单元 BCU

1-紧急电磁阀;2-中继阀;3-托座;4-测试接口;5-模拟转换阀;6-集气板;7-预控制压力开关;8-称重阀;9-荷载压力传感器

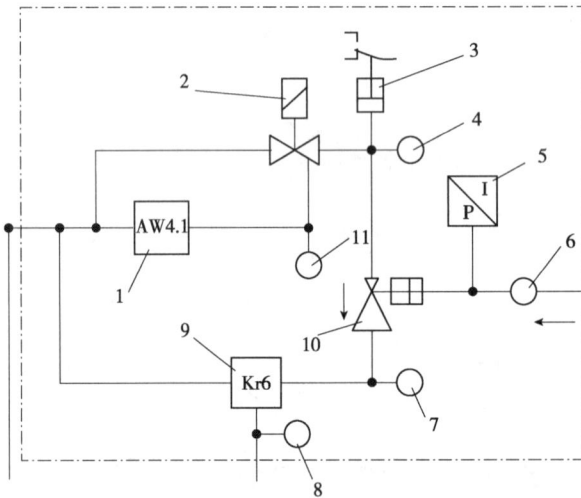

图 6-26　制动控制单元 BCU 气路示意图

1-模拟转换阀 AW4.1;2-紧急电磁阀;3-预控制压力开关;4、6、7、8、11-测试接头;5-压力传感器;9-中继阀;10-称重阀

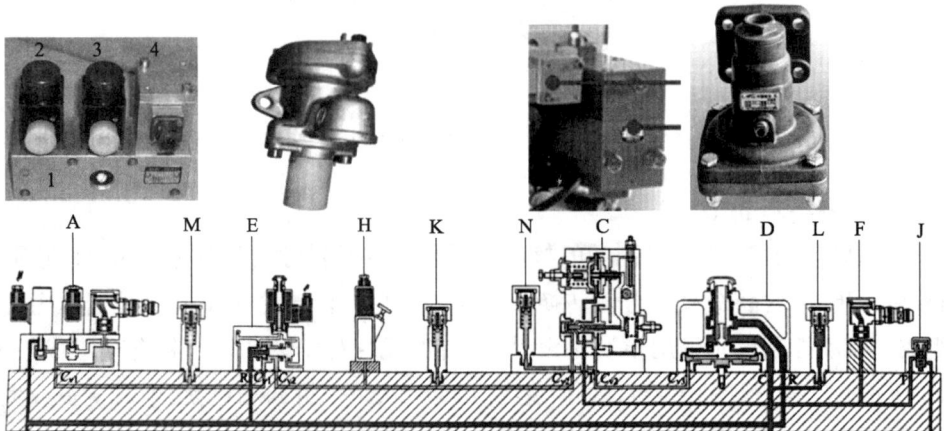

图 6-27　制动控制单元示意图

A-模拟转换阀;C-称重阀;D-中继阀;E-紧急电磁阀;F-压力传感器;H-预控制压力开关;J、K、L、M、N-测试接头

同时,为便于安装、测试和维护,常在气路板上装置了一些测试口(图中4、6、7、8、11),用于测量各个控制压力和制动缸压力。

BCU的作用是将ECU发出的制动指令电信号通过模拟转换阀(1)转换成与之成比例的预控制压力($C_v$),这个预控制压力是呈线性变化的,同时,也受到称重阀(10)和防冲动检测装置的检测和限制,再通过中继阀(9),连通制动主气缸B04与制动缸的通路,并控制进入制动缸的压力,最后使制动缸获得符合制动指令的空气制动压力。

制动控制单元的工作原理如下:

当压力空气从制动储气缸B04进入制动控制单元B06后,分成三路,一路进入紧急电磁阀(2),一路进入模拟转换阀(1),另一路进入中继阀(9)。其流程如图6-28所示。

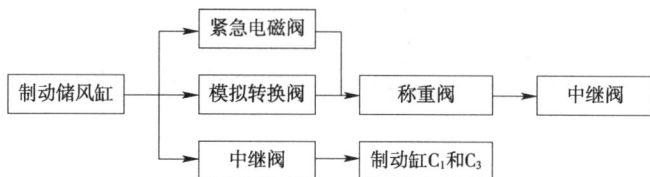

图6-28 制动控制单元工作原理

4. 辅助控制单元ACU

辅助控制单元ACU,也称为空气控制屏。为便于安装、调试与维修,辅助控制单元ACU将各种压力开关、测试接口和各种气阀类元件集中安装在一块铝合金的气路板上,犹如电子分立元件安装在印刷线路板上一样。其组成元件及气路板正面视图如图6-29所示。辅助控制单元ACU主要为电空制动系统、停放制动系统、空气弹簧及其他外部设备提供供、排风,具有避免两种制动力叠加而导致制动力过大的功能。此外,为了便于维修,具有各种监控显示和测试的功能。其具体组成部件及功能如下。

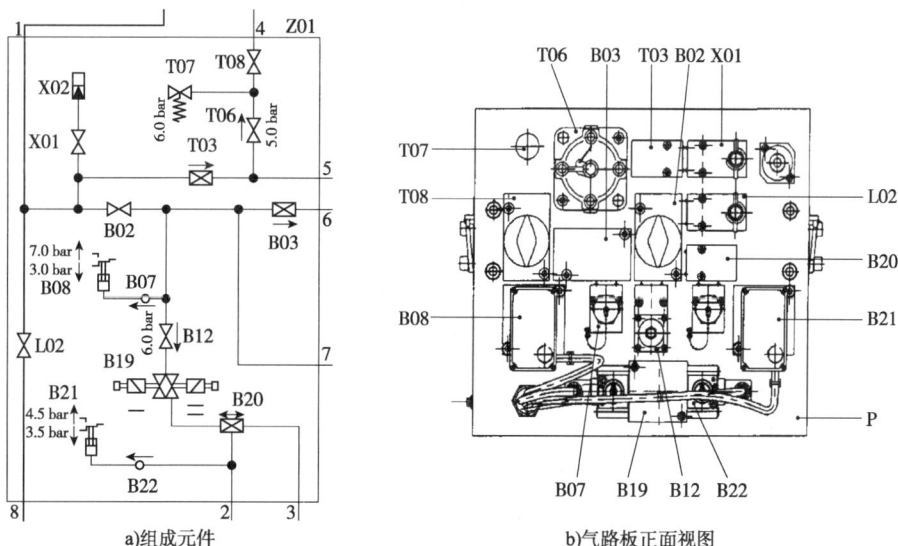

a)组成元件　　b)气路板正面视图

图 6-29

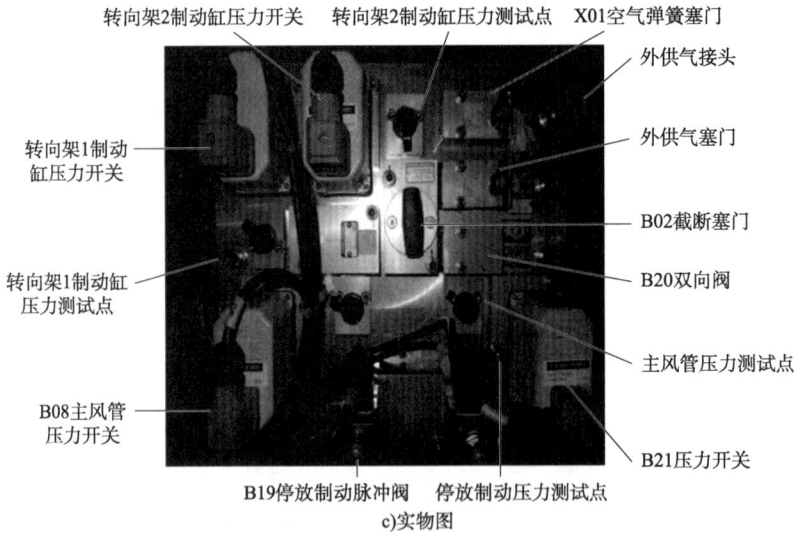

转向架2制动缸压力开关　转向架2制动缸压力测试点　X01空气弹簧塞门

外供气接头

转向架1制动
缸压力开关

外供气塞门

B02截断塞门

B20双向阀

转向架1制动缸
压力测试点

主风管压力测试点

B08主风管
压力开关

B21压力开关

B19停放制动脉冲阀　　停放制动压力测试点

c)实物图

图 6-29　空气控制屏 Z01

（1）制动控制元件。

B02——截断塞门，可用来切除制动系统管路与主风管的通路，便于测试与检修。

B03——止回阀，防止制动系统管路的压力空气逆流。

B07——压力测试点，从此处可以测得主风管压力。

B08——压力开关，用于监控主风管压力，当主风管压力低于 6bar 时，列车将自动实施紧急制动，并牵引封锁；当主风管压力高于 7bar 时，列车解除牵引封锁。

B12——减压阀，将主风管压力空气减压至 6.3bar。

B19——脉冲电磁阀，用于控制停放制动的施加与缓解。

B20——双向阀，防止常用制动与停放制动同时施加而造成制动力过大。

B21——压力开关，用于控制停放制动指示灯的动作，当压力低于 3.5bar 时，停放制动指示灯（蓝灯）亮，表示停放制动已施加；当压力高于 4.5bar 时，停放制动指示灯（蓝灯）灭，表示停放制动已缓解。

B22——压力测试点，此处可以测得停放制动的压力。

（2）车门控制元件。

T03——止回阀，防止车门控制系统管路的压力空气逆流。

T06——减压阀，将主风管压力空气减压至 3.5bar，供车门控制系统用。

T07——安全阀，防止车门控制系统压力过大。

T08——截断塞门，可用来切除车门控制系统管路与主风管的通路，便于测试与检修。

（3）空气弹簧控制元件。

L02——截断塞门，可用来切除空气弹簧控制系统管路与主风管的通路，便于测试与检修。

（4）车间外接供气元件。

X01——截断塞门,可用来切除车间外接供气管路与主风管的通路。

X02——车间外接供气快速接头。

辅助控制单元 ACU 与外接设备共有 8 个接口,分别为:接口 1 与主风管相连;接口 2 与踏面制动单元的弹簧制动缸相连;接口 3 与踏面制动单元的常用制动缸相连;接口 4 通往门控设备及空调;接口 5 与门控风缸 T04 相连;接口 6 与制动储风缸 B04 相连;接口 7 通往防滑电磁阀 G01 的控制管路;接口 8 通往空气弹簧。

5. 执行装置

执行部分由基础制动装置、踏面单元制动器及滑行保护的控制执行元件防滑阀 G01 组成。踏面单元制动器有 PC7Y 和 PC7YF 两种形式,PC7Y 型不带弹簧制动器,而 PC7YF 型带有弹簧制动器,能起到停放制动作用,每根轮轴装备一个。

### 三、指令和通信网络系统

指令和通信网络系统是传送司机指令的通道,同时也是制动系统内部数据交换及制动系统与列车控制系统进行数据通信的总线。

---

**• 知识拓展**

**车辆制动系统国产化自主生产之路**

为解决我国城市轨道交通车辆制动系统市场国产化偏低的问题,中国铁道科学研究院机车车辆研究所、青岛四方车辆研究所、高校(同济大学、西南交通大学等)和地铁运营企业积极开展研究。2005 年,中国铁道科学研究院在原有基础上率先完成制动控制系统的研制,并成功试运营于北京、天津等地铁制动系统,摆脱了地铁制动系统成套产品长期依赖进口的被动局面。目前,国产化 EP08 和 EP09 制动系统在各个城市的新建线路中得到了较好的运用,城市轨道交通车辆制动技术得到新的发展。

---

## • 实训任务

本模块实训任务见附录任务 6。

## • 知识巩固

### 一、判断题

1. 弹簧停放制动缸充气时,停放制动缓解;弹簧停放制动缸排气时,停放制动施加;还附加有手动缓解的功能。　　　　　　　　　　　　　　　　　　　　　（　　）

2. 在常用制动模式下,电制动和空气制动一般都处于激活状态。　　　　　（　　）

3. 保压制动是为防止列车在停车后的冲动,使列车平稳停车,通过 ECU 内部设定的执行程序来控制的。　　　　　　　　　　　　　　　　　　　　　　　　　（　　）

4. 制动力按形成方式分类可分为黏着制动与非黏着制动。　　　　　　　（　　）

5.紧急制动实施后是不能撤除的,列车必须减速,直到完全停下来(零速封锁)。

（　　）

## 二、填空题

1.列车的制动模式有常用制动、_____、快速制动、保压制动及_____。

2.制动按照能量的转移分为_____制动和电制动,电制动有_____制动和_____制动。

3.基础制动装置安装于转向架上,一个转向架上共有_____个,分_____和_____两种类型。

4.盘形制动分为_____式和_____式两种,一般采用_____式盘形制动,当轮对中间因牵引电动机等设备的安装而使制动盘安装发生困难时,可采用_____式盘形制动。

5.目前,城市轨道交通车辆采用_____式空气压缩机和_____式空气压缩机两种类型。

6.空气压缩机使用_____ V/_____ Hz三相交流电。

## 三、选择题(单选)

1.闸瓦制动、盘形制动和磁轨制动属于(　　)。

A.动力制动　　　　　　　　　　B.摩擦制动

C.非黏着制动　　　　　　　　　D.快速制动

2.城市轨道交通车辆多种制动形式并存,但一般不采用(　　)。

A.电阻制动　　　　　　　　　　B.再生制动

C.踏面摩擦制动　　　　　　　　D.磁轨制动

3.(　　)是空气制动的核心,主要由模拟转换阀、紧急电磁阀、称重阀、中继阀、荷载压力传感器组成。

A.制动微机控制单元　　　　　　B.空气控制屏

C.制动控制单元　　　　　　　　D.基础制动装置

4.在每根车轴上都设有一个对应的(　　),它们由ECU防滑系统所控制。当某一轮对上的车轮的制动力过大而使车轮滑行时,防滑系统所控制的与该轮对对应的该部件迅速连通制动缸与大气通路,使制动缸迅速排气,解除了该车轮的滑行现象。

A.防滑电磁阀　　　　　　　　　B.控制中央处理器

C.速度传感器　　　　　　　　　D.测速齿轮

5.广州地铁1号线车辆的空气压缩机组安装在(　　)下部,而广州地铁2号线和上海地铁1、2号线车辆的空气压缩机组均安装在(　　)下部。

A. A车　B车　　　　　　　　　B. B车　C车

C. B车　C车　　　　　　　　　D. A车　C车

## 四、识图题

指认城市轨道交通车辆踏面制动组成图（图 6-30），并填写 1～5 号部件名称。

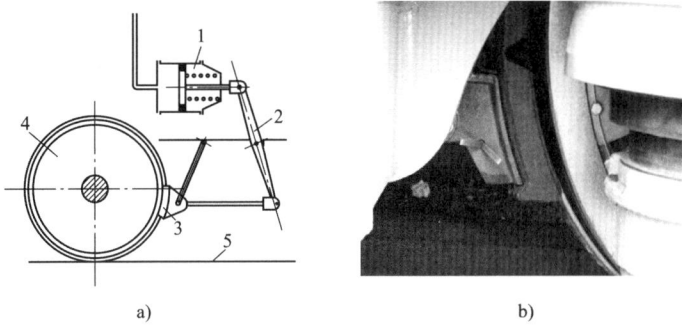

图 6-30 踏面制动组成

（1）_____；

（2）_____；

（3）_____；

（4）_____；

（5）_____。

## 五、简答题

1. 解释概念：制动、制动力、制动机。

2. 城市轨道交通车辆风源系统有何特点？主要包括哪些部分？

3. 简述车辆的用气设备。

# 模块 7
# 牵引系统装置

## 知识目标

1. 了解牵引系统的功能、组成与分类；
2. 掌握受流装置、隔离开关、高速断路器、牵引逆变器、牵引电动机、制动电阻的结构、组成、功能及工作原理。

## 能力目标

1. 能正确分析城市轨道交通车辆牵引和电制动电路；
2. 能识别城市轨道交通车辆牵引主回路中的主要电器；
3. 能识别牵引回路中各电器的组成部件并熟悉其功能。

## 素质目标

1. 增强规范意识和安全意识；
2. 养成主动学习新知识和新工艺的工作习惯；
3. 增强城市轨道交通行业的自豪感和认同感。

## 建议学时

6 学时。

## 单元 7.1 ｜牵引系统概述

### 一、牵引系统功能

牵引系统是城市轨道交通车辆的核心部件，是列车的动力来源，根据需要为列车提供牵引力和制动力，完成列车牵引和制动。牵引系统主要有两个工况，即牵引工况和电制动工况，如图 7-1 所示。

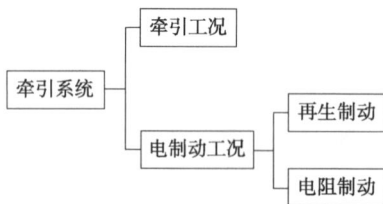

图 7-1　牵引系统的主要功能

（1）牵引工况：牵引系统为列车提供牵引动力，将电网提供的电能，利用牵引电动机将电能转换为动能，使列车在轨道上行驶。

（2）电制动工况：电制动工况又可分为再生制动工况和电阻制动工况。

①再生制动工况：牵引系统进行再生制动时，将列车动能转换为电能，再将电能反馈到电网去供其他列车使用。这种方式实现了能量的再生利用，极大地降低了列车的实际能量损耗。

②电阻制动工况：牵引系统进行再生制动时，电网电压过高（超过 1800V），使列车电制动产生的电能无法向电网回馈，这时电制动产生的电能将会消耗在制动电阻上，通过制动电阻消耗电能，最后变成热能并消散在大气中。

列车牵引系统既提供列车前进的动力，又能实现列车的电制动功能。列车制动功能由电制动和气制动共同配合来完成。

### 二、牵引系统分类

为了能够获得最好的牵引和电制动性能，城市轨道交通车辆牵引系统分散配置在列车上，属于动力分散方式。牵引系统选型时要考虑多方面因素，包括线路纵断面（坡度/曲线）、线路的站间距、线路设计速度等。总之，牵引系统功率配置的前提条件是能够满足列车在所运营的线路上按照设计速度运行。根据牵引系统的特点，牵引系统可以从以下几个方面分类。

#### 1. 根据车辆牵引电动机的种类分类

城市轨道交通车辆运行过程中的动能直接由牵引电动机提供，根据采用的是直流电动机还是交流电动机，城市轨道交通车辆牵引系统可以分为直流传动和交流传动两种方式。

（1）直流传动方式。

城市轨道交通车辆采用直流供电制式,即车辆从电网取流过来的是直流电压(DC 1500V/DC 750V)。因此,早期的城市轨道交通车辆大多采用直流牵引电动机,即直流传动牵引系统。直流传动牵引系统通过凸轮变阻传动控制系统到斩波调阻控制系统,再到斩波调压控制系统。根据直流电动机调速的相关知识可知,直流电动机调速主要通过调节电动机两端输入电压来达到调速的目的,在调压调速的基础上配合弱磁调速。凸轮变阻、斩波调阻和斩波调压是三种改变输入牵引电动机电压的方式。以下是直流传动系统三种控制方式的原理简介。

①凸轮变阻控制系统。

城市轨道交通车辆最早的传动与控制系统主要采用直流凸轮变阻的方式,如早期北京地铁所使用车辆。凸轮变阻控制系统即利用变阻控制器来切换电阻,从而改变牵引电动机输入电压,达到改变牵引电动机转速的目的。凸轮变阻控制系统原理如图7-2所示。通过控制凸轮使接触器 $K_1$、$K_2$、$K_3$、$K_4$、$K_5$ 逐个的闭合与开断,改变接入不同的电阻来调节牵引电动机端电压和磁场,从而通过对牵引电动机的控制来达到对列车的控制。

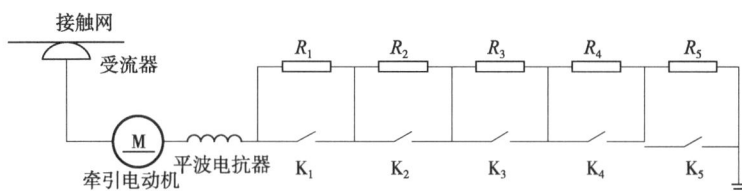

图 7-2　凸轮变阻控制系统原理图

凸轮变阻控制方式在使用过程中的缺陷日益凸显。如,凸轮变阻控制系统只能有级控制,不能实现无极平滑调速;凸轮机构结构复杂,触点多,控制电路复杂,频繁使用后故障率高;电能损耗多,尤其在低速运行时,有大量的电能消耗在电阻上。随着科技的发展,凸轮变阻控制方式也逐渐被其他控制系统所取代。

②斩波调阻控制系统。

随着半导体应用技术的发展,采用无触点的可控硅斩波器取代凸轮变阻机构,并实现无极平滑地调节电阻,不但调节平稳,在主回路中也减少了很多触头,从而减少了由此引起的故障次数及维修工作量。

斩波调阻控制系统中,斩波器与电阻并联,通过调节斩波器的占空比来实现对电阻的调节,连续调节斩波器的占空比,相应的电阻接入主回路的阻值也连续平滑地变化。斩波调阻装置即斩波器由晶闸管、二极管、均流电抗器、均压电阻和换流电容等部件组成。斩波调阻控制系统原理如图7-3所示。

虽然斩波调阻控制系统在凸轮变阻控制系统的基础上性能有了较大的提高,能够实现无极平滑调速,电路结构简单,但调速范围小,控制回路中能量损耗大,且不能实现再生制动。

③斩波调压控制系统。

无论是凸轮变阻控制还是斩波调阻控制,控制回路都存在能量损耗大的缺点。随着可控制关断的半导体器件(GTO 和 GTR)的广泛应用,直流传动控制系统发展到斩波调压控制系统。斩波调压控制系统是直流传动控制系统的一种理想控制方式,能实现无极平滑调速,调速过程中能量损耗低,且能实现再生制动。

在斩波调压控制系统中,利用斩波电路将接触网提供的电能进行调节,不断调节斩波电路的输出电压来控制列车,输出电压可通过调节斩波器占空比来实现,斩波调压控制系统原理如图 7-4 所示。

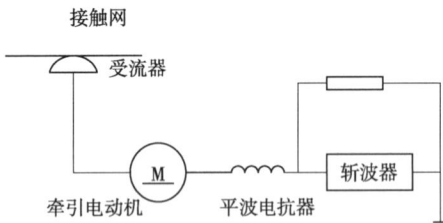

图 7-3　斩波调阻控制系统原理图　　　　　　图 7-4　斩波调压控制系统原理图

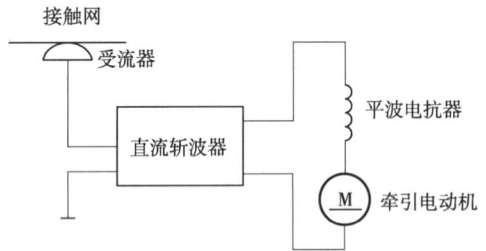

直流传动牵引系统控制简单方便,但存在着质量大、体积大、维修量大和能耗大等缺点。直流牵引电动机因存在结构复杂、故障率高等缺点而逐渐被淘汰。

(2)交流传动方式。

随着大功率逆变技术和自动控制技术的不断发展,交流电动机能够通过变压变频技术而具备直流电动机的优点。交流传动比直流传动车辆的黏着效率高约 10%,且电动机类型一般采用结构简单、可靠性好、寿命长、免维护的鼠笼式异步电动机。因此,交流传动较直流传动有较大的优越性。与斩波器——直流电动机斩波调压电气传动系统相比,变压变频逆变器(VVVF)——交流电动机的系统主电路变得十分简单。和传统的串励直流电动机驱动系统相比,交流异步电动机驱动系统的优越之处表现在机械、绝缘、耐热、耐潮、黏着、维修、效率、质量、尺寸等诸多方面。现代城市轨道交通基本上都采用交流电动机作为牵引电动机,采用变压变频的交流传动控制系统。变压变频控制系统利用逆变器将接触网提供的直流电能转换成变压变频的交流电给牵引电动机,通过调节逆变器输出交流电的电压和频率可达到控制牵引电动机的目的。

交流传动牵引系统(以下简称牵引系统)主要由受流装置、高速断路器、牵引逆变器(VVVF 逆变器)和牵引电动机等组成。在牵引时,由受流装置将接触网提供的电能引入车体,再由牵引逆变器将其转换成三相可调压调频的交流电供牵引电动机使用;电制动时,牵引逆变器将牵引电动机产生的交流电能整流成直流回馈给电网实现再生制动,若无法实现再生制动,则将制动电能消耗在制动电阻上实现电阻制动。高速断路器实现对牵引主回路的短路、过载、过电压和欠压等保护。交流传动牵引系统组成如图 7-5 所示。

2. 根据列车动力配置的数量分类

交流传动牵引系统主要有 1C4M 和 1C2M 两种形式。1C4M 牵引系统是一台牵引逆变器向同一节动车上的四台牵引电动机供电。1C2M 牵引系统是一台逆变器向同一个转向架上的两台牵引电动机供电。有些地铁列车牵引逆变器分成两个相同的模块,每个模块给一个转向架上的两台牵引电动机供电。牵引逆变器采用此种供电模式的牵引系统也为1C4M牵引系统。

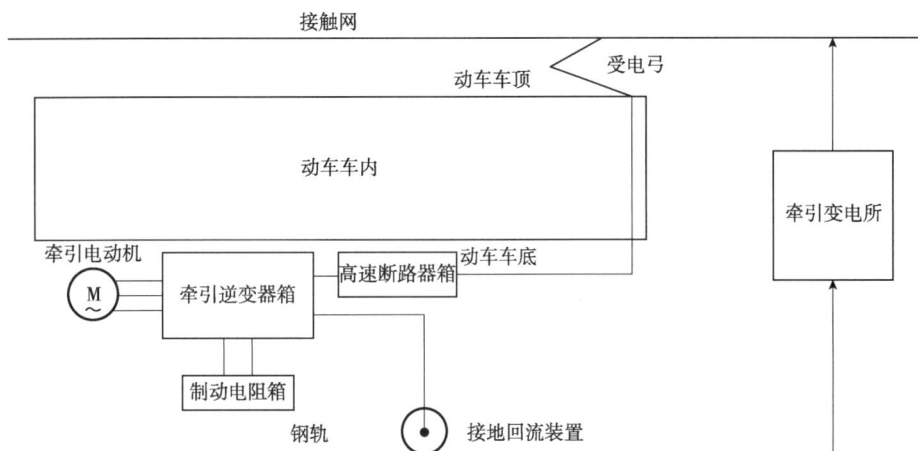

图 7-5　交流传动牵引系统组成框图

**3. 按控制单元控制类型的不同分类**

交流传动牵引系统可以分为直接转矩控制和矢量控制。直接转矩控制就是通过空间电压矢量来控制定子磁链的旋转速度,以改变定子磁链的平均旋转速度的大小,从而改变磁通的大小来控制电磁转矩。矢量控制主要是对转矩与转子磁通进行控制,转矩给定值由转差决定,磁通给定值根据速度给定,在基速以下磁通恒定,超速则进行磁场削弱。这两种方式都可以使电动机保持快速动态响应及良好的稳态性能,其区别仅在于矢量控制建立在转子磁场旋转坐标系中,而直接转矩控制建立在定子旋转磁场中,两种控制方式各有优缺点,为了能够获得最佳的控制性能,设计人员趋向于融合两种控制方式的特点,对控制系统进行不断的优化。城市轨道交通车辆牵引控制方式多采用矢量控制。

综上,城市轨道交通车辆牵引系统分类如图 7-6 所示。

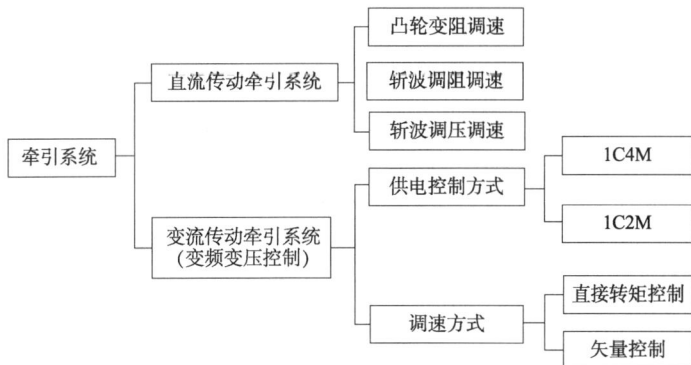

图 7-6　城市轨道交通车辆牵引系统分类

## 单元 7.2 | 牵引系统主电路结构及工作原理

城市轨道交通车辆牵引系统主电路属于高压电路，一般为 1500V 或 750V 直流供电。根据牵引系统的不同功能单元，牵引系统主电路主要包括受流装置、高速断路器、牵引逆变器、牵引电动机和制动电阻等装置。受流器从接触网取流后，传入隔离开关（KS）→高速断路器（HSCB）→牵引逆变器（TC1、TC2）→牵引电动机（M），牵引电动机通电后转动带动列车运行，完成车辆牵引功能。当车辆进行电制动时，通过牵引工况反向路径，将牵引电动机输出的电能反向传输到接触网，实现再生制动功能；通过牵引电动机（M）→牵引逆变器（TC1、TC2）→制动电阻（BR）路径，实现电阻制动功能。牵引系统主电路结构简图如图 7-7 所示。

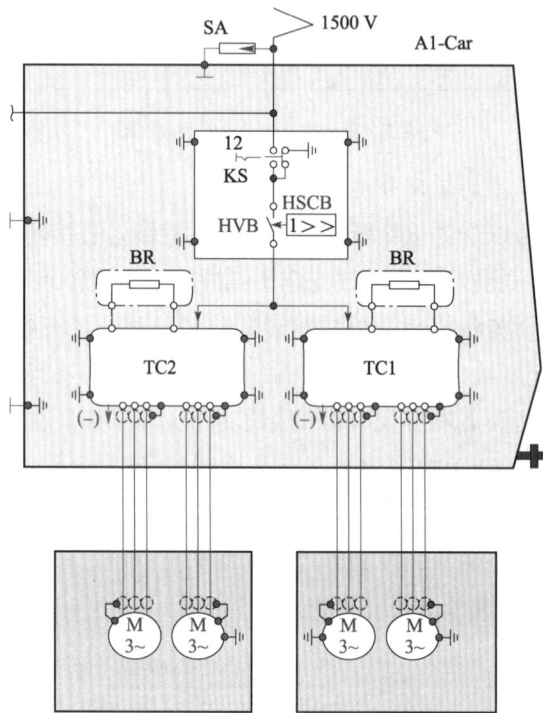

图 7-7　牵引系统主电路结构简图

在不同批次列车中，牵引系统主电路设备布置会有差异，常见的六节编组（四动二拖）列车电气设备布置如图 7-8 所示。

### 一、受流装置

受流装置的主要功能是从电网获取直流电源供列车牵引系统和辅助系统使用。城市轨道交通车辆的受流装置有受电弓和集电靴两种类型。受电弓是从车顶上方的接触网受流，如广州地铁 1 号线、2 号线、3 号线车辆;集电靴是从车底轨道旁边的第三轨受流,如广州地铁 4 号线、5 号线、6 号线车辆。目前城市轨道交通车辆大多采用受电弓从接触网受流的方式。

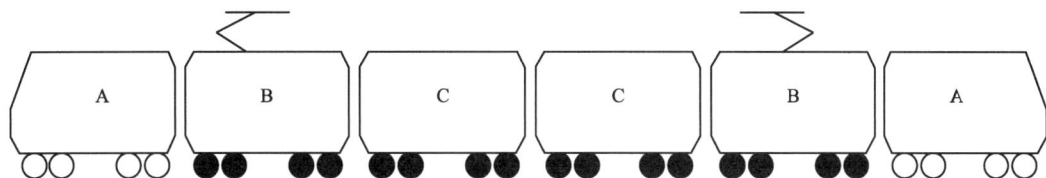

| A车 | B车 | C车 | C车 | B车 | A车 |
|---|---|---|---|---|---|
| 蓄电池<br>带充电器的<br>辅助逆变器 | 受电弓<br>高压箱<br>牵引逆变器<br>辅助逆变器<br>牵引电动机 | 牵引逆变器<br>辅助逆变器<br>牵引电动机 | 牵引逆变器<br>辅助逆变器<br>牵引电动机 | 受电弓<br>高压箱<br>牵引逆变器<br>辅助逆变器<br>牵引电动机 | 蓄电池<br>带充电器的<br>辅助逆变器 |

图 7-8　常见的六节编组列车电气设备布置

1. 受电弓

受电弓是从接触网向整个车辆电气系统供电以及输送再生制动能量的必要部件。受电弓在刚性接触网和柔性接触网的线路上均能使用,在整个车辆速度范围内,受电弓有良好的动力学性能,能够保证在各种轨道和速度下与接触网具有良好的接触状态和接触稳定性。

受电弓一般安装在 B 车车顶,一辆六节编组共两个单元的列车,每个单元的 B 车上安装 1 个受电弓。早期有的车辆的受电弓安装在 A 车车顶,比如广州地铁 1 号线最早一批次车辆。

(1)受电弓的类型。

按照驱动方式不同,分为电动和气动两种;按照结构形式不同,分为单臂弓和双臂弓两种;按照弓头滑板数量不同,分为单滑板与双滑板受电弓两种。城市轨道交通车辆以气动、单臂、双滑板受电弓居多,其中,单臂气动受电弓按照升降弓装置的不同分为弹簧弓和气囊弓,如图 7-9 所示。

a)弹簧弓

b)气囊弓

图 7-9　受电弓类型

（2）受电弓的结构组成。

城市轨道交通车辆大多采用气囊弓。气囊弓一般由底架、铰链系统、阻尼器、升弓装置、平衡杆、弓头、气阀箱、最低位置指示器、绝缘子和电流连接装置等部件组成，如图7-10所示。

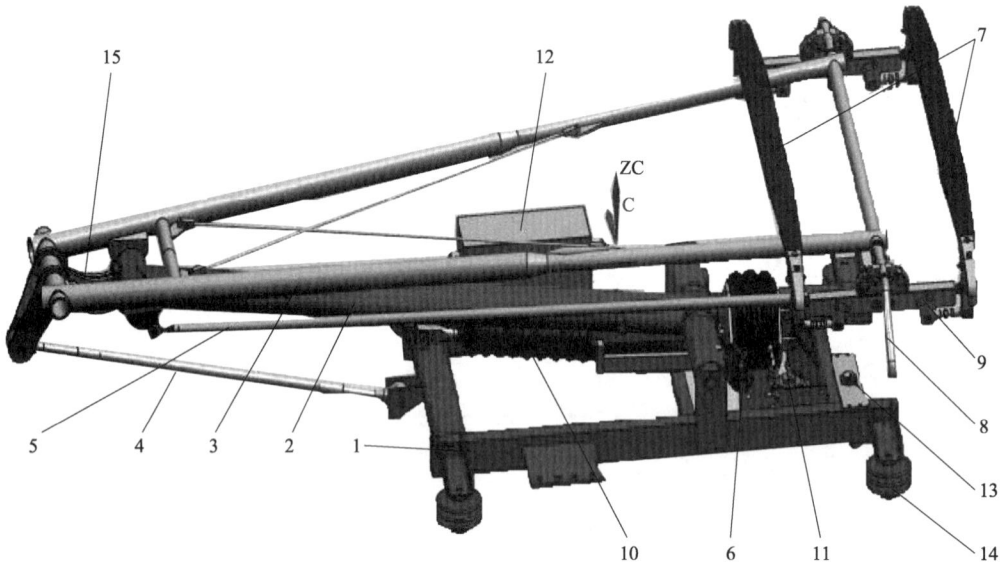

图7-10　气囊弓外形结构示意图

1-底架；2-下臂杆；3-上框架；4-拉杆；5-平衡杆；6-气囊升弓装置；7-碳滑板；8-弓角；9-弹簧盒；10-阻尼器；11-气路；12-气阀箱；13-降弓位置指示器；14-绝缘子；15-肘接导流装置

①绝缘子。受电弓安装有四个支持绝缘子，它一般采用硅橡胶材料，具有很高的绝缘等级及机械强度，通过螺栓及弹簧接触垫圈将其与受电弓底架连接。支持绝缘子有两个功能：一是对带电的受电弓与相连接的车顶进行电隔离；二是使受电弓同车顶进行机械连接。使用时，绝缘子应保持清洁，无裂纹或碰痕。

②底架。受电弓底架是一个由矩形钢管焊接而成的口字形钢结构，在受电弓升降弓过程中，底架是不运动的，它只起到固定支撑的作用。

③铰链系统。铰链系统包括下臂杆、上框架和拉杆等。铰链系统与底架一起构成了受电弓的四杆机构，该四杆机构保证了上框架中顶管的运动轨迹呈一条近似铅垂的直线。下臂杆是由无缝钢管组焊而成的"工"字形钢结构，其两端分别与底架和上框架采用轴承连接，受电弓升降弓运动时其绕着底架上的固定点做圆周运动。上框架由顶管、阶梯铝管和肘接处的连接管组焊而成铝合金框架结构，通过轴承分别与拉杆、下臂杆及弓头连接。

④电流连接装置。电流连接装置分为弓头电流连接、肘接电流连接和底架电流连接，如图7-11所示。弓头电流连接是将网线上的电流由弓头导流至上框架上，从而使电流绕过顶管内的轴承和弓头悬挂装置上的橡胶弹簧元件，以避免轴承和橡胶弹簧元件大的温升导致损坏。肘接电流连接的作用是保护安装于肘接轴承管内的轴承，底架电流连接的作用是保护安装于底架轴承管内的轴承。

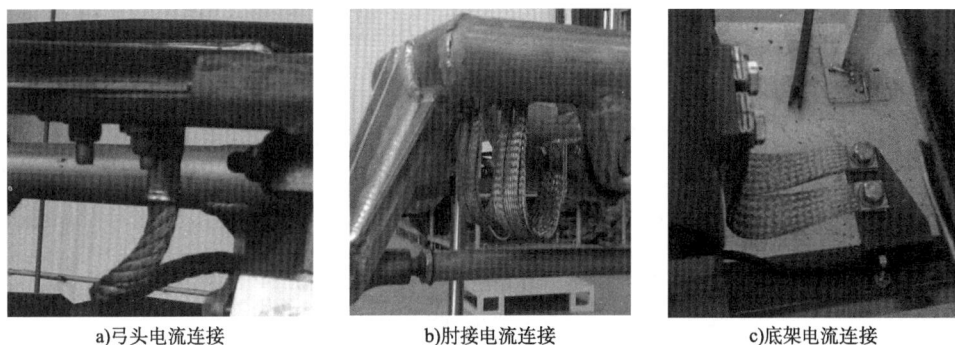

a)弓头电流连接　　　　b)肘接电流连接　　　　c)底架电流连接

图 7-11　电流连接装置

⑤弓头。弓头是与供电网线直接接触的部件,其结构如图 7-12 所示。为保证弓头与供电网线能够保持良好的恒定接触,弓头具有尽可能小的惯性质量。弓头悬挂装置的应用使得弓头具有一定的自由度,可以绕弓头转轴自由地摆动,同时弓头集电时,弓头与网线之间的高频振动可以通过弓头悬挂装置吸收缓冲。在运行过程中,弓头碳滑板与供电网线贴合使其保持在正确的工作姿态;在升降弓过程中,由于有平衡杆的作用,避免了弓头的翻转。

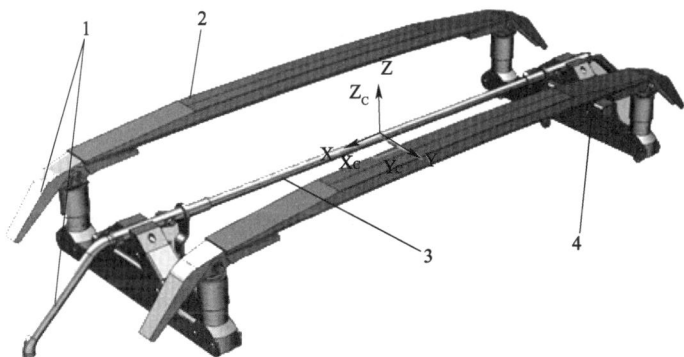

图 7-12　弓头结构示意图

1-弓角;2-滑板;3-转轴;4-弓头悬挂

⑥平衡杆。平衡杆主要由活接头和导杆组成。平衡杆导杆一端与下臂杆上的平衡杆连接块连接,另一端与上框架连接。

⑦升弓装置。受电弓升弓动作的力量来源,主要设备是升弓气囊,通过钢丝绳连接到下臂杆。

⑧阻尼器。阻尼器一头安装在底架上,另一头与受电弓下臂杆连接,在受电弓下降过程中起到缓冲的作用,以避免受电弓降弓时对底架上的部件造成冲击损坏。

(3)受电弓的升降弓控制

在驾驶室驾驶台面板上有升弓、降弓按钮开关,按下对应按钮,实现控制受电弓的升弓和降弓动作,如图 7-13 所示,其说明如表 7-1 所示。

高速断路器分合控制按钮（带指示灯）　受电弓升降控制按钮（带指示灯）

图 7-13　受电弓升弓、降弓按钮及高速断路器分、合按钮

**受电弓升弓、降弓按钮说明**　　　　　　　　　　　　　　　表 7-1

| 图标 | 说明 |
|---|---|
| 降<br>●<br>受电弓 | 　受电弓降弓（＝21-S01）：用于启动列车上所有有效受电弓的落弓动作，当列车上的所有有效受电弓均落下时，激活点亮按钮上的红色指示灯 |
| 升<br>●<br>受电弓 | 　受电弓升弓（＝21-S02）：用于启动列车上所有有效受电弓的升弓动作，当列车上的所有有效受电弓均升起时，激活点亮按钮上的绿色指示灯 |

　　受电弓的升降弓控制包括电路和气路部分，其工作原理如图 7-14 所示。

　　当按下升弓按钮后，受电弓电路控制部分的升弓继电器得电，进而控制受电弓工作电磁阀得电，充气阀门打开，连通总风管和受电弓的升弓装置，压缩空气经过气动元件整定为要求气压值后，进入升弓气囊，气囊膨胀抬升，抬升的气囊带动钢丝绳拉拽下臂杆，使下臂杆绕底架转轴转动，上框架在下臂杆及拉杆的作用下升起，使安装在上框架上的弓头与供电网线接触，并保持规定的接触压力值。此时升弓气囊中的气压稳定在精密调压阀的设定值。

　　受电弓工作时，气囊被持续供以压缩空气，弓头与接触网之间的接触压力保持恒定。

　　当按下降弓按钮后，受电弓电路控制部分的降弓继电器得电，进而控制受电弓工作电磁阀失电，向受电弓供应的压缩空气被切断，同时将受电弓气路与大气连通，气囊中的压缩空气沿原路返回，通过受电弓工作电磁阀排向大气，受电弓在自重的作用下降弓，直到顶管降下并保持在底架的两个橡胶止挡上。

a) 受电弓升弓控制过程

b) 受电弓降弓控制过程

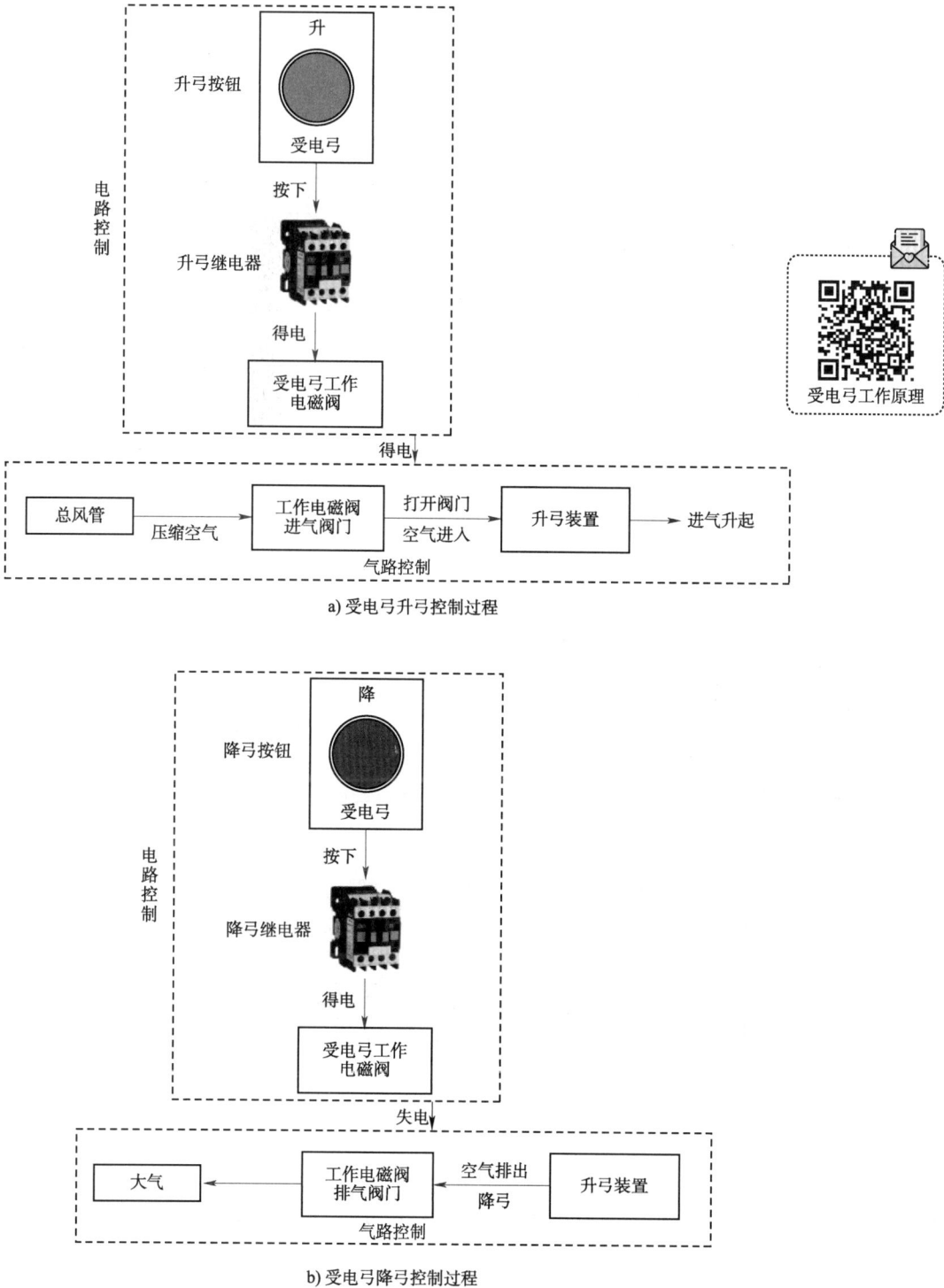

图 7-14  受电弓控制工作原理图

当受电弓升起后，接触网的电流首先由滑板流入受电弓弓头，然后依次经过上臂、下臂后流入底架，最后经连接在受电弓底架上的车顶母线导入车辆电气系统。车顶母线如图 7-15 所示。

图 7-15　连接受电弓的车顶母线

在驾驶室车辆显示屏（人机界面 HMI）上可以显示受电弓的状态，如图 7-16 所示，各图标说明如表 7-2 所示。

图 7-16　受电弓的显示状态（HMI）

为了检测受电弓的位置，一般受电弓都有降弓检测和升弓检测。其中，降弓检测通过位置开关或位置传感器来实现，最低位置检测装置固定在底架上，当受电弓位于最低位置时，它向车辆发送一个电子信号，提示受电弓已降至最低位置；升弓检测通过检测电网电压来实现，是电压检测，当受电弓接触到电网时，会将网压显示在车辆显示屏上（图 7-16），即表示已升弓。

受电弓显示状态图标说明 表7-2

| 图标 | 说明 | 图标 | 说明 |
|---|---|---|---|
|  | 受电弓切除 |  | 绿色,受电弓升起且无故障 |
|  | 红色,受电弓降下且有故障 |  | 红色,受电弓升起且有故障 |
|  | 白色,受电弓落下且无故障 | | |

　　一辆六节编组的列车有两个受电弓,在正常情况下按下升弓按钮,列车上两个受电弓都会升起。列车在驾驶室电气柜内会设置受电弓切除旋钮开关,有"分"和"合"两个位置,如图7-17所示。当将受电弓切除开关打到"合"位置时,本车单元的受电弓会落下,同时不再受升弓、降弓按钮的控制,可以进行车辆升单弓运行,如列车空车运行的时候。

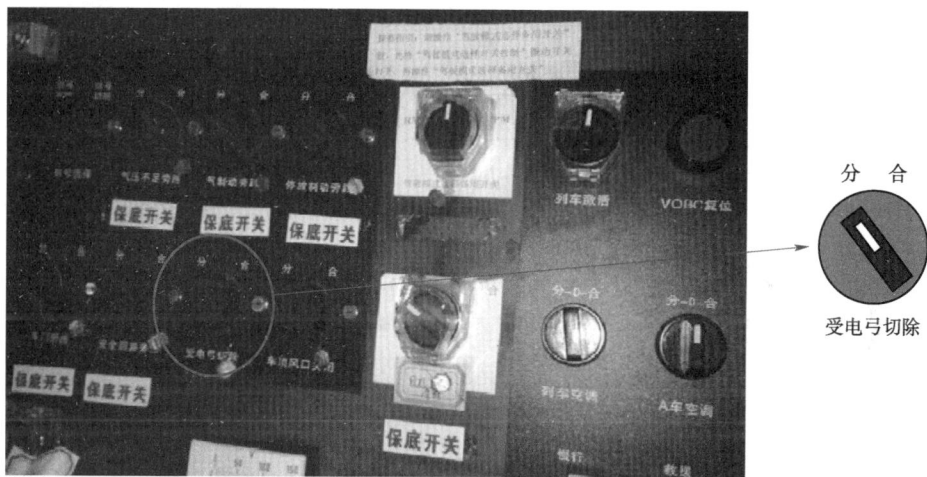

图7-17　受电弓切除开关

　　(4)弓网关系的要求

　　①将接触网设计为"之"字形。

　　受电弓工作的最显著特点是靠滑动接触来集取电流,这就要求受电弓滑板与接触网导线可靠接触且磨耗小,为此将接触网设计为"之"字形,滑板运行中在有效范围内与导线滑动接触。

　　②接触压力。

　　要求在工作高度范围内具有大小不变、数值适中的压力。接触压力太小,接触电阻增大,功率损耗增加,同时运行时易产生离线和电弧,导致接触导线和滑板磨耗增加,且停车时可能由于接触电阻大而烧断接触网导线;接触压力太大,加重机械摩擦,严重时使滑板局部拉槽,进而造成接触导线弹跳拉弧,甚至导致刮弓。

③滑板的材料。

要求硬度适中,导电性能好,接触电阻较小,质量小、与导线滑动过程中同时具有较小的磨耗。通常采用碳系列材料来制作滑板条。硬度太大接触网导线磨耗增加,滑板磨耗减小;硬度太小滑板导线磨耗增加,接触网磨耗减小,滑板容易损坏。

2. 集电靴

城市轨道交通线路大多穿越城区,往往需要设在地下,且速度要求不高,从经济性、安全性和对城市景观影响等方面考虑,一般采用集电靴从第三轨受流方式。

(1)集电靴的安装位置

集电靴安装在转向架的构架侧面,与接触轨(第三轨)形成弹性接触。它的布置原则是保证列车在断电区仍能满足列车的供电要求。对于三动三拖六节编组车辆,每列车共装有12个集电靴,一般有两种布置方式。一种是将所有集电靴安装在动车转向架上,如图 7-18 所示。另一种布置方式是其中 3 个动车共装有 8 个受流器,带驾驶室的拖车(Tc)共装有 4个受流器,如图 7-19 所示。显而易见,第二种受流器布置方式比第一种布置方式更加分散,但两种方式均能确保列车顺利通过第三轨断电区,因为集电靴之间均为并联连接。

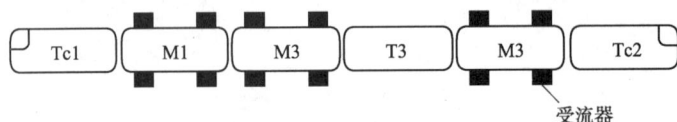

图 7-18　三动三拖六节编组列车的集电靴布置(一)

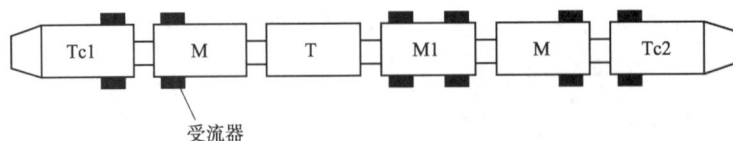

图 7-19　三动三拖六节编组列车的集电靴布置(二)

另外,也有的车辆不管动车、拖车,其所有的转向架都安装上集电靴,其布置如图 7-20所示。

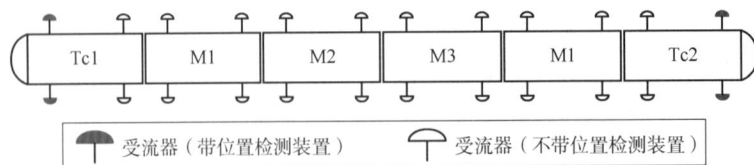

图 7-20　四动二拖六节编组列车的集电靴布置

(2)集电靴的结构组成

集电靴主要由滑块、集电靴臂、熔断器、绝缘框架、活动铰链等组成,如图 7-21 所示。集电靴也是通过相关的气路来完成接触部分的升降动作。安装集电靴的列车一般也可以安装受电弓,主要是考虑到列车在车辆段检修的需要。

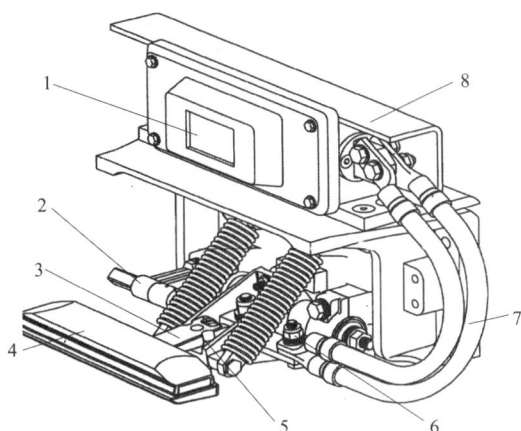

图 7-21　集电靴结构

1-熔断器;2-伸缩杆;3-集电靴臂;4-滑块;5-弹簧;6-活动铰链;7-电缆;8-绝缘框架

## 二、浪涌吸收器(避雷器)

浪涌吸收器用于防止来自城市轨道交通车辆外部的过电压(如雷击等)对车辆电气设备的破坏。浪涌吸收器与被保护物并联,当出现危及保护物绝缘板的过电压时放电,从而限制绝缘板上的过电压值,它的保护范围应与变电所过电压保护相配合。

浪涌吸收器一般布置在车顶受电弓旁,第三轨受流车辆布置在车底,如图 7-22、图 7-23 所示。浪涌吸收器包括一个火花间隙和一个非线性电阻,两部分装配于一个陶瓷壳内,用法兰盘密封,外壳用硅橡胶材料或其他抗紫外线、不分解的绝缘材料制成。

图 7-22　浪涌吸收器(车顶)

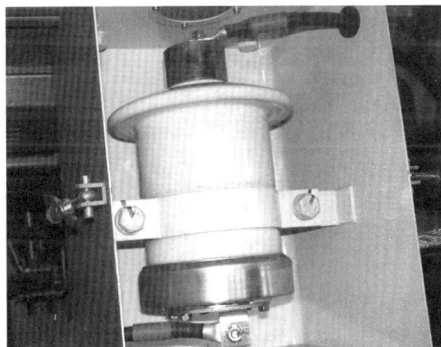

图 7-23　浪涌吸收器(车底)

浪涌吸收器一端与受流器相连,另一端与大地接通。正常工作状态下,浪涌吸收器处于高电阻状态下,当出现超出限制范围的过电压时,电阻急剧下降,电流通过浪涌吸收器与大地接通,避免各种过电压对车辆设备产生危害,保护整个牵引系统不遭受暂态过电压。

## 三、隔离开关

隔离开关也叫闸刀开关,它的功能是在接触网供电、车间电源供电以及接地模式之间进行切换,实现高压供电方式的选择。隔离开关一般安装在 B 车车底的高压箱(图 7-24)内,有三个位置:受流位(受电弓位)、接地位、车间电源位,如图 7-25 所示。隔离开关为手动操作开关,必须降弓后方可操作,严禁带电转换。当需要操作隔离开关时,打开高压箱箱盖,手动操作隔离开关的手柄,进行转换操作。

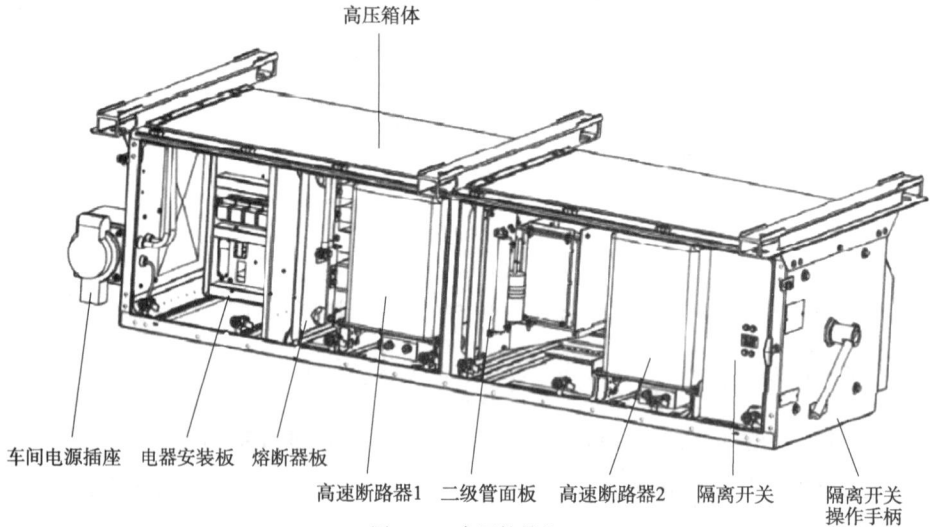

图 7-24　高压箱结构

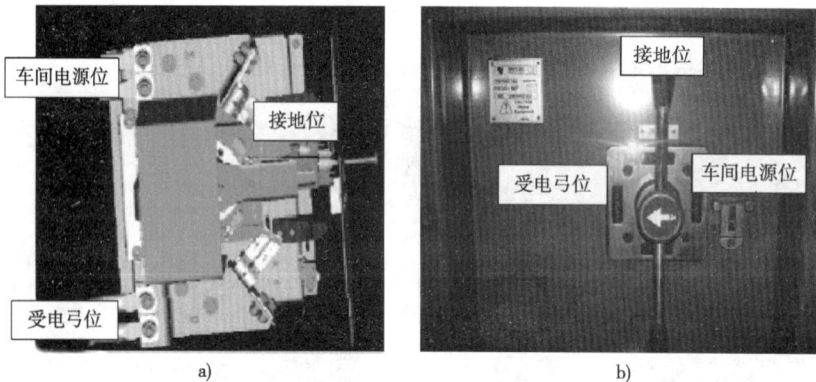

图 7-25　隔离开关

当隔离开关在受电弓位时,列车通过受电弓获取直流 1500V/750V 高压电,车辆牵引系统、辅助系统均有供电,列车有牵引功能。这也是列车正常运行时隔离开关所处的位置,此时车间电源供电被隔离。

当隔离开关在车间电源位时,列车通过车间电源插座获取直流 1500V/750V 高压电,此时车辆辅助系统有供电,车辆牵引系统没有供电,列车没有牵引功能,不能运行。当列车在车库内进行整备作业时,可以采用车间电源供电方式。

当隔离开关在接地位时,列车没有高压供电,车辆牵引系统、辅助系统都被接地。当列车需要进行牵引系统、辅助系统检修时,同时要求所有电源都被接地或断开时,必须将隔离开关转换到接地位,这样就可以非常安全地进行检修维护工作。

车辆受电弓供电和车间电源供电在任何时候都不能同时进行。因为隔离开关的手柄只能在一个位置,正好让受电弓供电和车间电源供电彼此机械隔离,保证高压供电要求。

### 四、高速断路器

高速断路器(High Speed Circuit Breaker)简称 HSCB,一般有 2 台高速断路器集中安装在 B 车的高压箱内,其中的一台是用于控制接触网与 B 车牵引逆变器的连接,另一台用于控制接触网与 C 车牵引逆变器的连接。高速断路器的实物如图 7-26 所示。

1. 高速断路器的作用

高速断路器是电磁控制的、自然冷却的单极直流断路器。它主要有两个作用:一是开关作用,在正常情况下,根据需要接通和断开接触网与车辆主回路的高压电路;二是保护作用,在发生故障时,如主电路短路、过载、故障时,快速切断主电路,对牵引系统进行保护。

图 7-26　高速断路器

2. 高速断路器的结构

高速断路器的基本结构包括基架、主触头、脱扣装置、闭合装置、灭弧罩、辅助触头等,其结构如图 7-27 所示。各结构的作用如下。

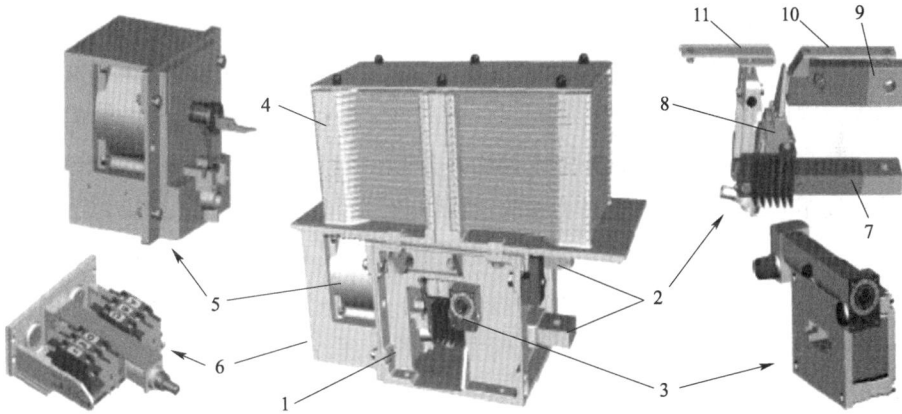

图 7-27　高速断路器的结构示意图

1-基架;2-主触头;3-脱扣装置;4-灭弧罩;5-闭合装置;6-辅助触头;7-主触头下部连接;8-动触头;9-主触头上部连接;10-带有灭弧角的静触头;11-灭弧角

(1)基架用于安装主触头、脱扣装置、闭合装置、灭弧罩、辅助触头等部件,要求有较高的机械性能和抗震性能,采用坚固的玻璃纤维聚酯材料,绝缘性能好。

(2)主触头包括动触头和静触头,用于接通车辆主电路。

(3)辅助触头包括 6 对双触头开关,跟随主触头的动作而动作,用于辅助控制、显示状态等。

(4)脱扣装置也称为短路快速跳闸装置。用于过载保护,它的跳闸值可通过刻度盘来调整。跳闸值应按允许通过的短路峰值电流来设定,防止开关发生误跳。

（5）闭合装置包括磁铁、线圈、圆筒、连接杆、压簧、前后极、叉头等,用于开关的正常吸合和分断。高速断路器合闸线圈只能短时通电,开关到合闸位后,靠连杆机构保持。

（6）灭弧罩由一组抗电弧的绝缘板、灭弧片和引弧片组成,用于吸入动、静触头分断产生的电弧,并进行分割、冷却。

3.高速断路器的控制

在驾驶室驾驶台面板上有"合主断（HSCB 合）"和"分主断（HSCB 分）"按钮,分别用于控制高速断路器主触头的闭合和断开,进而控制车辆牵引主电路中高压直流供电回路的接通和断开。高速断路器的控制按钮说明如表7-3所示。

**高速断路器的控制按钮说明**　　　　　　　　　表 7-3

| 图标 | 说明 |
|---|---|
| 分<br><br>主断 | HSCB 断（ = 21-S03）:用于断开列车中的所有高速断路器（HSCB）,当列车中所有高速路器均断开（OFF）时,点亮激活按钮的红色指示灯 |
| 合<br><br>主断 | HSCB 通（ = 21-S04）:用于接通列车中的所有高速断路器（HSCB）,当列车中所有高速断路器均接通（ON）时,点亮激活按钮的绿色指示灯 |

当按下"合主断"按钮后,HSCB 控制信号经过列车控制线传输到 HSCB。有的列车是先传输到车辆控制单元（VCU）,只有获得 VCU 的认可才能接通 HSCB。由于使用寿命的原因,列车司机在某个时间段不能随意开关或频繁开关 HSCB。列车对 HSCB 闭合次数的限制,有些列车是通过相应的时间继电器来实现的,有些列车是通过列车 VCU 软件来实现的。

HSCB 的闭合动作:动触点的关闭是由叉杆提供的,叉杆与关闭设备集成在一起。在列车发出 HSCB 闭合指令后,列车会向闭合线圈输送一个电流脉冲。由此产生的磁场可吸引与叉杆一体的移动线圈芯。在其移动过程中,线圈芯压缩一个触点压力弹簧,产生触点压力。该装置由吸持电流保持闭合。为此,HSCB 有一个闭合电路,如图 7-28 所示,确保在电流脉冲发出 HSCB 闭合信号后,一个电阻被接入电路,以便把 HSCB 闭合线圈电流限制在闭合电流的5%。实现 HSCB 闭合时有一个大的电流,在闭合后则用一个较小的电流来保持吸合状态。

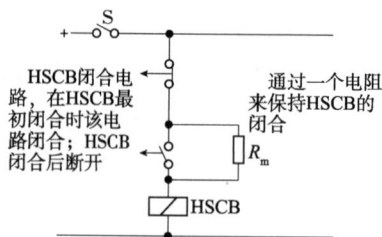

图 7-28　高速断路器控制电路

HSCB 脱扣功能由故障电流控制,一旦发生过电流(短路、过载或故障),由主电路形成的线圈产生一个磁场,使得磁铁向上移动,通过杠杆下压叉杆从而释放动触点,过电流反应阈值1200～2000A可调(通过旋钮来完成调整),调整以后的数值可从与脱扣指示器位置相对应的刻度板上读出。如果主电路断开,当断路器加压时,在上连接和动触点之间产生的电弧被主电路生成的自动灭弧系统迅速推入灭弧罩,当动触点被移开时,就可以拉出一道电弧,桥接右连接与左连接。电弧进入灭弧罩以后被分离,并且留在变流装置之间一直到熄灭。产生的气体在去离子器之间逸出,从灭弧罩的四周消散。

高速断路器的主触头合上或断开状态可以在驾驶室车辆显示屏展示出来,如图7-29所示。因为每套牵引系统都会配置1个高速断路器,即每节动车都对应高速断路器,图中显示有4个高速断路器(A、C车动车)。高速断路器的显示状态图标说明如表7-4所示。

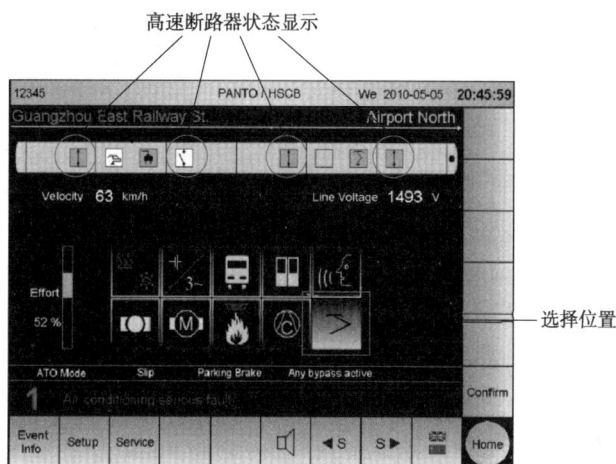

图 7-29　高速断路器的显示状态(HMI)

**高速断路器显示状态图标说明**　　表 7-4

| 图标 | 说明 | 图标 | 说明 |
|---|---|---|---|
|  | HSCB 合上 |  | HSCB 断开 |

4.高速断路器的闭合、断开条件

高速断路器的闭合条件包括:

①受电弓已升起;

②HSCB 得到闭合指令;

③闭合指令直接送到线圈,闭合后经限流电阻送达线圈,维持 HSCB 的闭合。

高速断路器的断开条件包括:

①紧急制动;

②牵引逆变器发出保护指令;

③受电弓降弓指令；

④升弓允许断开。

## 五、牵引逆变器

牵引逆变器作为整个交流传动系统的重要组成部分，它的基本功能是把从直流电源获得的直流电变换成频率和幅值均可调的三相交流电，并给牵引电动机供电，所以牵引逆变器也常称为 VVVF（调压调频，Variable Voltage Variable Frequency）逆变器。一般每辆动车上配置一台牵引逆变器，内含 IGBT 变流器模块，为 4 台牵引电动机提供三相交流电源。模块上散热器采用了热管散热技术，走行风冷却。牵引逆变器结构实物如图 7-30 所示。

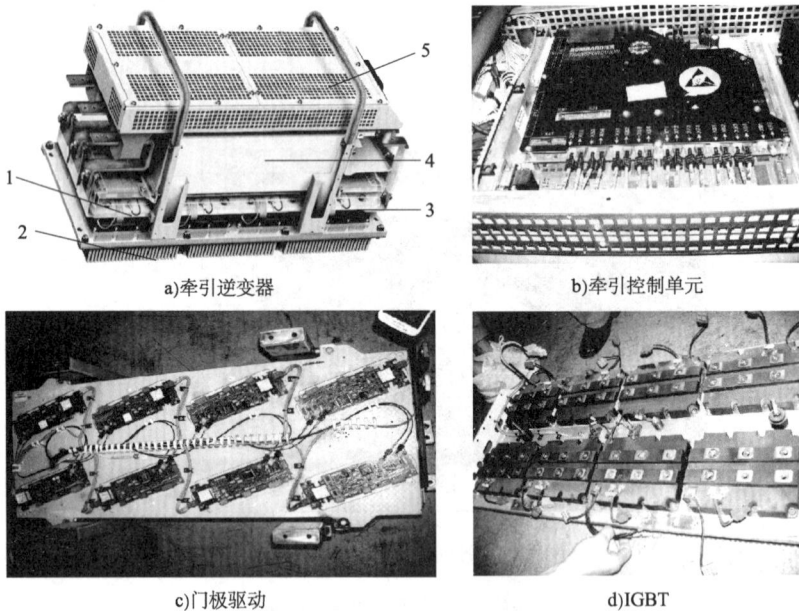

a)牵引逆变器

b)牵引控制单元

c)门极驱动

d)IGBT

图 7-30　牵引逆变器结构实物

1-IGBT（绝缘栅双极晶体管）;2-散热装置;3-门极驱动;4-充电电容;5-牵引控制单元

### 1. 牵引逆变器的结构

牵引逆变器安装在逆变器箱内，如图 7-31 所示。牵引逆变器机箱由不锈钢制成，而且为自带式。该机箱被分为通风区和非通风区。紧凑型逆变器的电子元件、充电电路、开关元件和电气连接区均位于非通风区，以防灰尘侵入。紧凑型逆变器的散热片、线路电抗器和设备风机均安装在通风区。牵引逆变器内的所有部件都可以通过打开箱盖进行维修。箱盖使用快速扣件固定到牵引逆变器构架上。在打开这些快速扣件后，向下拉盖板就可以将其完全取下。电源连接位于牵引逆变器的前面、进风口的右侧。所有的电源电缆都是通过电缆紧固头引入牵引逆变器。控制连接位于牵引逆变器的前面、高压连接的旁边。所有的控制电缆均通过一个带螺纹孔的（用于安装电缆紧固头）、可拆卸板引入牵引逆变器内部，并直接连接到连接区域的插头组件上。牵引逆变器主要包括 FSA 滤尘器、紧凑型逆变器、电源、设备风机、断路器、线路接触器、充电接触器、闭合接触器(用于控制设备风机)、开断接触器(用于控制 HSCB)、辅助接触器(用于牵引禁止控制)、线路电抗器、充电电阻、EMC 电容器。牵引逆变器内部结构组成如图 7-32 所示。

图 7-31　牵引逆变器箱(箱盖打开状态)

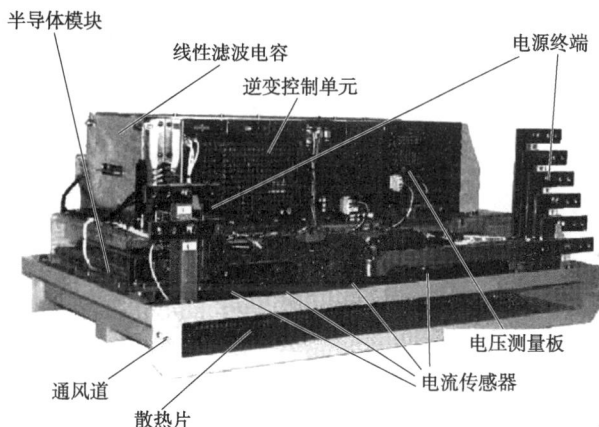

图 7-32　牵引逆变器内部结构组成

　　牵引逆变器电路一般分为下列功能组:电源输入电路、电压源直流回路、制动斩波器电路、逆变器电路、牵引控制单元。具体电路设备组成如图 7-33 所示。

　　(1)电源输入电路。

　　电源输入电路包括线路接触器 KM1、充电接触器 KM2、充电电阻 R1、线路电抗器 L、线路电压传感器 VH1 和线路电流传感器 LH1 等设备。它的主要功能是将牵引逆变器与接触网的直流输入电源接通/切断。

　　①线路电抗器:它的作用是在正常操作时限制输入电流波动,电路故障时限制故障电流的上升;与直流回路电容组成 LC 滤波电路,用来减少线路电压的瞬变和谐波,稳定逆变单元的输入直流电压。线路电抗器是铁芯感应线圈,它的安装位置由牵引系统设计进行总体考虑,一般安装在箱体外的电抗器利用列车行进时的自然对流可以满足散热要求,安装在箱体

内的电感器需要采用冷却风机进行强迫风冷。

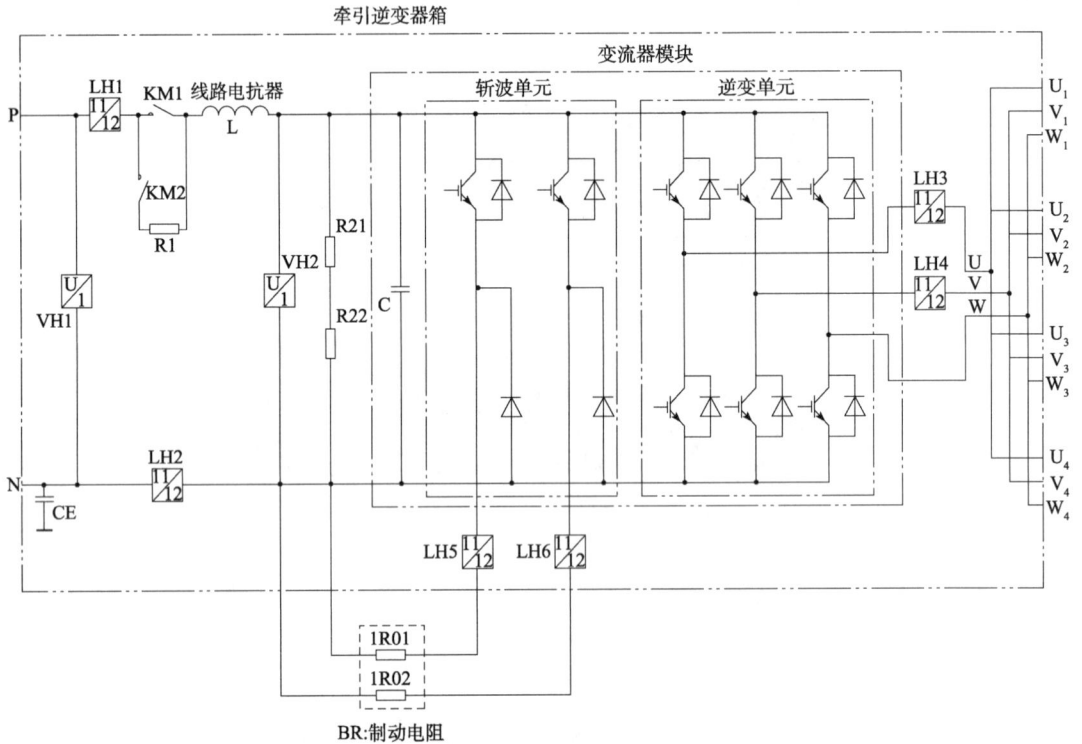

图 7-33　牵引逆变器电路设备组成

LH1-直流正线输入电流传感器；C-中间支撑电容；LH2-直流负线输入电流传感器；LH3-U 相输出电流传感器；VH1-网压电压传感器；LH4-V 相输出电流传感器；KM1-线路接触器；LH5-斩波电流传感器 1；KM2-充电接触器；LH6-斩波电流传感器 2；R1-充电电阻；CE-接地电容；VH2-中间电压传感器；P、N-直流输入端；R21 + R22-固定放电电阻组件；U、V、W-三相交流输出端

②充电电路：由线路接触器、充电接触器、充电电阻组成。正常情况下，列车牵引逆变器在投入使用时先闭合充电接触器，此时电流通过充电电阻给电容充电，当电容电压升高到一定程度（如与电网电压差 110V）时线路接触器闭合，充电接触器断开，线路接触器持续地为逆变单元供电。充电电路通过对直流回路电容的逐步充电，以避免大电流的涌入，具体的控制是通牵引控制单元来实现。

③线路电压传感器：监控线路电流。

④线路电流传感器：监控线路电压。

（2）电压源直流中间回路。

电压源直流中间回路包括中间支撑电容 C、放电电阻 R21、放电电阻 R22 和直流回路中间电压传感器 VH2。它主要功能是为感应电动机提供无功功率，并稳定直流中间回路电压。

（3）制动斩波器电路。

制动斩波器电路包括制动斩波模块和制动电阻 BR。斩波单元配有两个或一个制动斩波器,开关元件多数采用 IGBT,与外部制动电阻相连。制动斩波器电路的主要功能是吸收电阻制动产生的电能或接触网产生的浪涌电压。

(4)逆变器电路。

逆变器电路包括三个相模块,每个相模块代表逆变器的一个相支路,连接有两个开关元件 IGBT。逆变器电路的作用是:

①牵引工况时,逆变器电路工作在逆变状态,将直流回路电压转换为变压变频(VVVF)的三相交流输出,给牵引电动机供电。

②制动工况时,逆变器电路工作在整流状态,将列车的动能转换为可吸收的直流功率。

(5)牵引控制单元。

牵引控制单元实现对牵引逆变器的控制和检测,每套牵引系统配备一个牵引控制单元。

牵引控制单元为微机控制系统,监测和控制牵引系统的大部分功能,在列车中是分布式控制系统的一部分。牵引控制单元通过列车线及通信线路(例如 MVB)与列车连接。随着技术和牵引控制理论的不断发展,早期在牵引控制单元完成的部分功能已经在列车控制单元中实现。

牵引控制单元既是软件,又是硬件,具有自诊断、故障诊断、存储功能和自监视功能。

①牵引控制单元的主要控制功能。牵引控制单元是将列车控制级给定值和控制指令转换成牵引逆变器用的控制信号,对牵引逆变器和牵引电动机进保护控制,并且完成电制动调整、保护和逆变器脉冲模式的产生,实现再生制动和电阻制动之间的平滑过渡、防空转/防滑保护控制、列车加减速冲击限制。

②牵引控制单元的保护限制功能。牵引控制单元对牵引逆变器所有的动作进行监测保护,在检测到不可恢复的故障后,根据故障严重程度,激活保护动作。牵引系统能在故障消失后自动重新启动。牵引控制单元能实现对逆变器的其他保护,例如,接触网到牵引逆变器输入过电流检测、牵引逆变器输出过电流检测、欠压检测保护、过电压检测、牵引逆变器过热保护、逆变器相电流和线电压检测等。

2.牵引逆变器的工作原理

(1)逆变概念。

将交流电转换为直流电的过程为整流,相对于整流的逆过程,即将直流电转换为交流电的过程就是逆变。

牵引逆变器在牵引时将 DC 1500V/DC 750V 逆变为三相变压变频的交流电供给牵引电动机作为动力;再生制动时,将牵引电动机的交流电整流为直流电反馈给电网;电阻制动时,将牵引电动机的交流电整流为直流电在制动电阻上进行消耗。

(2)脉宽调制(PWM)。

PWM(Pulse Width Modulation)简称脉宽调制,是利用微处理器的数字输出对模拟电路进行控制的一种非常有效的技术,广泛应用于逆变电路。通过 PWM 控制方式,能将连续信号转换成脉冲信号,通过调节脉冲的宽度来表达原始信号的信息。

（3）IGBT 介绍。

IGBT( Insulated Gate Bipolar Transistor)是指复合型电力电子器件绝缘栅双极型晶体管，它是将电力场控晶体管（MOSFET）和大功率晶体管（GTR）集成在一个芯片上的复合器件，综合了大功率晶体管（GTR）安全工作区宽、电流密度高、导通压降低和电力场控晶体管（MOSFET）输入阻抗高、驱动功率小、驱动电路简单、开关速度快、热稳定性能好的特点。它由集电极 C（也称漏极 D）、发射极 E（也称源极 S）和门极 G（也称栅极）组成。集电极 C 和发射极 E 间是否导通由 VGE 控制。IGBT 的发展很快，这种复合器件属于晶体管类，它既可以作为开关用，也可以作为放大器件用。脉宽调制需要有开关频率非常高的大功率的电力电子器件，IGBT 的功率可以做到几百千伏安，开关频率最高可以达到 50kHz，其频率、功率非常适合于城市轨道交通车辆的电力电子器件。

（4）三相逆变电路工作原理。

牵引逆变器的三相逆变电路由 6 个带无功反馈二极管（VD1- VD6）的 IGBT（VT1- VT6）组成，如图 7-34 所示。

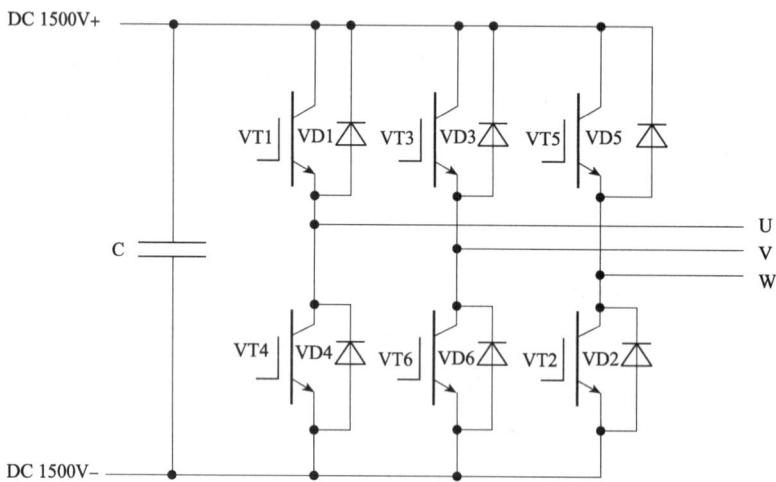

图 7-34　牵引逆变器的三相逆变电路原理图

电路工作时，通过控制 6 个 IGBT 的开断顺序，可以控制三相交流电（U、V、W）的输出。比如 U 相支路，当 VT1 导通时，电流从左往右流，当 VT4 导通时，电流从右往左流，从而实现直流变为交流的逆变；再通过控制 VT1、VT4 的导通时间，可以控制 U 相输出电压的大小和频率。在三相逆变电路中，IGBT 的导通顺序是：VT1、VT2、VT3→VT2、VT3、VT4→VT3、VT4、VT5→VT4、VT5、VT6→VT5、VT6、VT1→VT6、VT12、VT2→VT1、VT2、VT3，依次循环。

功率元件 IGBT 的开断信号由控制单元发出，采用脉宽调制信号，通过门极驱动单元来驱动。考虑到电磁干扰、高压隔离等因素，功率元件的控制信号先转换为光信号，使用光纤送入门极控制单元，在门极控制单元上进行光电转换并将信号放大驱动功率元件工作。功率元件连接如图 7-35 所示。

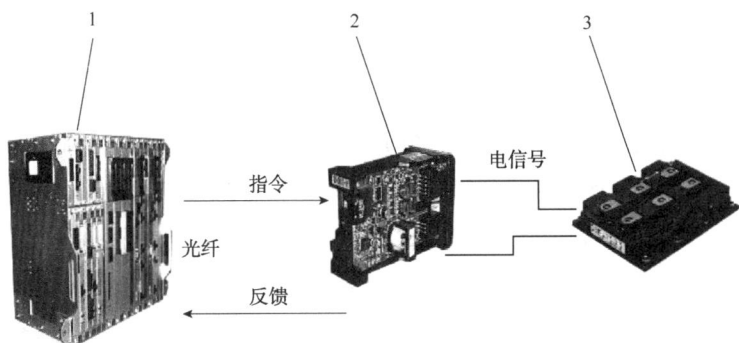

图 7-35 功率元件连接

1-牵引控制单元;2-门极驱动 GDU;3-IGBT

## 六、牵引电动机

用于城市轨道交通车辆带动列车运行的电动机通常称为牵引电动机。牵引电动机安装在动车转向架上,一般每根车轴配备 1 个牵引电动机,所以每个动车转向架有 2 个牵引电动机。城市轨道交通车辆牵引电动机有直流电动机和交流电动机两种,其中交流电动机又有旋转电动机和直线电动机两种。目前城市轨道交通车辆应用广泛的是三相交流旋转电动机。

### 1. 牵引电动机的结构

城市轨道交通车辆牵引电动机一般是笼型电动机,结构如图 7-36 所示。它主要由三个部分组成:固定部分称为定子,旋转部分称为转子,定子和转子之间的间隙称为气隙。

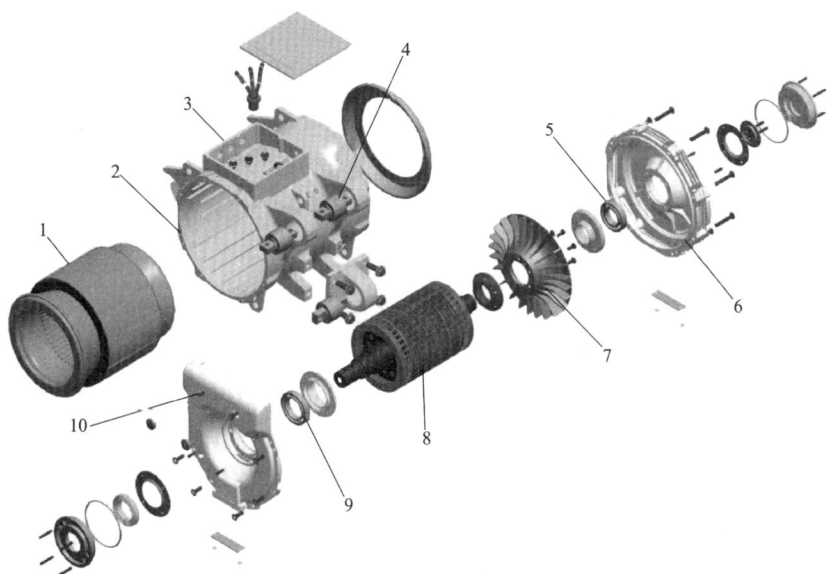

图 7-36 牵引电动机结构

1-定子;2-机座;3-接线盒;4-电动机悬挂;5-N 端(非传动端)轴承;6-端罩;7-风扇;8-转子;

9-D 端(传动端,接联轴器)轴承;10-进风口

（1）定子：定子由铁芯（硅钢片叠成）、定子绕组和机座组成。定子铁芯内圆有许多形状相同的槽，用于嵌放定子绕组，机座用于固定和支承定子铁芯，要求有足够的机械强度和刚度。定子外部固定有端盖。定子结构如图 7-37 所示。

（2）转子：转子由转子铁芯（硅钢片叠成）、转子绕组和转轴组成。转子铁芯安装在转轴上，表面开有槽，用于放置或浇注转子绕组。在转子的 N 端（非传动端）安装有风扇，跟随转子的转动而转动，用于转子高速转动时电动机内部降温散热。转子结构如图 7-38 所示。

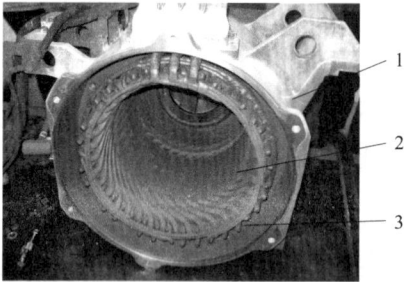

图 7-37　牵引电动机定子
1-机座；2-铁芯；3-绕组

图 7-38　牵引电动机转子
1-铜条；2-铁芯；3-风扇

（3）气隙大小对异步电动机性能有很大的影响。气隙大，则磁阻大，励磁电流大，功率因数降低，电能转化为动能的效果差。理论上气隙小点好，但气隙过小，则装配困难，运行不可靠，起动性能变差。

根据牵引系统的需要，有的牵引电动机安装有速度传感器，用来测量电动机的转速。

2. 牵引电动机的工作原理和调速

牵引电动机的工作原理：定子通上三相交流电后，在气隙中产生旋转的磁场，该磁场切割转子导条后，在转子导条中产生感应电流，带电的转子导条处于气隙旋转磁场中将产生电动力，使转子朝定子旋转磁场的同一方向旋转。由于转子导条中的电流是因转子导条切割由定子绕组产生的气隙磁场才感应产生的，所以转子的转速只能低于气隙旋转磁场的转速，永远不可能与其同步，否则转子导条与气隙磁场同步旋转，转子导条不再切割磁场产生感应电流和电动力，转子也不可能旋转，所以按这种原理运行的电动机称为异步电动机。现在异步牵引电动机调速普遍采用变频变压调速技术。

改变定子频率即可改变电动机转速，随着定子频率的增加，电动机转速相应增加，如果电压不增加，将导致电动机磁场减弱，电动机转矩将降低，电动机磁场降到很低时，电动机不能输出足够的转矩，不能满足负载要求。另外，低频启动时，如果电压很高，将导致电动机过分饱和。因此，异步电动机变频时，电压也应在一定范围内保持一定比例的变化，这种调速方式被称为变频变压调速。异步牵引电动机变频调速主要采用了恒转矩变频调速（恒磁通变频调速的一个区段，磁通和电流不变）、恒磁通变频调速、恒功率变频调速等调速方式。

异步电动机牵引与再生制动原理：在 1＞S（转差率）＞0 的范围内，电磁转矩与转子转向相同,它拖动转子旋转,电动机从逆变器吸收电能转换为机械能,克服车辆阻力驱动列车运行,处于电动机运行状态。S=1 为启动运行状态。在 S<0 的范围内,转子转向与定子旋转磁场一致,转子转速 n 大于电动机同步转速 n1,电磁转矩与转子转向相反,它阻碍转子旋转,电动机将车辆机械能转换为电能传送给逆变器,产生制动转矩,电动机处于发电动机运行状态,称为电制动。

● **知识拓展**

**永磁电机在城市轨道列车上运用的优势**

永磁电动机具有高功率因数和高效率特性。与传统异步电动机相比,永磁电动机无需无功励磁电流,故其功率因数和效率均高于异步电动机。永磁电动机的额定工作效率超过 95%,功率因数超过 0.88。而异步电动机的额定工作效率为 93%,功率因数为 0.86。相比于同规格的异步电动机,永磁电动机的额定工作效率提高了 2% ~4%。

## 七、制动电阻

1. 制动电阻的作用

在每节动车车底悬挂安装有一制动电阻箱,内有 2 个共地的制动电阻,每个制动电阻均受一个制动斩波器的控制。制动电阻的功能有:

①在线网无再生条件下吸收制动能量,即电制动过程中牵引电动机产生的电能无法馈入接触线网时,电流则将馈入制动电阻,并转换为热能。

②对驱动系统的过电压保护。当接触线网电压过高时,通过制动斩波器的控制,使中间环节的电压稳定在正常范围,对驱动系统进行过电压保护。

2. 制动电阻的结构

制动电阻主要有强迫风冷制动电阻和自然风冷制动电阻两种。

(1)强迫风冷制动电阻。

强迫风冷制动电阻由入风罩、出风防护罩、制动风机、叶轮以及电阻元件组成,整机由安装吊架吊挂车底架下。强迫风冷制动电阻结构如图 7-39 所示。

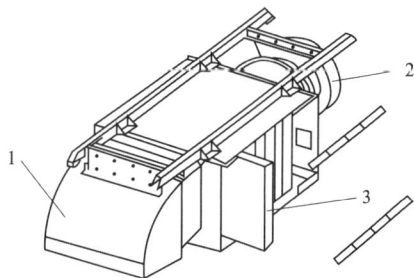

图 7-39　强迫风冷制动电阻

1-出风防护罩;2-入风罩;3-电阻

一般箱内有两组电阻元件,分别由不同的制动斩波器控制其是否投入运行,工作时由风机对其进行冷却。电阻元件的材料具有高电阻系数、耐高温、高温状态下的机械强度高等特性。电阻元件在电阻箱内盘绕,由绝缘瓷件支撑固定。还有热量显示盒和压力开关组成的热量监视系统用来控制制动电阻。

（2）自然风冷制动电阻。

有些制动电阻采用对流冷却,无须强制冷却,即自然风冷制动电阻。不同厂家生产的产品可能不尽相同,但基本结构有所不同。冷却空气从底部进入制动电阻箱并从带孔侧墙排出。制动电阻(BR)包含两个相互独立的电阻单元,每个单元均与牵引逆变器(TC1、TC2)和牵引电动机(M)相连,结构如图 7-40 所示。

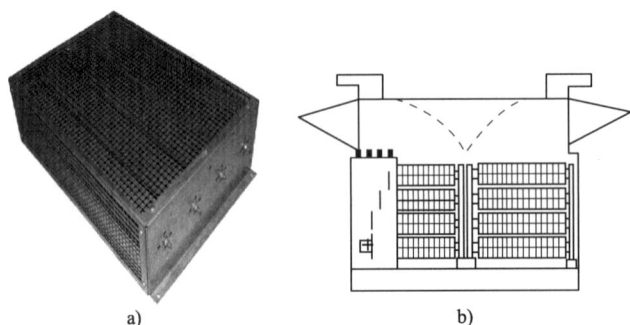

a)                                   b)

图 7-40　自然风冷制动电阻

3. 制动电阻的工作原理

通过牵引控制单元对线电压进行检测,当线电压升至第一个预定值(如 1800V),制动电阻斩波器开始工作,系统工作在再生制动和电阻制动的混合状态;当线电压升至第二个预定值(如 1900V),系统全部转入电阻制动。再生制动和电阻制动转换过程是平滑过渡,无冲击的,其工作方式是:列车制动时牵引控制单元根据当前列车的状态,由内部生成一定逻辑的 PWM 信号,通过光纤传送到 GDU(IGBT 门极驱动板)进行信号放大,通过 GDU 驱动制动斩波器上的 IGBT 以一定的逻辑状态轮番导通,使分别接在斩波器上的电阻轮流通电,然后通过散热系统将热量散发出去,实现电阻耗能。

制动电阻工作原理

## 八、接地装置

1. 接地装置的功能

接地装置的主要功能是为主电路提供回流通路,使电流经轮对到达钢轨,构成 DC 1500V(DC750V)完整的电路;同时,防止电流通过轴承造成轴承内润滑油层的电腐蚀,以提高轴承的使用寿命。接地装置安装在轮对轴端,因此也称为轴端接地装置。

2. 接地装置的外形与结构

城市轨道交通车辆接地装置主要由接触盘、电刷、电刷架和弹簧支撑等组成,其外形及内部结构如图 7-41 所示。一般动车每轴安装 1 组接地装置,拖车根据现场情况,一般在 2 轴、3 轴各安装 1 组,共 2 组接地装置。

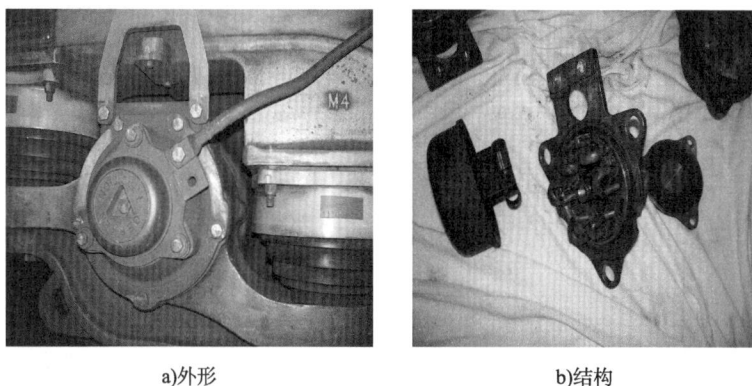

a)外形        b)结构

图 7-41　轴端接地装置

## 九、牵引系统主电路的控制与执行

### 1. 司机控制器

司机控制器是用来操纵城市轨道交通车辆运行的控制器,它利用控制电路的低压电器间接控制主电路的电气设备,从而控制列车的运行工况和行车速度。

城市轨道交通车辆司机控制器有以下两种类型。一种是面板上有钥匙开关、主控制手柄和方向手柄,如图 7-42 所示。钥匙开关用于激活驾驶室,有"0"位和"1"位两个位置,"0"位关闭,"1"位激活;控制手柄有牵引区、零位、制动区、快速制动位四个挡位,分别实现列车牵引工况、惰行工况、制动工况和快速制动工况;方向手柄安装在主控制手柄附近,有后退、0、前进三个挡位(有的有 ATC 位),分别实现列车的前进、后退操作。控制手柄的零位、牵引最大位、制动最大位、快速制动位,在这些挡位之间一般为无级调节且均有定位;通过转动同轴的驱动电位器来调节输入到电子柜的电压指令,从而达到调节牵引力和制动力的目的。方向手柄在每个挡位均有定位,方向手柄稳定在相应的挡位中。

控制手柄、方向手柄之间相互实施机械联锁,以防止方向手柄在"0"位时主控制手柄移动。

①控制手柄必须置于"0"位才能操作方向手柄改变方向;

②只有在列车静止时才能改变行驶方向。若试图改变行驶方向,而列车正在行驶,会引发紧急制动。

钥匙开关仅能在以下情况下拔出:

①主控制手柄在"0"位;

②方向手柄在"0"位;

③钥匙在"Off"位。

另一种是面板上有钥匙开关、模式选择开关和主控制手柄,如图 7-43 所示。主控制手柄上可移至牵引位、惰行位（"0"位）、制动位、快制位四个位置，分别实现不同的牵引制动工况。而模式选择开关则有 ATO 位、手动位、限速向前位、洗车位、断开位、限速向后位等六个位置，用于选择不同的驾驶模式。钥匙开关、模式选择开关和主控制手柄之间也有机械联锁关系，可防止误动作。

图 7-42　司机控制器（一）

1-方向手柄；2-警惕按钮；3-主控手柄

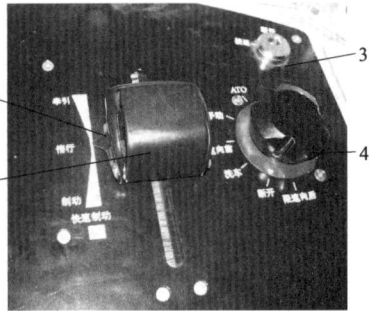

图 7-43　司机控制器（二）

1-警惕按钮；2-控制手柄；3-钥匙开关；
4-模式选择开关

另外，司机控制器的控制手柄上均设有警惕按钮，用以提示司机防止手动驾驶时司机注意力不集中。在手动模式驾驶时，警惕按钮必须持久地压下，若在限定时间（4s）内未再次压下，4s 后将施加紧急制动。

2. 主电路的工作过程

主电路的控制与执行过程如图 7-44 所示。当列车在正常运行时，隔离开关在受电弓位，所以按下升弓按钮使受电弓升起后，直流（1500V/750V）高压电能传递到第 4 点（图 7-44 中，后续同）；再按下"合 HSCB"按钮使高速断路器主触头闭合，这时直流高压电能传递到第 6 点；再将司机控制器的方向手柄打到前进位、主控制手柄打到牵引区，这时司机控制器发出牵引指令给到牵引控制单元 TCU，TCU 会根据列车的设备状态、安全情况、牵引指令等计算并转换成对应的牵引信号，再将牵引信号传递到牵引逆变器，让牵引逆变器开始工作；当牵引逆变器开始工作后，能将第 6 点输入的直流电变换成对应的三相交流电从第 7 点输出，传递到牵引电动机；牵引电动机通电后开始转动，带动列车运行。当主控制手柄在牵引区的位置调整时，对应牵引指令、牵引信号等均改变，使牵引逆变器的控制信号改变，那么第 7 点输出的三相交流电（电压值大小、频率）也改变，从而使牵引电动机的转速改变，列车速度随之改变。

当列车需要减速或停车时，将主控制手柄打到制动区，这时司机控制器发出制动指令给到制动控制单元 EBCU，EBCU 同样会根据列车速度、网压大小、制动指令等计算并转换成对应的制动信号，分配好再生制动、电阻制动、空气制动比例。这时牵引逆变器工作在整流状态，将牵引电动机发出的三相交流电整流成直流电，需要再生制动则从第 6 点输出传递到电网，需要电阻制动则从第 10 点输出传递到制动电阻，实现再生制动的电阻制动。

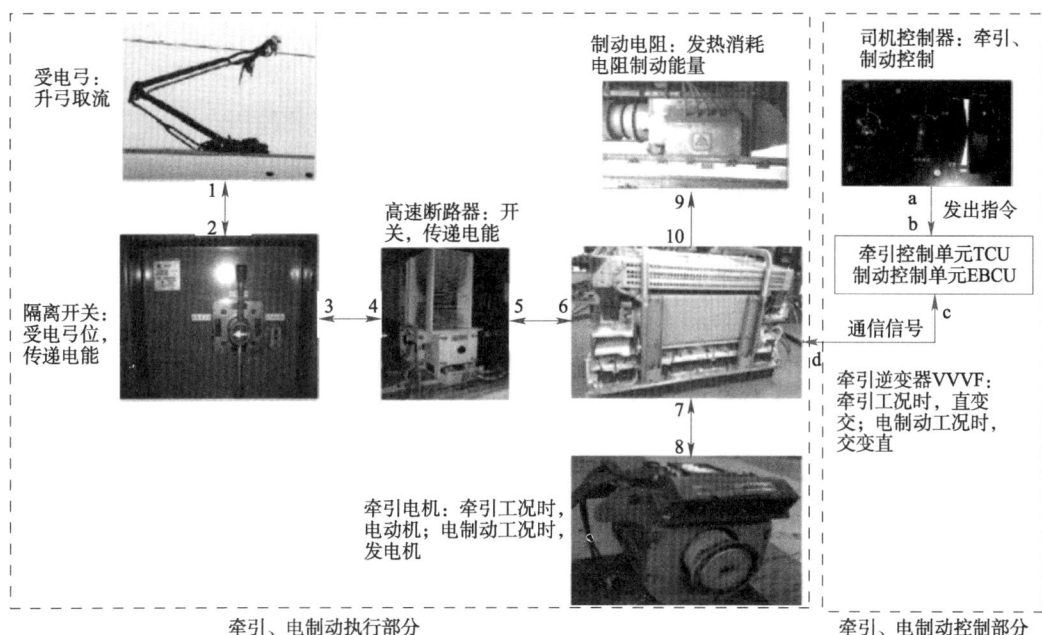

图7-44 列车牵引系统主电路的控制与执行过程示意图

## ● 实训任务

本模块实训任务见附录任务7。

## ● 知识巩固

### 一、判断题

1. 城市轨道交通车辆交流牵引电动机不需要散热。 （  ）

2. VVVF输出的是恒压、恒频。 （  ）

3. 再生制动和电阻制动转换过程是平滑过渡,无冲击的。 （  ）

4. 高速断路器是并联在主电路中的,牵引电路中过流、短路、过载时它会断开。 （  ）

5. 通过改变异步电动机定子频率可以改变电动机转速。 （  ）

6. 车间电源可以给牵引主电路供电。 （  ）

7. 牵引系统有牵引工况、电制动工况。 （  ）

8. 当隔离开关在接地位时,车辆牵引系统、辅助系统都被接地。 （  ）

9. 受电弓的升弓检测是位置检测。 （  ）

10. 制动电阻箱安装在每节动车的车底。 （  ）

### 二、选择题(含单选和多选)

1. 城市轨道交通车辆直流传动的控制方式有(    )。

　　A. 凸轮变阻　　　　　　B. 斩波调阻　　　　　　C. 斩波调压　　　　　D. VVVF

2. 列车在正常运行时,隔离开关的位置是(　　　)。

    A. 受流位　　　　　　　B. 接地位　　　　　　　　C. 车间电源位　　　　D. 都可以

3. 主电路发生短路或过载时,高速短路器的(　　　)使其快速跳闸。

    A. 辅助触头　　　　　　B. 脱扣装置　　　　　　　C. 闭合装置　　　　　D. 灭弧罩

4. 在电制动工况中,牵引逆变器的作用是(　　　)

    A. 逆变作用　　　　　　B. 斩波作用　　　　　　　C. 整流作用　　　　　D. 无作用

## 三、简答题

1. 简述城市轨道交通车辆牵引系统的主要功能。

2. 牵引回路中的主要部件有哪些?

3. 简述受电弓的升弓原理。

4. 简述 HSCB 的作用。

5. 简述牵引系统的牵引与电制动的工作原理。

# 模块 8
# 辅助电源系统装置

## 知识目标

1. 了解辅助电源系统的作用；
2. 了解辅助电源系统的供电对象；
3. 了解辅助电源系统的基本组成；
4. 掌握辅助逆变器、充电机、蓄电池箱的结构和工作原理。

## 能力目标

1. 能识别城市轨道交通车辆辅助供电电路图；
2. 能指出辅助电源系统组成部件的安装位置；
3. 能识别辅助电源系统组成部件的结构；
4. 能理解辅助电源系统组成部件主要参数的含义。

## 素质目标

通过识别车辆辅助供电电路图以及指认辅助电源系统组成部件，养成认真细致的工作习惯，增强安全责任意识。

## 建议学时

4 学时。

### 单元 8.1 | 辅助电源系统概述

#### 一、辅助电源系统定义和组成

1. 定义

辅助电源系统是指为列车除牵引动力系统之外的所有需要使用电力的负载设备提供电能的系统，包括辅助供电系统和蓄电池系统。

辅助电源系统是城市轨道交通车辆上必不可少的电气部分，它可以为列车空调、通风机、空气压缩机、蓄电池充电器及照明等辅助设备提供供电电源。现代城市轨道交通车辆辅助供电系统的辅助逆变器（SIV）大都采用绝缘栅双极型晶体管 IGBT 模块来构成，如图 8-1 所示。

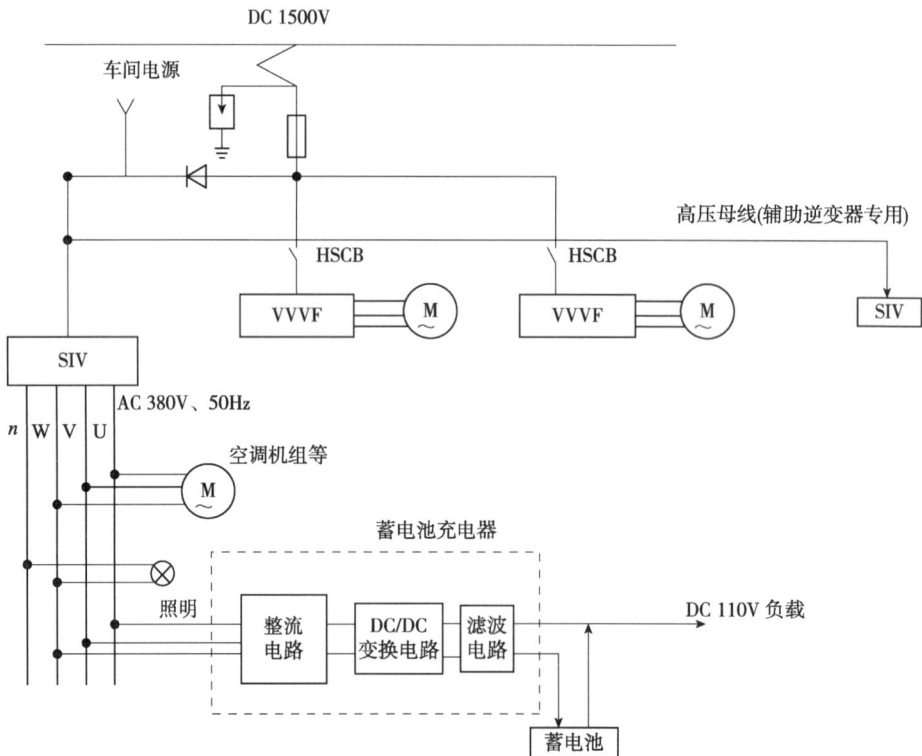

图 8-1　辅助供电系统框图

（1）辅助电源系统的电力来源。辅助电源系统的电力主要来自牵引供电接触网（或第三轨），经受电弓（或集电靴）进入列车；当电力无法来自牵引供电接触网（或第三轨）时，则可采用外接电源（例如车间电源）或者蓄电池供电。一般在检修车间内设有车间电源，通过列车车底有车间电源插座,向列车提供高压电能。车间电源与接触网之间存在电气联锁,两者不可同时为列车供电。电网为列车供电时,列车不可接车间电源。车间电源只能为辅助供电系统提供电能,不能为牵引系统供电,车间电源向列车供电时,列车必须处于静止状态。蓄电池作为直流备用电源,在列车起动和紧急情况下(失去高压电源时)为列车提供 DC 110V 电能和紧急通风电能。列车正常运行时,蓄电池处在浮充电状态。

(2)辅助电源系统的供电对象。动力分散型的城市轨道交通车辆一般都按列车每个单元组成一个辅助系统,由辅助逆变装置分别向各车厢的负载提供交流电。负载主要包括牵引逆变器冷却风扇,辅助逆变器冷却风扇,空气压缩机,空调及各种电动阀门、继电器、接触器、头灯、车厢照明及各种服务性电气设备,以及蓄电池充电器(当电动机采用 AC/DC 形式时)等。负载情况如表 8-1 所示(不同车型会有差别)。此外,辅助电源系统还必须为列车控制系统提供不间断的电源,所以说,辅助电源系统是与牵引动力系统同等重要的系统。

**辅助电源系统负载列表** 表 8-1

| 380V 及单相 220V 负载 | 110V 负载 | | 24V 负载 |
|---|---|---|---|
| 空调(冷凝风机) | 客室应急灯 | 列车广播控制 | 仪表灯 |
| 空调(压缩机) | 驾驶室荧光灯 | 闪灯报站装置 | 防护灯 |
| | 运行指令 | LCD 显示屏 | 电笛 |
| 空调(通风机) | VVVF 控制 | 监控系统 | 刮水器 |
| 空气压缩机 | 制动控制 | PIDS 控制设备 | ATP、ATO |
| 驾驶室送风单元 | 空压机控制 | 无线通信 | |
| 客室照明 | 门系统 | SIV 控制 | |
| 废排风机 | 外部指示灯 | 空调控制 | |
| 其他(包括方便插座) | 客室内指示灯 | 蓄电池充电 | |
| 客室电热 | 头灯 | 紧急通风 | |
| 驾驶室电热 | | | |

2.组成

完整的辅助供电系统由逆变部分、变压器隔离部分和直流电源三部分组成。

(1)逆变部分。辅助用电设备大都需要三相50Hz、380V/220V 交流电源,因而首先要将波动的直流网压逆变为恒压恒频的三相交流电。

(2)变压器隔离部分。为了安全必须将电网上的高压与低压用电设备,尤其是常需人工操作的控制电源的设备,在电气电位上实现隔离。通常,采用变压器进行电气隔离,同时也可通过设计不同的匝数比以满足不同电压值的需要。

(3)直流电源(兼作蓄电池充电器)。车辆上各控制电器都由直流电源 DC/DC 供电。车辆上蓄电池为紧急用电所需,所以 DC 110V 控制电源同时也是蓄电池的充电器。

## 二、辅助供电系统发展

#### 1. 辅助供电系统方案

随着电力电子器件的发展,辅助电源系统也经历着不同方案的发展过程。由于新一代性能优良的 IGBT 器件迅速发展,到目前为止,欧洲、日本等国家和地区的车辆辅助供电系统大都采用 IGBT 来构成,其方案大致有以下几种:

(1)斩波稳压再逆变,加变压器降压隔离。

(2)三点式逆变器加变压器降压隔离。

(3)电容分压两路逆变,加隔离变压器构成 12 脉冲方案。

(4)两点式逆变器加滤波器与变压器降压隔离。

(5)DC/DC 变换与高频变压器隔离加逆变的方案。

这些方案各有其特点,而且都能满足地铁或轻轨车辆的要求。

#### 2. DC 110V 蓄电池充电电源

目前,DC 110V 蓄电池充电电源主要有两种不同的方案:

(1)通过静止逆变器、50Hz 隔离降压变压器降压再整流滤波来实现;

(2)通过独立的 DC/DC 变换器直接接于供电网压,通过高频变压器隔离后再整流,并滤波得到 DC 110V 控制电源。

从两个比较方案看,后者是独立的,与辅助逆变器无关,也就不受辅助逆变器故障的影响,在供电功能方面有一定的好处;但是因为需要独立的直流电源,也就增加了成本。

## 三、辅助供电系统的供电方式

(1)分散供电。城市轨道交通车辆很多采用两动一拖(3 节车辆)构成一个单元,由两个单元(6 节编组)构成一列车。列车每节车均配备一台静止辅助逆变器,每单元共用一台 DC 110V 的控制电源。像这样每单元配备多个静止逆变器的供电方式称为分散供电方式,如图 8-2 所示。

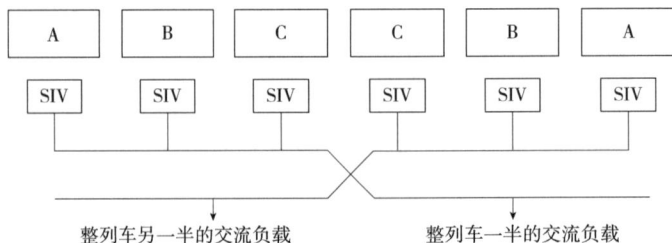

图 8-2　分散供电方式简图

(2)集中供电。每单元只配一台静止逆变器的供电方式称为集中供电,如图 8-3 所示。

集中式供电辅助系统中有扩展供电电路,在逆变电路发生故障后,列车内通过扩展供电电路进行扩展供电。辅助供电系统在某台辅助逆变器逆变电路故障的情况下,将在两辅助逆变器间进行扩展供电,由扩展接触器自动切换到另一台正常运行的辅助逆变器,由切换后的辅助逆变器向全列 6 辆车的基本负载供电,而与出现故障的辅助逆变器相连的 DC 110V 直流电源电路的供电将扩展到另一台正常逆变器的输出上。

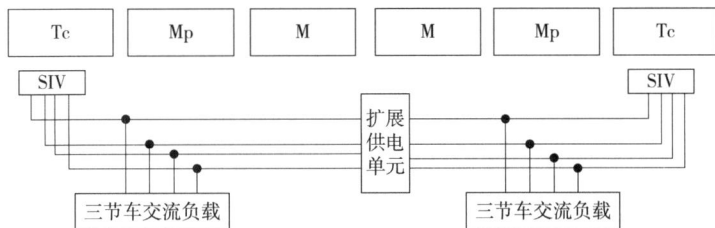

图 8-3  集中供电方式简图

这两种供电方式各有优缺点。分散供电冗余度大,均衡轴重好配置,但造价较高,且总重量也会较大。集中供电冗余度小,每轴配重难以一致,但相对而言,总重量会减轻,成本降低。

## 四、变压器隔离

为确保安全,低压系统及控制电源必须实现与高压网压系统 DC 1500V 的电气上的隔离。最佳且最实用的隔离方式是采用变压器隔离。变压器隔离有 50Hz 变压器隔离和高频变压器隔离两种方式。由变压器基本原理得知,50Hz 变压器其体积与重量较大,而高频变压器其体积与重量则较小。但后者必须采用性能好的高频磁芯,目前大都采用进口的铁氧体磁芯或基微晶合金磁芯。

对于 DC 110V 控制电源,由于容量不大,约25kW。常将 AC 380V 通过整流器整流输出 DC 110V 电源,而现今国内外多采用 DC/DC 变换与高频变压器隔离方式,这也是成熟的技术。

## 五、紧急通风逆变器

当列车辅助逆变器均发生故障,在列车三相380V、50Hz 交流电源失效的情况下,为保证乘客安全,城市轨道交通列车均配置了应急通风逆变器,由车辆 DC 110V 蓄电池组经应急通风逆变器为空调机组通风机供电,保证至少 45min 紧急通风。

## 六、高压供电转换开关

转换开关有正常供电位(受电弓供电)、车间电源位、接地位三个位置,用于在正常模式(架空电网供电)和车间供电模式(通过高压箱处的车间供电插座供电)以及系统接地之间切换;接地可使牵引逆变器和辅助逆变器的高压设备与高压供电网络电源隔离。在车间电源位不允许启动牵引逆变器和升弓。高压供电转换开关如图 8-4 所示。

## 七、车间电源

车间电源是列车的辅助受流设备,主要应用于列车在检修库内整车调试或部分设备带电检查时使用。外部高压电源通过耦合插头(图 8-5)与列车车间电源插座(图 8-6)相连,供电给列车辅助系统，一般通过隔离二极管或接触器与列车主电路隔离。车间电源供电和受电弓供电之间相互联锁，不能同时向列车供电。

图 8-4 高压供电转换开关

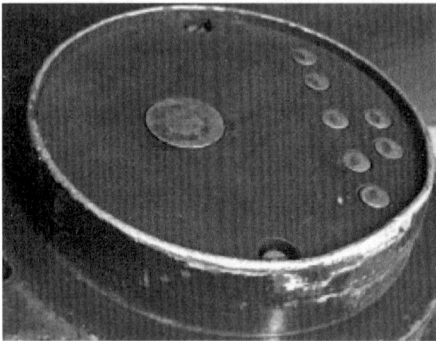

图 8-5 车间电源耦合插头

图 8-6 车间电源插座

1-主触头；2-辅助触头

## 八、列车辅助电源系统设备的配置

以四动两拖集中供电为例，安装位置如表 8-2 所示。

辅助电源系统设备配置表　　　　　　表 8-2

| 车型 | 拖车 | 动车 | 动车 | 动车 | 动车 | 拖车 |
|---|---|---|---|---|---|---|
| 名称 | Tc | Mp | M | M | Mp | Tc |
| 辅助电源(含逆变器、110V 电源和 24V 电源) | 1 | | | | | 1 |
| 扩展供电箱 | | | | 1 | | |
| 辅助高压箱(含车间电源连接器) | 1 | | | | | 1 |
| 接地开关箱(控制电路接地开关) | 1 | 1 | 1 | 1 | 1 | 1 |
| 蓄电池箱 | 1 | | | | | 1 |

注："1"表示有配置该项设备。

## 单元 8.2 | 辅助逆变器

### 一、列车辅助逆变器类型

逆变器是将直流电变为交流电的装置。按换相方式不同,可分为电网换相、自换相和负载换相三类。根据转换电路中直流源是恒压的还是恒流的,可以将逆变器分为电压源逆变器和电流源逆变器,由于目前城市轨道交通车辆主要使用电压型逆变器,因此本书介绍电压型逆变器。

电压型逆变器可分为脉宽调制逆变器、方波逆变器和单相逆变器三种。

(1)脉宽调制逆变器。在这种逆变器中,输入直流电压的幅值基本上是恒定的,逆变器必须能够控制交流输出电压的幅值与频率,以满足负载的要求。这可通过对逆变器开关做脉宽调制来实现,因此,这种逆变器称为脉宽调制逆变器。

(2)方波逆变器。在这种逆变器中,为了控制输出交流电压的幅值,输入直流电压是可控的,所以只要求逆变器能控制输出电压的频率。由于输出交流电压具有与方波类似的波形,因此,这种逆变器称为方波逆变器。

(3)单相逆变器。当逆变器在单相输出情况下,即使逆变器输入是一个恒定的直流电压,而且逆变器开关不是脉宽调制的,要控制逆变器输出电压的幅值和频率也是可能的。所以,这种逆变器必定是将前面两种逆变器结合起来。应该注意的是,电压抵消法只适用于单相逆变器而不适用于三相逆变器。

### 二、辅助逆变器工作过程

以成都地铁 1 号线为例,辅助逆变电源电路图如图 8-7、图 8-8 所示。

来自接触网的 DC 1500V 电源经过滤波电路(直流电抗器 FL 及直流电容 FC)、初充电电路(充电电阻 RC、二极管 BD 和可控硅整流器 BTH)、逆变器电路(桥式整流)、AC 滤波电路(包括交流电抗器 ACL 和交流电容 ACC)把 DC 1500V 变换为交流。三相输出变压器(T0)与高压侧绝缘,T0 将交流电变压到所定电压(AC380V)后输出(图 8-7)。

由三相输出变压器(T0)输出的 AC 380V 一路供给空气压缩机和空调,另一路经整流电路变压器(T1)和整流装置(RFC1)后,变成 DC 110V,一方面提供给控制电路和辅助电路,另一方面再经过 DC/DC 转换器,降压为 DC 24V 电源向广播系统、电子地图、仪表灯等供电(图 8-8)。

可以看出,该辅助逆变电源主要由输入滤波模块、逆变模块和输出滤波、变压、整流模块三部分组成。

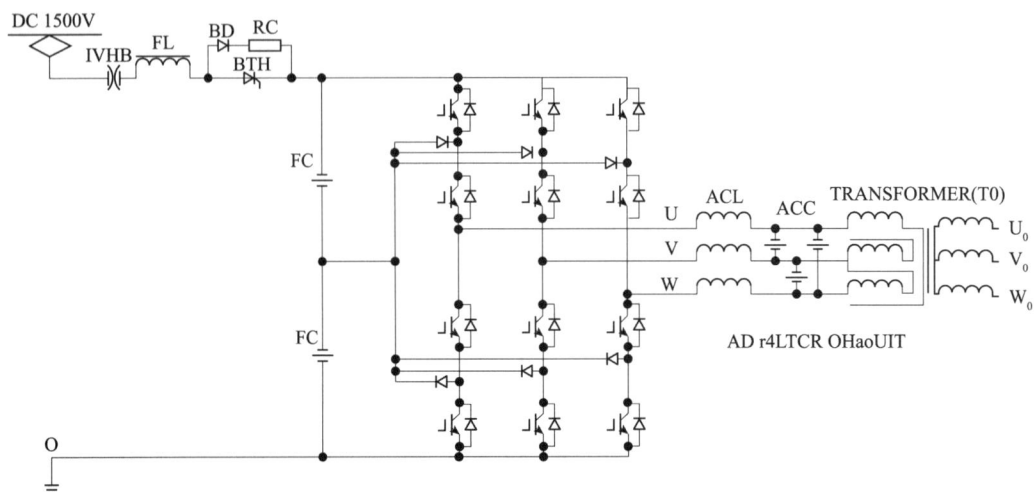

图 8-7　辅助逆变电源电路图

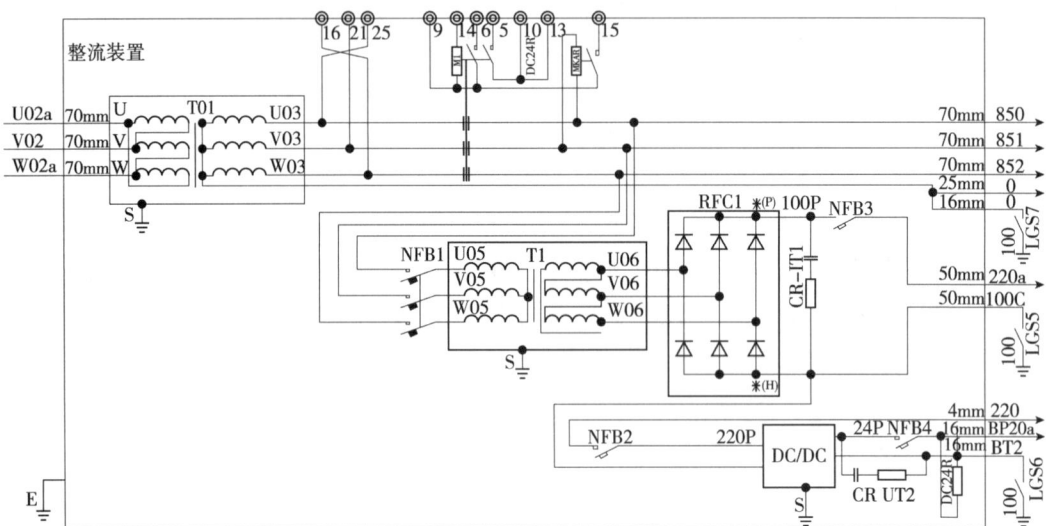

图 8-8　辅助逆变电源电路图

## 1.输入滤波模块

（1）输入滤波模块的主要功能。

①平滑输入电压供应给后续的部件。

②在不切断整个逆变电源的情况下，抑制来自线路电压的较大的尖峰。

③在线路电压出现特别大而且持续的尖峰时，切断逆变电源。

④替逆变电源抵挡来自线路的低频干扰电流。

⑤限制逆变电源的启动电流。

⑥保护逆变电源以免产生极性反转。

辅助逆变器
结构

（2）保护功能。

①动态电压限制保护。动态电压限制保护了电力半导体元件和其他电子元件免受高压尖峰冲击。主滤波器是由扼流线圈和电容器组成。如果有尖峰强加在输入端,电压的上升会通过此扼流线圈和电容器来限制。瞬时的能量储存在电容器内。如果电容器的电压高于扼流线圈前的电压,特殊保护电路就会动作,触发晶闸管,瞬时能量就通过电阻来消耗。

②短路保护。如果输入的尖峰超过逆变电源保护值时,一个独立的保护电路就会激活。晶闸管就会熔断输入电源熔断器,断开逆变电源。而通过此晶闸管的电流仍然由输入滤波扼流线圈来限制。

2. 逆变模块

目前,城市轨道交通车辆逆变电源一般多采用三相电压型逆变器。图 8-9 为三相桥式逆变电路图,图中 $N'$ 点为直流侧假想的中点,$N$ 为负载中点。U、V、W 各为一相,每相由一个半桥逆变电路构成,采用 180° 导电方式,同一相上、下两个臂交替导电,各相开始导电的角度依次相差 120°。在任一瞬间,都有 3 个桥臂同时导通。

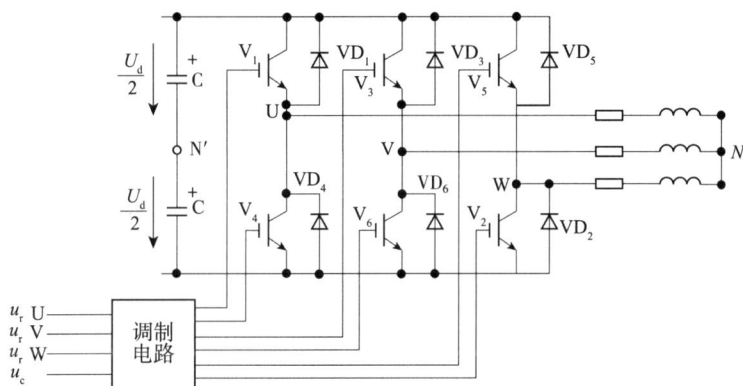

图 8-9　三相逆变电路图

在上述逆变电路中,开关器件为 IGBT,其开关控制技术为广泛应用的 PWM 控制技术。就是通过对控制 IGBT 通断的波形脉宽进行调制,有效地使逆变器的输出尽量趋于纯正的正弦交流电,电压、频率均可实现调节。

• **知识拓展**

**"中国芯"IGBT**

IGBT 全称为绝缘栅双极型晶体管。IGBT 具有可关断、损耗小、易于控制等优点,是城市轨道交通车辆逆变器的核心部件,能将 1500V 恒定电压转换为频率、幅值可调的三相交流电。早期我国地铁车辆使用的 IGBT 均为国外品牌。由于 IGBT 技术垄断,备件价格高昂、供货周期不确定,导致我国地铁车辆维修成本高。2008 年,我国企业收购英国某半导体公司 75% 的股权,并在英国成立海外研发中心,为我国全面掌握 IGBT 芯片研发技术、模块封装测试和系统应用打下基础。2014 年 6 月,我国首条 8 英寸 IGBT

专业芯片生产线在株洲投产,打破了国外对高端 IGBT 技术的垄断。2018 年,为中国标准动车组量身定制的 750A/6500V 高性能 IGBT 模块完成测试验证与全部地面试验,这意味着我国动车组将装上具有我国完全自主知识产权的"中国芯"。同年,我国研发的一款 IGBT 装载在无锡地铁 2 号线列车上,首次装车试运行并取得成功,说明国产 IGBT 性能完全可以满足车辆正常运行要求。车辆核心部件国产化,对降低地铁车辆维修成本、进一步实现关键零部件国产化、实现自主化维修具有重大意义。

触发信号在逆变控制电路中通常用载波信号和控制信号相比较的方法产生,其脉宽调制方法很多,应用最为广泛的为三角波调制方法,其载波信号为三角波,控制信号为矩形波或正弦波,控制信号的幅值和频率可调,幅值控制触发信号的脉冲宽度,从而控制逆变器输出电压的大小,频率控制触发信号的调制周期,从而控制逆变器的输出电压频率。

实际应用中,逆变模块一般通过带有微处理器的控制模块实现上述控制、调节功能,并兼有监视及保护的功能。

(1)如果有故障发生,控制模块会实时地反映出来,并且激活紧急功能,例如关断逆变器电路以防止更大的破坏。

(2)所有可变值的测量都反馈到监控电路。如果可变测量值超出允许范围,重启信号会立即关闭脉冲发生器。同时,逆变模块在被破坏之前会停机。一旦所有可变量回到允许的范围内,逆变器会再次自行启动。此时,控制模块也将重新启动(软启动)使得输出电压经过几毫秒后才可以达到正常等级。

(3)控制模块同时也监测输出电压,以保证输出电压的幅值基本保持不变。

3. 输出滤波、变压、整流模块

输出整流滤波模块主要由三相滤波器、变压器和整流装置组成。

三相滤波器降低逆变器输出电压中由于切换所产生的高频电压,使其输出畸变很小的正弦波,保证总的谐波畸变少于基础频率 50Hz 的 10%。滤波电路如图 8-10 所示。

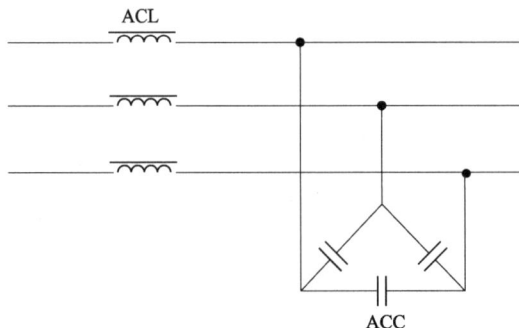

图 8-10　三相滤波电路

三相变压器将逆变器的输出电压转换成辅助系统的额定电压。同时有隔离高压系统和辅助系统的功能。通过整流装置整流输出 DC 110V 和 DC 24V 提供给车辆的直流负载,如图 8-11 所示。

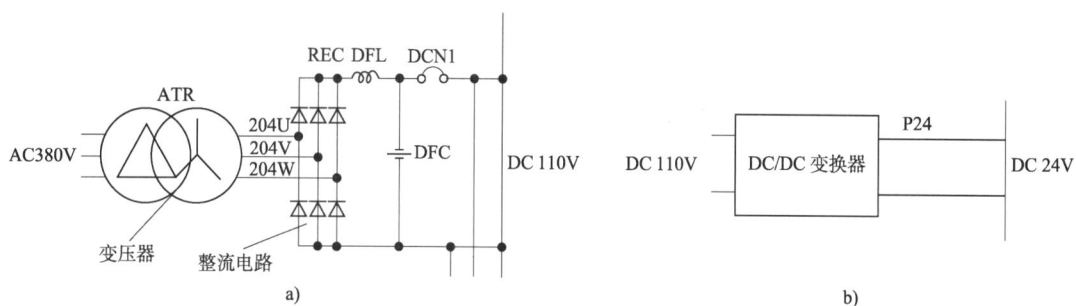

图 8-11　降压整流电路

## 三、辅助逆变器结构及参数

以庞巴迪车辆辅助逆变器为例,其结构如图 8-12 所示。

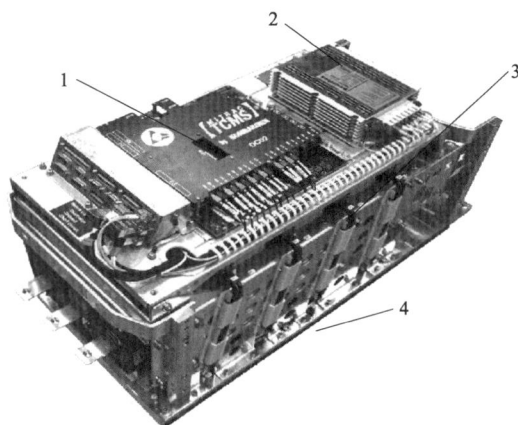

图 8-12　辅助逆变器

1-驱动控制单元 DCV/A;2-供电单元;3-中间电容;4-门极驱动及 IGBT

1. 基本组成

(1)1 个中间直流电容。

(2)三相逆变器。

(3)1 个过压保护 IGBT。

(4)2 个过压保护电阻。

(5)1 个驱动控制单元 DCU/A。

(6)1 个供电单元。

(7)门极驱动。

(8)2 个输出电流传感器。

(9)1 个中间直流电压传感器。

(10)放电电阻。

**2. 主电路及系统内部接线图**

系统内部接线图，如图8-13所示。

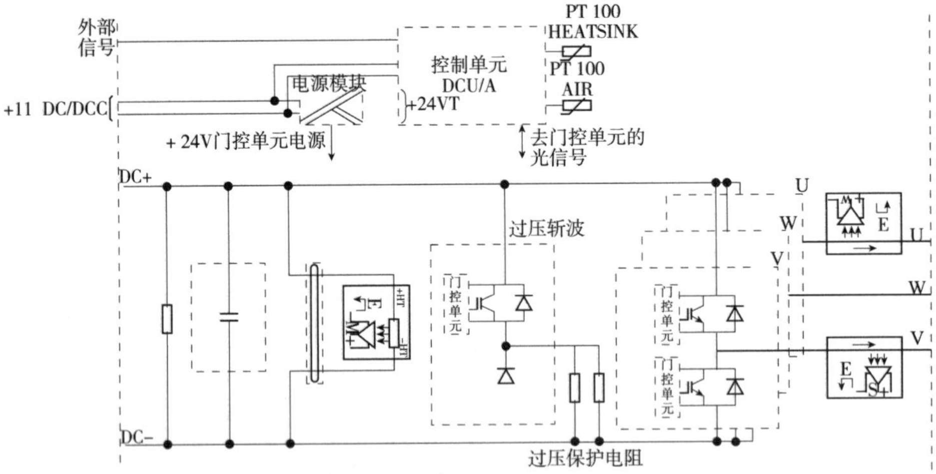

图8-13 辅助逆变器主电路及系统内部接线图

**3. 辅助逆变电源主要技术参数**

（1）辅助逆变器模块。

输出电压 $3 \times 380V$，$50Hz$。

额定输出电流 $3 \times 340 Arms$。

额定输出功率 $220kVA$。

功率因数 $>0.8$。

切换频率，最大 $1000Hz$。

总谐波畸变 $<10\%$。

电容器最长放电时间 $5min$。

（2）线路电抗器。

感应系数 $350A$ 时最小 $5mH$（$\pm5\%$）。

电阻 $30m\Omega$。

持续电流 $210Arms$。

最大电流 $350A$。

冷却：自身对流（$0m/s$）。

（3）输出电抗器。

感应系数 $700\mu H$（$\pm5\%$），$50Hz$。

持续电流 $205Arms$，$50Hz$。

最大电流 $250A$。

运行频率 $50Hz$。

冷却：强制空气冷却。

（4）电容器。

电容 $3 \times 50\mu F（\pm 5\%）$。

额定电压 AC 1200V。

运行频率 50Hz。

（5）输出变压器。

一次电压 660V。

二次电压 380V。

运行频率 50Hz。

二次额定功率最大 220kVA。

冷却：强制空气冷却。

## 单元 8.3 ｜ 蓄电池

### 一、蓄电池用途与分类

#### 1. 蓄电池用途

蓄电池是把电能转变为化学能储存起来，使用时再把化学能转变为电能放出来，变换的过程是可逆的。就电能作用来说，当蓄电池已完全放电或部分放电后，两电极表面形成了新的化合物，这时如果用适当的反向电流输入蓄电池，可以使已形成的新化合物还原成原来的活性物质，又可供下次放电之用。这种将反向电流输入蓄电池的做法叫作充电；电池供给电流外电路使用叫作放电。换句话说，放电就是将化学能转变为电能，供外电路使用；充电就是将电能转变为化学能储蓄起来。蓄电池的充电和放电过程，可以重复循环多次，所以蓄电池又称为二次电池。

放电时电流所流出的电极称为正极或阳极，以"＋"号表示；电流经过外电路之后，返回电池的电极称为负极或阴极，以"－"号表示。

城市轨道交通车辆蓄电池的作用主要体现在以下两个方面：

（1）在列车起动时，为电气设备提供 DC 110V 电能，直到蓄电池充电器开始工作后，处于浮充电状态。

（2）在列车失去高压电源时，能够为列车的监控设备、通信设备、紧急照明、紧急通风、头灯、尾灯等至少提供 45min 电能。除此之外，还能为打开或关闭车门供电，且为恢复高压供电后能够实现列车起动提供工作电源。

#### 2. 蓄电池分类

根据电极和电解液所用物质的不同，蓄电池一般分为酸性蓄电池和碱性蓄电池。酸性蓄电池的电解液是浓度为27% ~37% 的硫酸($H_2SO_4$)水溶液，即稀硫酸，硫酸是酸性化合物。酸性蓄电池正极板的活性物质是二氧化铅($PbO_2$)，负极板的活性物质是绒状铅($Pb$)，所以酸性蓄电池又叫作铅蓄电池。

碱性蓄电池的电解是浓度为20% 的氢氧化钾($KOH$)水溶液，氢氧化钾是碱性化合物。在碱性蓄电池中，用氢氧化镍($Ni(OH)$)做正极板、用铁($Fe$)做负极板的叫作铁镍电池；用镉($Cd$)做负极板的叫作镉镍蓄电池；用银($Ag$)做正极板、用锌($Zn$)做负板的叫作锌银蓄电池。

城市轨道交通车辆使用的蓄电池一般为镉镍蓄电池，由74 ~80 个蓄电池单体串联组成，每个单体电压为1.20 ~1.30V，总电压在77 ~137.5V 为正常。本书在简略介绍铅酸蓄电池的基础上，重点介绍镉镍蓄电池。

## 二、蓄电池参数

蓄电池主要参数有：电池的标称容量、标称电压、内阻、充电终止电压和放电终止电压。

(1)标称容量。又称额定容量，指在一定放电条件下，规定电池应该给出的最低限度的电量。电池容量$C = It$，电池的容量通常用A·h(安时)表示，1A·h 就是能在1A 的电流下放电1h。单元电池内活性物质的数量决定单元电池含有的电荷量，而活性物质的含量则由电池使用的材料和体积决定。因此，通常同类电池体积越大，容量越高。

(2)标称电压。电池刚出厂时，正、负极之间的电势差称为电池的标称电压。电池的标称电压是在正常工作过程中表现出来的电压，标称电压由极板材料的电极电位和内部电解液的浓度决定。当环境温度、使用时间和工作状态变化时，单元电池的输出电压略有变化，此外，电池的输出电压与电池的剩余电量也有一定关系。单元镍镉电池的标称电压约为1.3V (但一般认为是1.25V)，单元镍氢电池的标称电压为1.25V。与电池容量相关的一个参数是蓄电池的充(放)电电流。蓄电池的充(放)电电流通常用充(放)电速率$C$ 表示，$C$ 为蓄电池的额定容量。例如，用2A 电流对1A·h 电池充电，充电速率就是$2C$；同样，用2A 电流对500mA·h 电池充电，充电速率就是$4C$。

(3)内阻。电池的内阻决定于极板的电阻和离子流的阻抗。在充放电过程中，极板的电阻是不变的，但是，离子流的阻抗将随电解液浓度的变化和带电离子的增减而变化。

(4)充电终止电压。蓄电池充足电时，极板上的活性物质已达到饱和状态，再继续充电，蓄电池的电压也不会上升，此时的电压称为充电终止电压。镍镉电池的充电终止电压为1.75 ~1.8V，镍氢电池的充电终止电压为1.5V。

(5)放电终止电压，是指蓄电池放电时允许的最低电压。如果电压低于放电终止电压后蓄电池继续放电，电池两端电压会迅速下降，形成深度放电，这样，极板上形成的生成物在正常充电时就不易再恢复，从而影响电池的寿命。放电终止电压和放电率有关。镍镉电池的放电终止电压和放电速率的关系如表8-3 所示。

| 放电率 | 放电终止电压(V) | 放电率 | 放电终止电压(V) |
|---|---|---|---|
| 8h 率 | 1.10 | 3h 率 | 0.8 |
| 5h 率 | 1.00 | 1h 率 | 0.5 |

镍镉电池的放电终止电压和放电速率的关系　　　　　　　　　表 8-3

### 三、铅酸蓄电池

**1. 铅酸蓄电池工作原理**

铅酸蓄电池在充电过程中 $PbSO_4$ 接近全部转化为 $PbO_2$ 和 Pb，当电压达到一定值时，正极板析出氧气，负极板析出氢气。充电后期，随着电极电压的升高，水被电解，气体析出。当端电压升高到 2.5V/只时，氢气和氧气按化学式计量比例析出。这种电池能够实现密封是利用阴极吸收再化合的原理，使正极板析出的氧气迅速到达负极板生成氧化铅，氧化铅再与硫酸反应，生成硫酸铅和水。化学反应式如下：

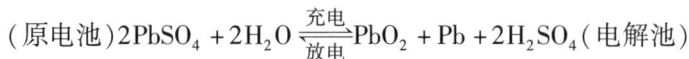

$$（原电池）2PbSO_4 + 2H_2O \xrightleftharpoons[\text{放电}]{\text{充电}} PbO_2 + Pb + 2H_2SO_4（电解池）$$

$$2Pb + O_2 =\!\!= 2PbO$$

$$PbO + H_2SO_4 =\!\!= PbSO_4 + H_2O$$

$$PbSO_4 + 2H^+ + 2e =\!\!= Pb + H_2SO_4$$

**2. 铅酸蓄电池分类**

铅酸蓄电池大体上分为以下三种类型。

(1) 固定型防酸铅酸蓄电池(普通型)。这种电池存在着许多缺点，如电池体积大、电解液易溅出伤人和损物，而且充电过程中不断产生氢气和氧气，在气体析出过程中伴随着酸雾的产生，常使防酸帽堵塞，极易发生安全事故，并且充电过程中能耗大，充电手续繁杂、维护操作困难。所以这种电池将逐步淘汰。

(2) 阀控式密封铅酸电池，如图 8-14 所示。由于它的产生，替代了以往的普通型铅酸蓄电池，它在维护中不需要添加蒸馏水和测量电解液的密度、温度，维护方便，能量密度高，基本无酸雾溢出，可任意放置，所以被广泛采用。

它之所以叫作阀控电池，是因为它的安全阀有以下作用。

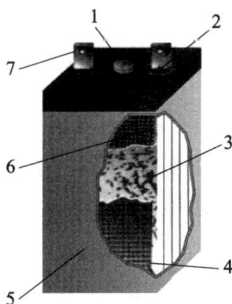

图 8-14　阀控式密封铅酸电池示意图

1-安全阀；2-封口剂；3-隔板；4-负极板；5-电池槽；6-正极板；7-极柱

①使电池保持一定的内压，以提高密闭反应效率。

②在电池内部压力正常的条件下，防止外界空气进入电池。

③当产生过量气体时，阀门打开，防止发生爆炸。

④防止电解液蒸发，避免电池干枯。

但这种电池不是免维护电池，每年要以实际负荷做一次核对性容量测试，一般放出额定容量的 30% ~ 40%。

（3）富液式胶体电池。它是把电解质进行糊化、胶化，以便电池能以各种方式放置而正常运行，无电解液溢出。这种电池性能指标较好，日常维护以测电池的电压为主，检查各电池间电压是否均匀和有没有落后电池。

不论是采用玻璃纤维隔膜的阀控式密封铅酸蓄电池（简称 AGM 密封铅蓄电池），还是采用胶体电解液的阀控式密封铅酸蓄电池（简称胶体密封铅蓄电池），它们都是利用阴极吸收原理使电池得以密封的。

### 3. 铅酸蓄电池优缺点

铅酸蓄电池具有价格相对低廉，高倍率放电性能良好，温度性能良好，可在 -40 ~ 60℃ 的环境下工作，使用寿命长，无记忆效应，废旧电池容易回收，有利于保护环境等优点。同时，也具有比能量低，一般为 30 ~ 40W·h/kg；使用寿命不及 Cd/Ni 电池；制造过程容易污染环境，必须配备三废处理设备等缺点。

## 四、镍镉蓄电池

碱性蓄电池具有体积小，机械强度高，工作电压平稳，可以大电流放电，使用寿命长和易于携带等特点，可用作移动的通信设备、仪器仪表、自动控制等电子设备的直流电源，也可作为反压电池使用。碱性蓄电池与同容量的铅酸蓄电池比较，它的购置成本较高。

碱性蓄电池由于极板活性物质的材料不同，分为镍铁蓄电池、镍镉蓄电池、锌银蓄电池等系列。各种系列碱性蓄电池的构造、原理和特性略有差异，本节着重介绍镍镉蓄电池。

### 1. 镍镉蓄电池结构

镍镉蓄电池如按极板结构可分为有极板盒式和无极板盒式蓄电池，如按外形结构可分为开口式和密封式蓄电池。

（1）镍镉有极板盒蓄电池。镍镉有极板盒蓄电池正极由氧化镍粉、石墨粉组成，石墨主要是用来增强导电性，不参加化学反应。负极由氧化镉粉和氧化铁粉组成。掺入氧化铁粉的目的是使氧化镉粉具有较高的扩散性，防止结块，并增加极板的容量。正、负极上的这些活性物质分别包在穿孔钢带中，加压成型后成为正、负极板。以焊接方式焊成极群装入镀镍铁质电槽或聚乙烯电槽内，并以耐碱的硬橡胶绝缘棍或穿孔的聚氯乙烯瓦楞板隔开正、负极板，然后焊底或焊盖成型。

为了排、灌电解液，在蓄电池外盖上留有一个注液口，注液口用密闭式的气塞拧紧密封，该气塞能使蓄电池内部气体排出，而防止外部气体进入，并能保证当蓄电池短时翻转时不流出电解液。

小容量的镍镉蓄电池的正极与电槽(外壳)相接,较大容量的镍镉蓄电池的电槽都不带极性,即正极不与电槽(外壳)相接。根据不同的电压要求,可将若干单体电池串联组合在一起,成为组合蓄电池。

(2)镍镉无极板盒蓄电池。镍镉无极板盒蓄电池中采用的极板有烧结式、压成式两种,可组装成烧结式、压成式和半烧结式三种镍镉无极板盒蓄电池。

(3)镍镉密封蓄电池。多数镍镉密封蓄电池的正、负极板结构与镍镉无极板盒蓄电池相同。以隔膜把正、负极板隔开组成极群,放入镀镍金属外壳中,加入电解液后,再把外壳和外盖以卷加封口方式密封成镉镍密封单体蓄电池。另有压成式密封电池,其极板用镍网包扎,在特别模具中加压成型,经压成后,正、负极板采用维尼龙纸与卡普伦纤维为隔膜,垫栅作为接触片装入镀镍钢壳中,壳盖卷边封口密封成单体电池。这些电池在使用前不必灌注电解液,并且任何方向放置都不漏电解液。

此三种蓄电池中的正、负极板以隔膜隔开组成极群放入塑料电槽里,然后高频焊盖成型,制成镉镍无极板盒单体蓄电池。在蓄电池的外盖上有一与镉镍有极板盒蓄电池相同的注液口和气塞,可以排、灌电解液,防止外部气体进入,保证内部气体的排出。

2. 镍镉蓄电池工作原理

镍镉蓄电池极板的活性物质在充电后,正极板为羟基氧化镍(NiOOH),负极板为金属镉(Cd);而放电终止时,正极板转化为氢氧化亚镍(Ni(OH)$_2$),负极板转化为氢氧化镉(Cd(OH)$_2$)。电解液多选用氢氧化钾(KOH)溶液。蓄电池充电时电能变为化学能储存起来,放电时将化学能变为电能而输出,两电极所发生的电化学反应是可逆的。在充放电过程中总化学反应式如下:

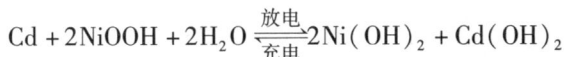

$$Cd + 2NiOOH + 2H_2O \underset{充电}{\overset{放电}{\rightleftharpoons}} 2Ni(OH)_2 + Cd(OH)_2$$

从上述化学反应式可以看出,电解液只作为电流的传导体,其浓度不发生变化。因此,对于镍镉蓄电池不能依据电解液的密度来判断电池充放电的程度,唯一可靠的办法就是根据电压的变化来判断充、放电的程度。

3. 镍镉电池特点

(1)镍镉电池可重复 500 次以上的充放电,非常经济。

(2)内阻小,可供大电流的放电,当它放电时电压的变化很小,作为直流电源是一种质量极佳的电池。

(3)因为采用完全密封式,因此不会有电解液漏出的现象,也完全不需要补充电解液。

(4)与其他种类电池相比,镍镉电池可耐过充电或放过电,操作简单方便。

(5)长时间的放置,也不会使性能劣化,当充完电后即可恢复原来的特性。

(6)可使用在很广的温度范围内。

(7)镍镉电池有记忆效应,即镍镉电池在几次低容量下的充放电工作之后,如果要进行一次较大容量的充、放电,电池将无法正常工作,这种情况即为记忆效应。镍镉电池要在放完电后保存。

## 五、蓄电池容量影响因素

蓄电池是通过化学反应产生电能，因此，电池容量取决于电极里所含活性物质的量。电池容量的影响因素如下：

(1)放电电流越大，电池容量越小。

原因：放电过程产生的化合物如硫酸铅形成速度过快，影响电解液向极板内层渗透，使极板活性物质利用率降低。

(2)电解液温度越低，电池容量越小。

原因：随着温度的降低，电解液黏度增加，影响化学反应的效率。

(3)连续放电比间歇放电容量小。

原因：连续放电使得电解液向极板内扩散不充分。

蓄电池在使用过程中应注意上述因素的影响。

## 六、蓄电池箱结构

蓄电池箱的结构如图8-15所示。

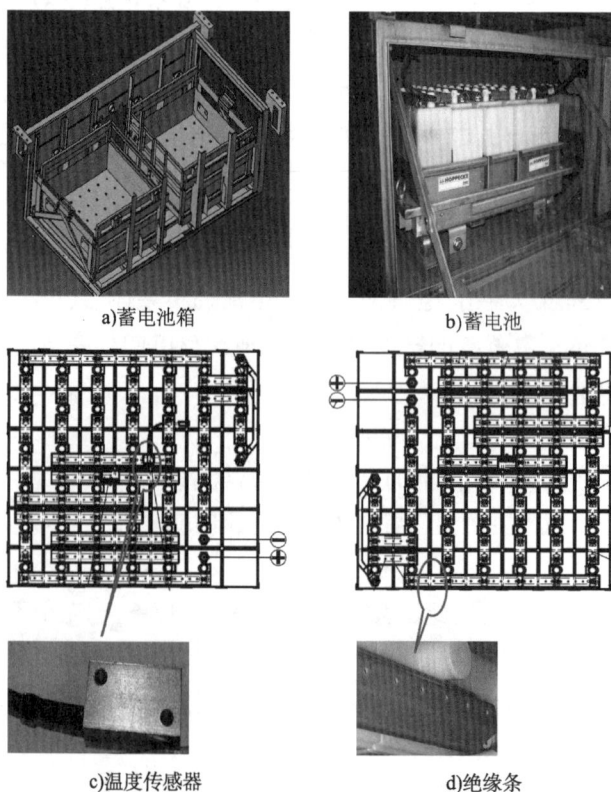

a)蓄电池箱

b)蓄电池

c)温度传感器

d)绝缘条

图8-15 蓄电池箱的结构

蓄电池箱一般布置在拖车上,箱内主要是串联的蓄电池单体(图 8-16),一般还设有熔断器和温度传感器,用于保护和温度补偿。蓄电池采用自然通风方式冷却。

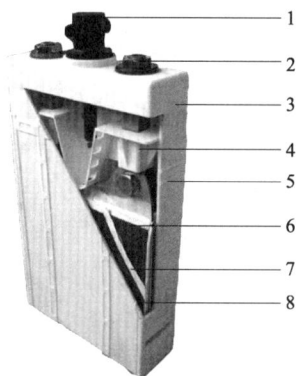

图 8-16　镍镉蓄电池的结构

1-相互连接的加水系统;2-用于串联的螺纹极柱;3-热熔焊接的电池结构;4-气液分离器;5-阻燃聚丙烯外壳;6-负极片;
7-PPAT 复合隔膜;8-正极片

## 七、镍镉密封蓄电池主要参数及性能

下面以武汉地铁 1 号线车辆为例进行介绍。

1. 基本参数

(1)蓄电池的额定容量:通常以 5h 率放电的容量表示,即 $C_5 = 80\text{A} \cdot \text{h}$。

(2)蓄电池的放电电流:5h 率放电电流用 $I_5$ 表示,数值为 16A。

(3)蓄电池的额定电压:1.2V/单体。

(4)蓄电池的浮充电压:1.45 ~ 1.55V/单体。

(5)蓄电池的提升电压:1.80 ~ 1.90V/单体。

(6)基本结构:纤维极板,是三维式的纤维结构,把活性物质镶嵌在纤维内,内阻极小,导电性好,质量小,富有弹性。

2. 主要性能

(1)尺寸为 $72\text{mm} \times 122\text{mm} \times 309\text{mm}$。

(2)自放电:在满充电的状态下,环境温度在 20℃ ±5℃ 下放置 28 天,其剩余容量在额定容量 98% 以上。

(3)浮充电接受能力:蓄电池完全放电后,以 1.55 ~ 1.6V 恒压充电 8h,获得容量在额定容量的 80% 以上。

(4)浮充电压差:蓄电池在浮充电时,电池组中单只电池的电压最高与最低的差值小于 0.02V。

(5)过放电性能:在以 0.5Ω 的固定阻抗连接 3 周后,以 1.5V 电压恒压充电 24h,获得容量在额定容量的 90% 以上。

(6)低温性能:在 -18℃ ±2℃ 放电容量在额定容量的 90% 以上。

（7）内阻：充电态蓄电池内阻小于 $3m\Omega$。

（8）机械性能。

①冲击：冲击加速度 $10g$。

②振动：能承受振动频率为 $1\sim100Hz$ 的垂向、横向和纵向的正弦振动，能承受车辆在连挂和正常运行时的冲击和振动。振动（振幅 $a$，mm）为频率 $f$（Hz）的函数：

$$1\leqslant f\leqslant10 \qquad a=25/f \text{（正弦波）}$$
$$10<f\leqslant100 \qquad a=250/f^2 \text{（正弦波）}$$

（9）免维护期：是以 $1.45\sim1.55V$ 恒压充电使用，具有 3 年以上免维护期，并且在使用寿命期内，不用更换电解液。

（10）寿命。

①循环寿命：蓄电池在 $20℃\pm5℃$ 条件下，充放电循环在 3000 次以上容量不低于额定容量的 90%。

②使用寿命：蓄电池在 $20℃\pm5℃$ 条件下，使用寿命 20 年。

# 单元 8.4 ｜ 蓄电池充电器

## 一、列车蓄电池充电器基本功能

蓄电池充电器将输入电压转换成电位分离的 110V 直流输出电压。在正常运行模式下，蓄电池充电器的主要功能是对车载电池进行充电，同时以 110V 直流电源为车载辅助设施供电。

110V 直流电源的主要用电设备有 110V/24V 直流变换器、照明灯、牵引和辅助逆变器的控制部件。110V 直流电还能被转换为 24V 直流电和 12V 直流电，用于驱动各种不同设备中的操纵和控制单元。

## 二、蓄电池充电器分类

蓄电池充电器分为独立式蓄电池充电器和非独立式蓄电池充电器两种。

### 1. 独立式蓄电池充电器

独立式蓄电池充电器一般应用于辅助逆变器分散式布置的城市轨道交通车辆上。输入端直接连接在接触网网压下。

独立式蓄电池充电器供电框图如图 8-17 所示。

独立式蓄电池充电器基本结构如图 8-18 所示。

独立式蓄电池充电器不受辅助逆变器故障影响，直流供电回路可靠。

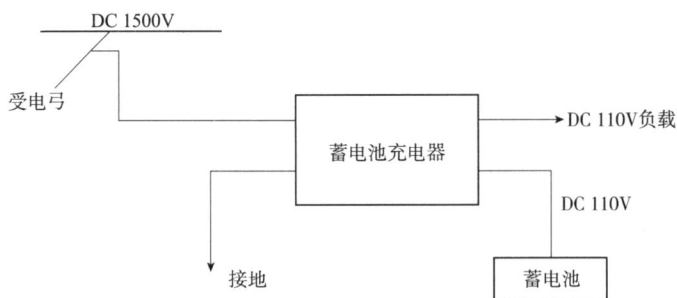

图 8-17　独立式蓄电池充电器供电框图

图 8-18　独立式蓄电池充电器基本结构

**2. 非独立式蓄电池充电器**

非独立式蓄电池充电器应用于辅助逆变器集中式供电的城市轨道交通列车上。输入端连接在辅助逆变器的输出端。

（1）非独立式蓄电池充电器供电框图，如图 8-19 所示。

（2）非独立式蓄电池充电器的常见结构有两种，如图 8-20 所示。

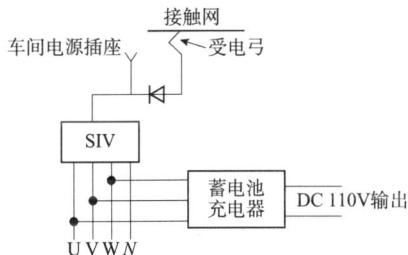

图 8-19　非独立式蓄电池充电器电路框图

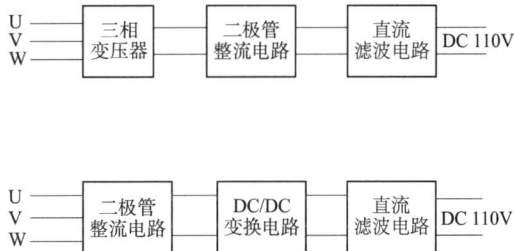

图 8-20　非独立式蓄电池充电器基本结构形式

（3）非独立式蓄电池充电器的特点：体积小、紧凑、重量轻、维护简单、可靠性高，但其工作受辅助逆变器影响。

## 三、蓄电池充电器原理

**1. 独立蓄电池充电器原理**

以广州地铁 2 号线采用的蓄电池充电器为例，如图 8-21 所示。

在蓄电池充电器输入装置中，有 1 个输入滤波器，用于抑制寄生电流；1 个增压逆变器，用于调节输入电压；还有 1 个全响应开关转换器，用于产生 1kHz 的交流电压，在电离后，该交流电压可通过星形连接整流输出 110V 直流电并使波形平滑。

该充电器直接与接触网相连，只要车辆受电弓与接触网线连接，直流输入电压就通过熔断丝与充电器相连。

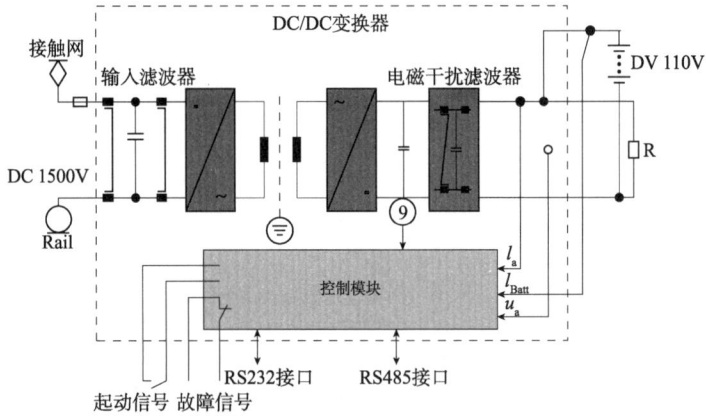

图 8-21　列车独立蓄电池充电器框图

充电器内部电源为主蓄电池，并备有一个紧急启动电池，当蓄电池电压供给到充电器时，将启动内部电源，同时启动内部微处理器控制系统，并等待启动信号。在这种状态下，可以对充电器进行分析诊断。一旦得到启动信号，充电器即开始工作，输出电压将沿一定的斜率上升，在 2s 内达到额定输出电压（当输出电流在额定界限内）。而该启动时间只有在已完全启动微处理器的前提下才能达到，否则，系统将在 20s 以内启动。

如果输入电压中断，蓄电池充电器会立即停止工作。当输入电压重新达到规定值时，蓄电池充电器自动在 2s 内进入到满负载工作状态。

相对于非独立的蓄电池充电器，独立蓄电池充电器不受辅助逆变器故障影响，在一定程度上提高了可靠性。

2. 非独立的蓄电池充电器原理

如图 8-22 所示，直流输出电路将交流电压（380V）整流成蓄电池与低压直流负载使用的 DC 110V 电压。正常运行模式下，充电器给蓄电池充电，同时也为输出端连接的负载供电。

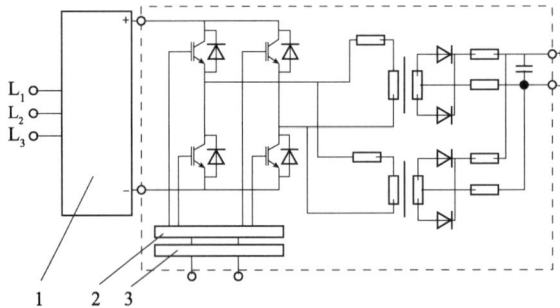

图 8-22　非独立蓄电池充电器系统框图
1-整流器；2-驱动板；3-控制器

此种蓄电池充电器使用一个整流器，通过一个中频发射器，直流输入电压以一个 12kHz 的切换频率被发送。在二次侧产生的自由电位交流电压经由输出整流器补偿。通过输出端的电感器滤波，输出电压变得平稳。

# ● 实训任务

本模块实训任务见附录任务8。

# ● 知识巩固

## 一、判断题

1. 辅助电源系统可给牵引电动机供电。 （ ）

2. 现代城市轨道交通车辆的辅助逆变器采用的功率器件是 IGBT,它输出变频变压三相交流电供空调、风扇等设备使用。 （ ）

3. 集中式辅助供电系统需要扩展供电电路。 （ ）

4. 辅助供电系统由逆变部分、变压器隔离部分、直流电源三部分组成。 （ ）

5. 蓄电池按电极和电解液所用物质的不同可分酸性蓄电池和碱性蓄电池。 （ ）

6. 温度对蓄电池容量没有影响。 （ ）

7. 独立式蓄电池充电器不受辅助逆变器故障影响,直流供电回路可靠。 （ ）

8. 列车正常运行时,蓄电池处在浮充电状态。 （ ）

## 二、选择题(含单选和多选)

1. 城市轨道交通车辆辅助供电系统提供的电源包括(  )。

   A. AC 380V     B. AC 220V     C. DC 110V     D. DC 24V

2. 下列哪些设备是城市轨道交通车辆辅助电源系统的供电对象？(  )

   A. 牵引电动机              B. 牵引电动机控制单元

   C. 空调                    D. ATC

3. 影响镍镉蓄电池容量的因素包括(  )。

   A. 温度     B. 放电电流     C. 极板     D. 电解液浓度

4. 高压电源转换开关的位置一般有(  )。

   A. 接地位     B. 车间电源位     C. 正常供电位     D. 蓄电池位

## 三、简答题

1. 辅助供电系统由哪几个部分组成？各部分的作用是什么？

2. 辅助供电系统的主要交流负载有哪些？

3. 画出辅助供电系统的供电框图。

4. 主蓄电池的作用是什么？

5. 蓄电池充电器按实现方式分为哪两种？各有什么特点？

6. 蓄电池的主要参数及含义是什么？

# 模块 9
# 列车通信系统

## 知识目标

1. 了解城市轨道交通列车通信系统的组成和整体构架；
2. 了解列车广播通信系统的构成与操作；
3. 掌握乘客信息显示系统的功能及操作；
4. 了解列车监控系统的功能及构成；
5. 掌握人机界面显示系统的功能及操作。

## 能力目标

1. 能识别城市交通车辆通信系统设备的组成；
2. 能根据列车通信系统设备标示找到相应的通信设备；
3. 能掌握乘客信息系统与监控系统的功能；
4. 能掌握人机界面各显示屏的操作。

## 素质目标

1. 了解乘客信息系统在城市轨道交通安全运营中的作用,树立安全意识；
2. 培养学生的安全责任意识、职业道德素养及服务社会的使命感；
3. 培养学生严谨认真、一丝不苟的工作态度和高度的责任心。

## 建议学时

4 学时。

## ⦿ 单元 9.1 ┃ 列车通信系统概述

    城市轨道交通列车通信系统提供传输服务,给乘客提供信息,并且保证对车站及车上乘客进行高层次控制而建立的一个视听链路网。通信系统为运营、管理及维修人员或其他系统设备通过传输,如语音、数据、图像等电信号在一定的距离进行通信。通信的服务范围包括运营控制中心、车站、车辆段、站内及沿线。

### 一、列车通信系统的功能

    乘客信息系统(PIS)可以在常态下为乘客提供乘车须知、服务时间、列车到发时间、列车时刻表、管理者公告、政府公告、出行参考、航班信息、媒体新闻、赛事直播、广告等实时动态多媒体信息;在火灾、阻塞及恐怖袭击等非常态下,为乘客提供动态紧急疏散服务信息。

### 二、列车通信系统的构成

    通信系统是多个独立的子系统的组合。这些子系统在设计上能协调工作,在不同的运营环境下正确地相互作用。各子系统应能对各自子系统内的故障进行检测和报警,从而确保整个通信系统的可靠性。通信系统主要包括传输、无线、公务电话、调度电话、站内及轨旁电话、闭路电视、有线广播、时钟、不间断电源等子系统。传输系统、时钟系统除了为各通信子系统提供服务外,还应为其他系统提供传输服务。从功能上看,列车通信系统总体由 4 个子系统构成:列车广播通信系统、乘客信息显示系统(PIDS)、视频监控系统(CCTV)和列车信息收发系统。

## ⦿ 单元 9.2 ┃ 列车广播通信系统

    广播系统是用来将各种语音信息传送到用户的一种通信方式,它具有快速响应的能力,城市轨道交通中使用的广播系统不同于大型娱乐中心、铁路车站、民航机场等地的广播系统,它可以通过控制中心的操作终端指挥整条线路的广播,使整条线路中的每个车站的广播系统既独立又是统一的整体。

### 一、列车广播通信系统组成和功能

    列车广播通信系统主要是向广大乘客发布有关列车时间、车次变动、列车延时、行车安全、紧急情况以及突发事件等信息。

1．组成与分布

整个系统包括机柜、广播台、噪声感应探头(简称噪感)、扬声器几部分组成。

(1)机柜分布在全线各站、车辆段和控制中心。

(2)广播台根据使用地点的不同,可分为以下 5 种类型,如表9-1 所示。

广播台类型　　　　　　　　　　　　　　　　表 9-1

| 序号 | 类型 | 使用地点 | 序号 | 类型 | 使用地点 |
|---|---|---|---|---|---|
| 1 | 智能广播台 | 控制中心 | 4 | 轨旁广播台 | 车辆段沿线 |
| 2 | 站长广播台 | 车站站控室 | 5 | 桌面广播台 | 通号楼、检修楼、运用库 |
| 3 | 站台广播台 | 各站站台 | | | |

(3)每站台一般设置 2 个噪感,站厅设置 2 个噪感。作用是降低噪声,提供一个控制信号至 CPU 来调整放大器的增益,并进一步调节站台上的扬声器的声压水平。

2．广播系统功能

(1)控制中心(OCC)对司机和乘客无线电广播。

由控制中心(OCC)通过列车无线电直接向乘客进行广播,广播不受司机干预,可通过驾驶室扬声器和客室扬声器向整个列车进行广播。

(2)驾驶室对讲。

按下激活端驾驶室驾驶台上的"驾驶室对讲"按钮并保持,呼叫方即可对着麦克风讲话,此时,被呼叫方可通过驾驶室的监听扬声器听到呼叫方的声音。释放按钮,驾驶室对讲结束。在非激活端驾驶室可以进行同样的操作。

(3)司机与乘客之间的紧急对讲。

①单个乘客紧急报警器报警。按下客室任意一个紧急报警器的报警按键,此时该报警器的"呼叫"指示灯和激活端驾驶台"乘客对讲"按键的背光灯都闪烁提示报警;驾驶室扬声器同时发出报警提示音。司机按下"乘客对讲"按键应答,此时驾驶台上的按键背光灯由闪烁变为常亮,驾驶台上的"复位"按钮指示灯亮起。同时,紧急报警器上的"呼叫"指示灯由闪烁转为常亮,"讲"指示灯亮起。

乘客可以对着紧急报警器上的麦克风讲话,司机通过驾驶室扬声器监听乘客讲话。

司机按下"乘客对讲"按钮并保持,对着鹅颈话筒对乘客讲话。此时,乘客报警器上的"讲"指示灯熄灭,"听"指示灯亮起;乘客可以通过紧急报警器上的内置扬声器听到司机的声音。

通话结束后,司机按一下"复位",结束讲话。

②多个紧急报警器报警。当有多个紧急报警器被触发时,司机可通过按下"乘客对讲"按键按先到先通的原则顺序接通每个紧急报警器。列车内所有紧急报警器的状态在驾驶室的 HMI 上都有显示。

(4)人工广播(司机对客室广播)。

司机可按下驾驶台上的"广播"按键,当客室广播按键上的指示灯亮,保持"广播"按钮在按下的状态,司机即可对着麦克风进行广播,司机释放"广播"按钮结束人工广播。

（5）列车连挂操作。

①两列车连挂救援时,可以实现如下通信功能:救援车与被救援车的广播系统统一;救援车与被救援车的动态地图、LED、LCD 显示全部统一。

②驾驶室之间的对讲:4 个驾驶室之间可实现通话。

主控驾驶室对乘客人工广播:主控驾驶室对所有客室广播。

（6）紧急信息广播。

当出现紧急情况时,司机可以通过 HMI 选择预存在驾驶室主控机（ACSU）内的紧急广播内容向乘客广播。司机在 HMI 上选择相应的紧急广播条目后触发 PIS 进行广播。

（7）数字报站。

列车数字报站包括自动报站、半自动报站和手动报站广播功能。

①自动报站:ATO 模式和 PC 模式有效情况下,PIS 系统根据 ATC 系统发来的信号进行自动数字报站,此过程不需要司机进行手动干预。

②半自动报站:在 ATO 模式和 PC 模式无效情况下,需要司机在 HMI 上设定好起始站和终点站后,PIS 系统可根据列车控制系统通过 MVB 发送的速度信号自行计算距离进行报站。可通过维护软件设置和调整报站信息的播报距离或时间。

③手动报站:在 MVB 网络通信故障的情况下,司机可先在 HMI 上选择线路并设置好起始站和终点站,在每一站都可通过 HMI 上的 ▣ 软按键触发预报站广播。如发现报站广播有误,司机可进行"跳站控制",即可以通过 HMI 上的 ◀ 软按键人为调整到上一站站点,在更改站后,在 HMI 将显示上一站。PIS 将不启动任何广播信息。可通过 HMI 上的 ▶ 软按键人为调整到下一站站点,在更改站后,在 HMI 将显示下一站。PIS 将不启动任何广播信息。

## 二、列车为乘客提供的六种通信方式及优先级

优先级从高到低。

（1）控制中心（OCC）对司机和乘客无线电广播。

（2）驾驶室对讲。

（3）司机与乘客之间的紧急对讲。

（4）人工广播（司机对客室广播）。

（5）紧急信息广播。

（6）数字报站。

在广播的过程中,高优先级的广播可以打断低优先级的广播。

## 三、广播系统中,使用装有特定文件的 U 盘可实现的操作

（1）语音文件更新。

（2）软件升级。

（3）紧急对讲录音下载。

（4）广播语音下载。

（5）广播日志文件下载。

# 单元 9.3 | 乘客信息显示系统

乘客信息显示系统（PIDS）作为一套实现以人为本、进一步提高地铁为乘客服务质量、加快各种信息传递及实现列车视频监控的重要系统设施，已成为城市轨道交通中不可缺少的信息传递窗口，该系统的应用极大地提高了地铁运营管理及经营开发水平，同时扩大了对乘客的有效服务范围。

## 一、客室 LED 图文显示

在每一个客室车门上方或每一节列车两端通道上方，显示前方站点与所到站点等中英文信息，图文显示屏上显示的内容与语音报站内容同步。可以采用平移、翻页、渐变等多种形式显示各种文字和点阵式图文。客室 LED 图文显示如图 9-1 所示。

图 9-1　LED 图文显示

## 二、动态线路显示

在每一个客室车门上方的动态显示屏上显示列车当前运行的位置与列车将要到达的下一站，还可以显示列车的线路与运行方向。在需要时还可以显示换乘站和用于换乘的线路等信息，如图 9-2 所示。

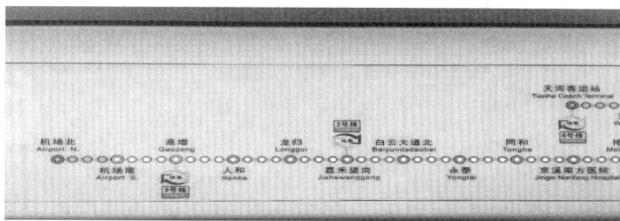

图 9-2　动态线路图

### 三、客室的 LCD 彩色图文显示

每节车厢设有 6 台 LCD 彩色图文显示屏（图 9-3），安装在客室窗户的左侧，可以实现对以下内容的显示：

（1）通过无线网络传送到车上的媒体信息实时播放。

（2）车载 LCD 控制器硬盘上的媒体信息播放。

（3）从 ATS 获取的关于下一站名称、终点站名称和到达时间等信息的播放。

图 9-3　客室 LCD

## 单元 9.4 ｜ 视频监控系统

视频监控系统（CCTV）是城市轨道交通系统运营管理的配套设备，供控制指挥中心调度管理人员、车站值班员、站台工作人员及司机实时监视车站内的运营情况和乘客的安全情况，及时记录发生突发事件的现场情况，以提高运行组织管理效率，保证列车安全。

### 一、视频监控系统功能

#### 1. 视频监控的存储

由安装在驾驶室和客室的摄像头采集的视频图像经客室控制机柜 PACU 编码后通过以太网和 ACSU 传输到视频监控与存储主机 TDVR 进行存储。

#### 2. 视频监控的显示

由安装在驾驶室和客室的摄像头采集的共 14 路视频图像将在驾驶室触摸屏 4 分屏轮循显示。

#### 3. 视频监控联动

当紧急情况（紧急对讲、紧急开门、火灾报警等）发生时，司机可以选择触发驾驶室触摸屏显示器（全屏或 4 分屏显示）发生紧急事件所在车厢的图像。

### 二、驾驶室触摸屏的操作

#### 1. 预览界面状态

主预览界面如图 9-4 所示，左侧和下方有两个自动隐藏式操作栏，当单击触摸屏或鼠标时，自动弹出，再次点击后隐藏。主界面中图标功能和操作方法见表 9-2。

图 9-4 主预览界面

**图标状态说明** 表 9-2

| 图标 | 功能 | 操作 |
|---|---|---|
| | 单画面预览 | 单击图标后,全屏显示 |
| | 多画面预览 | 单击图标后,弹出分屏种类选择,可进行 4 分屏、6 分屏、8 分屏和 16 分屏显示 |
| | 自动轮询 | 单击图标后监控画面按照一定顺序轮流切换 |
| | 暂停轮询 | 暂停轮询切换 |
| | 设置 | 进入配置界面 |
| | 摄像头选择 | 单击后,弹出相应的车厢画面 |

2. 视频回放

录制好的视频图像可按时间、日志信息回放,并可进行单帧画面和电子放大画面的回放录像查询界面如图 9-5 所示。具体操作如下:

(1) 按时间回放。

按录像生成的时间回放,播放指定时间段的录像文件,支持多通道同步回放。

操作方法:进入录像查询界面(路径:设置→主菜单→录像查询);设置查询条件,选择『播放』进入回放界面,可通过下方回放工具栏对回放过程进行控制,录像回放工具栏说明如图 9-6 所示。

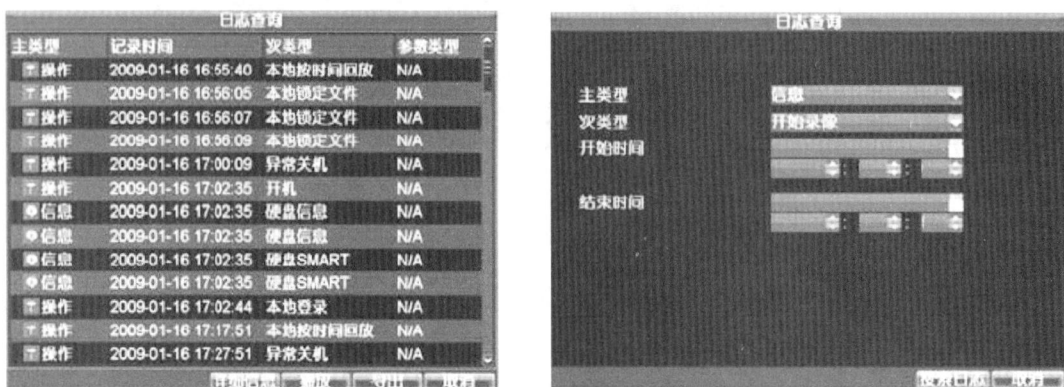

图9-5　录像查询界面

图9-6　回放工具栏

注：回放进度条下方为录像类型，"■普通"为普通录像类型，"■事件"为事件录像类型。

（2）按日志信息进行回放。

日志信息中，若选择的日志有通道号，且所对应的时间点有录像文件存在即可进行播放。

操作方法：进入日志查询界面（路径：设置→主菜单→维护管理→日志查询）选择『搜索日志』，选择日志信息，选择『播放』进入回放界面。

①单帧回放。当有事件发生时，可通过单帧播放来查看画面的细节变化。

操作方法：进入回放界面，单击 █，将播放速度调整为"单帧"，在回放画面上单击，每单击一次播放一帧画面，或单击回放工具栏 █，每单击一次播放一帧画面。

②电子放大。在回放过程中，通过菜单进入电子放大界面，移动红色区域，可将画面放大4倍。

3．报警

当有火灾报警、紧急开门、乘客报警等紧急事件时，画面自动切换到全屏显示高优先级的视频，采集画面自动从8帧/s调整到25帧/s，同时图像上有图标显示报警状态。图标状态说明见表9-3。

| 图标 | 状态说明 |
|---|---|
| | 异常报警(包括视频丢失报警、初步遮挡报警、视频移动侦测报警、开关量报警) |
| | 录像(包括手动、定时、移动侦测、报警、动测和报警、动测或报警录像) |
| | 异常报警和录像 |

多个报警都能在报警菜单显示,司机可通过报警菜单选择想查看的相应的摄像头。司机可手动退出全屏报警。

三种紧急情况优先级默认设置从高到低为:火灾报警、紧急开门、乘客报警,优先级可手动配置。

# 单元 9.5 | 人机界面显示系统

人机界面通常是指操作者可见的部分。以广州地铁 3 号线为例,驾驶室人机界面包括了驾驶室 HMI 显示屏、ATC 显示屏、数字集群车载台操纵终端。列车运行所需的关键诊断信息可以在激活端的各司机显示器上显示,司机可手动触摸,有选择地查看各系统状态,在出现故障时,司机可以从各显示器上得到列车故障信息,以方便司机正确地进行故障处理。

## 一、HMI 显示屏功能

如图 9-7 所示,HMI 显示屏显示了该趟列车的车次号、站点信息、当前时速、线网电压、车辆各系统的状态(空调、逆变器、列车号、车门、乘客紧急对讲、制动、牵引电动机、火灾报警、空压机、受电弓)、设置界面、事件信息、维护等信息。

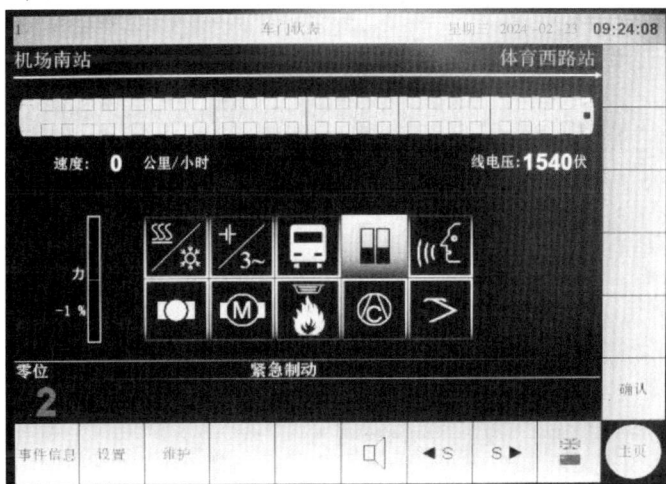

图 9-7 HMI 显示屏

## 二、ATC 显示屏功能

如图9-8所示，ATC 显示屏也显示了车次号、站点信息、推荐速度、实际速度、目标距离、驾驶模式以及车辆目前状态等信息。

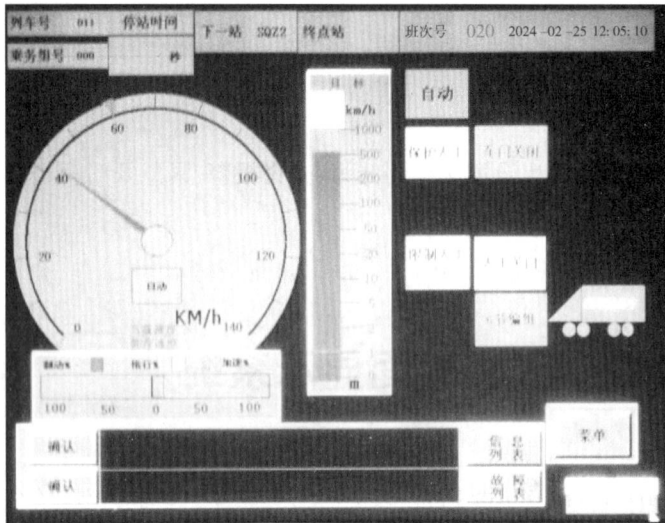

图9-8　ATC 显示屏

## 三、数字集群车载台操纵终端

数字集群车载台操纵终端为地铁行车提供呼叫行车调度员、车站、信号楼、故障车和信号转组以及紧急呼叫等功能，覆盖范围为全部地下车站和隧道区间、全部地上车站及线路、车辆段及停车场区域，如图9-9所示。

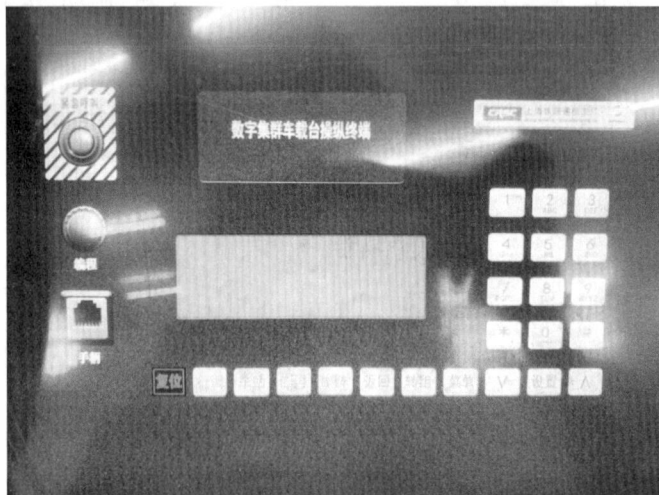

图9-9　数字集群车载台操纵终端

## ● 知识巩固

### 一、判断题

1.广播系统的一项功能是,由控制中心(OCC)通过列车无线电直接向乘客进行广播,广播不受司机干预,可通过驾驶室扬声器和客室扬声器向整个列车进行广播。　　　(　　)

2.每节车厢设有 4 台 LCD 彩色图文显示屏,安装在客室窗户的左侧。　　　(　　)

3.在广播的过程中,高优先级的广播可以打断低优先级的广播。　　　(　　)

### 二、选择题

1.以下哪几种操作方式是错误的?(　　　)

　　A.在副控端发起司机对讲

　　B.在紧急对讲过程中进行司机对讲

　　C.同时按下多个 PECU 进行报警

　　D.更新软件过程中降弓

2.通过 U 盘可进行哪些操作?(　　　)

　　A.语音文件更新

　　B.软件升级

　　C.紧急对讲录音下载

　　D.地址配置文件下载

　　E.广播语音下载

　　F.系统运行记录数据下载

3.安装在驾驶室和客室的摄像头采集的共(　　　)路视频图像将在驾驶室触摸屏 4 分屏轮循显示。

　　A.13　　　　　　　B.14　　　　　　　C.15　　　　　　　D.16

### 三、简答题

简述列车为乘客提供的 5 种通信方式及优先级(从高到低)。

# 模块 10
# 空调系统

## 知识目标

1. 了解城市轨道交通车辆空调系统的组成；
2. 知道城市轨道交通车辆空调的原理；
3. 知道城市轨道交通车辆空调相关技术参数；
4. 了解城市轨道交通车辆空调的系统控制。

## 能力目标

1. 能识别城市交通车辆空调的主要设备；
2. 能根据列车设备标示找到相应的空调设备。

## 素质目标

1. 了解空调系统在城市轨道交通中的作用，树立节能意识；
2. 增强对国家发展成就的自豪感和对国家发展战略的认同感；
3. 培养家国情怀与民族责任感。

## 建议学时

6 学时。

## 单元 10.1 ｜ 空调系统概述

为了满足广大乘客的需要,无论是长途乘客列车,还是近程的交通车辆,其客室内的空气调节都是提高乘客舒适度、改善乘车环境的主要手段。从技术角度来看,车辆的空气调节是一项极其关键的技术,是现代轨道交通车辆先进技术的重要体现。

城市轨道交通车辆空调的基本功能是用人为的办法在客室和驾驶室中制造使人感到舒适的气候环境,即在夏天能使车室降温(即制冷)、冬天能使车室升温(即采暖),并尽可能满足"头凉足暖"的循环送风原则。当车内空气混浊时,应补充新鲜空气(新风)或净化空气。由于城市轨道交通车辆空调安装在行驶的列车上,所以不论空调开动与否,都有可能遭到损坏。正确使用和操作城市轨道交通车辆空调将大大减少故障的出现,提高司机与乘客的舒适性和行车安全性。

### 一、总体介绍

每列车为 6 节编组,每车设置 2 台客室空调机组和 1 台控制盘(图 10-1),每个车头设置 1 个通风单元。另外还有车厢内的风道系统和废排装置等。

a)客室空调机组　　　　b)驾驶室通风机组　　　　c)客室空调控制盘

图 10-1　车辆空调配置

### 二、空调系统的主要参数

额定制冷量:41kW。

额定送风量:4250m³/h。

额定新风量:1300m³/h。

制冷剂:R134a。

紧急通风量:2000m³/h。

质量:900kg。

主回路电源:3 相 AC 380V,50Hz。

控制回路电源:DC 110V。

### 三、空调机组位置布置

空调机组在列车上的位置布置如图 10-2 所示。

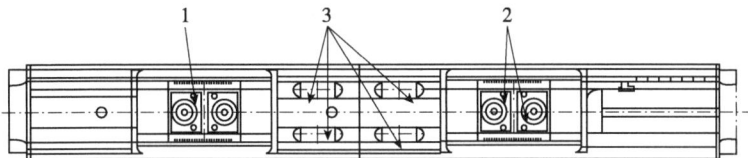

图 10-2 空调机组分布图

1-一单元空调机组;2-二单元空调机组;3-客室废气排放口

### 四、空调系统的特点

在我国早期的城市轨道交通车辆中,没有设置空调装置,只有简易的通风系统。随着经济的发展和人们对舒适度需求的提高,空调通风系统已成为城市轨道交通车辆的必需设备。

考虑到实际运行特点和运营需要,车辆空调系统一般具有以下特点:

(1)小型轻量化。由于受到重量、体积等的限制,空调机组等设备要尽量减小体积、减轻自重,以满足在城市隧道内等特殊运营条件的要求。

(2)自动化程度高。因城市轨道交通车辆运行中并不专门配置设备操作和巡检人员,因此要求系统能实现集中控制、自我检测和自我调节恢复的功能。

(3)可靠性高。除了空调机组要抗震、耐腐蚀之外,系统各软、硬件也要保证有很高的可靠性,同时在系统的设计上也必须考虑异常情况下的运转要求,以满足乘客安全的需要。

(4)便于维护。由于受到场地和检修停时等限制,空调机组、系统部件等要尽量方便检测、维护和更换,系统要能够储存必要的运行数据和一定的自我诊断功能,以保证检修人员最方便地修复系统。

(5)较低的噪声。城市轨道交通车辆基本运行在城市之中,因此在设计上要考虑尽可能地减小车辆噪声对市民的影响,选用低噪声的设备,如低噪声的风机。

## 单元 10.2 │ 空调系统组成、制冷原理和结构

### 一、空调系统组成

广州地铁 1 号线列车的每节车配有 2 台独立的车顶一体式空调机组,用于客室、驾驶室

的通风和空调,每节车2台机组的运行由一个FPC20/2控制板来控制。带驾驶室的A车还配有独立的驾驶室通风机,可通过手动旋钮对风量做多级调节。

在正常情况下,由空调机组提供给每节车的总风量为8500m³/h,在列车交流供电失效的情况下,提供客室和驾驶室紧急通风约45min,全部为新风。

在自动模式下,每节车的控制板根据环境气候条件来决定机组的工作方式,并自动调节机组的制冷量,保证客室的温度不高于27℃,相对湿度不大于65%。空调机组的出风口与车内主风道通过软风道连接,空调机组处理后的空气经车内主风道由送风口送达客室,起到调节车内空气温度、湿度的目的。

单元式空调机组具有结构紧凑、体积小、互换性好的特点,由于主要部件集中布置,缩短了连接管路,可减少管路的泄漏,且便于在车顶的检修和维护。

1. 空调系统的组成

广州地铁1号线车辆的空调机组由空气处理室和压缩机/冷凝器室两部分构成,并被组合在一个不锈钢制的箱体内,通过4个安装座,与减振垫一起固定在车顶上。包括连接软风道在内的尺寸为:2950mm(长)×1850mm(宽)×455mm(高),每台机组的质量为889kg。空调机组结构如图10-3所示。

(1)空气处理组成。

空气处理室主要包括的部件有:回风调节板、新风调节板、蒸发器、送风机、紧急逆变电源、制冷管路电磁阀、热力膨胀阀、空气挡板调节用电磁阀、温度传感器、新风气动气缸、回风气动气缸、新风百叶窗、新风过滤器(金属材料)、混合空气过滤器(无纺布材料)等,如图10-4所示。

图10-3 空调机组结构

1-压缩机/冷凝器室;2-冷凝风机;3-空气处理室;4-混合空气过滤网;5-安装室;6-新风吸入口;7-冷凝器

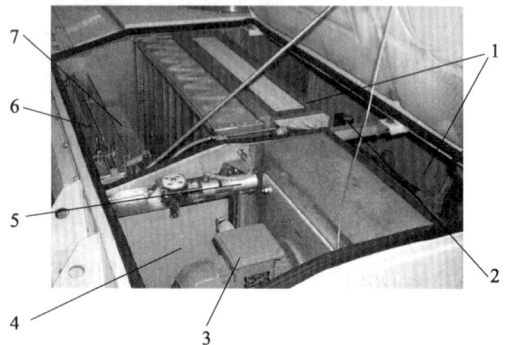

图10-4 空气处理室

1-蒸发器;2-液体管路电磁阀;3-送风机电动机;4-回风调节板;5-回风调节气缸;6-新风过滤网;7-新风调节板

(2)压缩机/冷凝器室组成。

压缩机/冷凝器室主要包括的部件有:螺杆式压缩机、冷凝风机、冷凝器、压力开关、压缩机卸载阀、储液器、干燥过滤器、湿度/流量显示器,如图10-5所示。

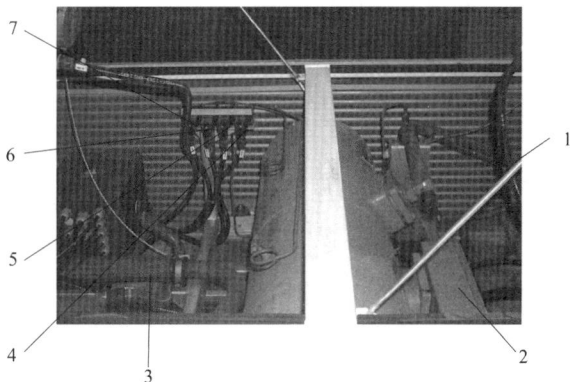

图 10-5　压缩机/冷凝器室

1-冷凝器;2-压缩机接线盒;3-减振管;4-低压压力开关;5-控制压力开关;6-自动高压压力开关;7-手动高压压力开关

2. 主要组成部件

(1)制冷压缩机。

制冷压缩机的作用是将来自蒸发器的低温、低压气态制冷剂压缩成高温、高压的气体。

空调机组的制冷压缩机采用的是全封闭螺杆式压缩机,压缩机、螺杆机构及供油系统组装在一个密封的机壳内,如图 10-6 所示。螺杆式压缩机具有结构简单、易损件少、压比大、对湿压缩不敏感、平衡性能好等特点。

图 10-6　螺杆式压缩机

空调机组采用的是双螺杆制冷压缩机,机体内装有一对相互啮合、旋向相反的螺旋形齿的转子,其齿面凸起的转子称阳转子,齿面凹进的转子称阴转子,齿槽、机体内壁面和端盖等共同构成了工作容积。

由于螺杆具有较好的刚性和强度,吸、排气口又无阀片,故一旦液体制冷剂通过时,不容易产生"液击"。

(2)冷凝器和冷凝风机。

冷凝器(图 10-7)为主要的热交换设备,高压、过热的制冷剂蒸气在冷凝器中放出热量后,凝结成饱和液体或过冷液体。

车辆用空调装置采用的是空气冷却式冷凝器,制冷剂在管内冷凝,空气在管外流动,制冷剂放出的热量被空气带走。检修过程中,需定期清扫和清洗冷凝器,其目的是增强换热器的传热系数,提高制冷剂和管壁间的换热系数,保证机组的正常运行和设计的制冷量。

图 10-7　冷凝器

为了增强换热时的空气流动循环,空调机组采用强迫通风的对流冷却,并通过两台轴流式风机(图 10-8)来强化制冷剂在冷凝器中的凝结放热过程。两台轴流式风机通过引接高压处的压力,由控制器根据压力变化情况来控制风机的启停和运转台数。

图 10-8　轴流式风机

（3）蒸发器。

制冷剂在蒸发器(图 10-9)内吸热汽化,制冷剂在蒸发器内由液态变成气态,制冷剂在蒸发器内为汽化吸热过程。在蒸发器中,来自膨胀阀出口处的制冷剂,通过分配器从管子的一端进入蒸发器,吸热汽化,并在到达另一端时让制冷剂全部汽化,从而吸收管外被冷却空气的热量,空气的热量被蒸发器内的制冷剂吸收后温度降低,达到冷却空气的目的。

图 10-9　蒸发器

（4）送风机。

送风机（图 10-10）为两台离心式风扇，兼有吸风和送风的双重功能。一方面，通过新风格栅吸入新风，并使它与回风混合，另一方面将经过蒸发器冷却、减湿后的空气通过风机输送到客室的送风管道中，并被送到客室内，达到调节客室温度、湿度的目的。

（5）热力膨胀阀（图 10-11）。

图 10-10　送风机

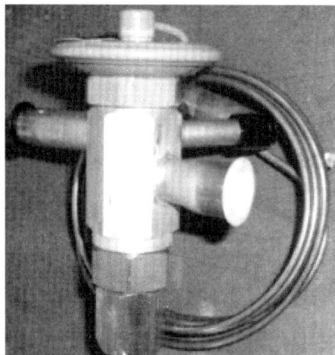

图 10-11　热力膨胀阀

膨胀阀位于冷凝器之后，它使从冷凝器来的高压制冷剂液体在流经膨胀机构后，压力被降低而进入蒸发器，它除了起节流作用外，还起调节进入蒸发器制冷剂流量的作用。通过膨胀阀的调节，使制冷剂离开蒸发器时有一定的过热度，避免制冷剂液体进入压缩机。

广州地铁 1 号线空调机组的膨胀阀采用的是外平衡式膨胀阀，它是通过蒸发器出口处制冷剂蒸气过热度的大小来调节阀口的开度，在蒸发器负荷变化时，可以自动调节制冷剂液体的流量，以控制蒸发器出口处制冷剂的过热度，该膨胀阀过热度的设定值为 10K±3K。

当实际过热度高于设定点时，热力膨胀阀会让更多的液体制冷剂流入蒸发器；同样，当实际过热度低于设定点时，热力膨胀阀会减小流入蒸发器的制冷剂流量。过热度调节弹簧的张力可进行调节，静态过热度通过旋转螺母来调节，顺时针转动螺母可增大过热度，逆时针转动螺母可减小过热度。

（6）控制阀。

每台空调机组用的阀主要包括有：压缩机的卸载阀、制冷管路上的液路电磁阀（图 10-12）和手动截止阀、控制压缩空气气缸的组合电磁阀。

卸载阀为压缩机的能量调节阀，通过控制压缩机的排气量来控制制冷系统的制冷量。

液路电磁阀用于自动接通和切断制冷回路，它是由 110V 电源来启闭的截止阀，电磁阀的开启是依靠线圈通电产生的电磁力，并依靠弹簧和阀芯的自重来关闭。它装在膨胀阀之前的液管上，与压缩机联动，当压缩机启动时，电磁阀打开供液管，当压缩机停车时，切断供液管路。

手动截止阀是装在制冷管道上的阀件，在制冷系统需要检修和分解时起着接通和切断制冷剂通道的作用。

图 10-12　液路电磁阀

列车上的 T09 阀用来开启和切断空调机组空气调节挡板驱动气缸的压缩空气,而空调机组内的组合电磁阀是由控制系统来控制其电源供给,从而控制着新风及回风气缸的压缩空气供给情况。

（7）储液器。

储液器（图 10-13）用于储存由冷凝器来的高压液体制冷剂,以适应工况变化时制冷系统中所需制冷剂量的变化,并可减少每年补充制冷剂的次数。在储液器的中部设有一个可视液面的浮球,机组运行到稳定状态后,若制冷剂充足则视镜中的小球上浮。

（8）干燥过滤器（图 10-14）。

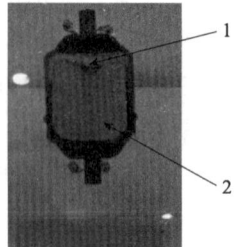

a)　　　　　　　　　b)

图 10-13　储液器　　　　　　　图 10-14　干燥过滤器

1-玻璃棉层过滤固体杂质;2-分子筛去除水分

由于制冷系统在充灌制冷剂前难以做到绝对干燥,总含有少量的水气。当制冷循环系统中存在水分时,一旦蒸发温度低于 0℃,会在节流机构中产生冰堵,影响系统的正常运行。

干燥过滤器中的干燥剂用来吸收制冷循环系统中的水分,过滤器用来清除系统中的一些机械杂质,如金属屑和氧化皮等,避免系统中出现的"冰堵"和"脏堵"。

（9）流量/湿度指示器。

用来显示系统运行时制冷剂量和流动情况,而视液镜（图 10-15）中心部位的圆芯则用来指示制冷剂的含水量。当圆芯纸遇到不同含水量的制冷剂时,其水化合物能显示不同的颜色,从而根据纸芯的颜色来判断含水的程度。纸芯的颜色变化可显示出制冷剂的含水量情况:正常、警示、超标,当纸芯的颜色为紫色时表明正常。

图 10-15　视液镜

当纸芯颜色开始偏红时,说明系统中制冷剂的含水量已到了需加强跟踪的警示位置,一旦纸芯颜色为粉红色时必须尽快更换干燥过滤器。

检修中,在制冷系统运行情况下,若流量指示器中有气泡出现,则必须确认管路是否有堵塞的问题,若无堵塞说明制冷剂量不足,须及时补加制冷剂,否则系统容易因低压问题出现故障。

(10)压力开关。

广州地铁 1 号线空调机组共设有 4 个压力开关(图 10-16),分别为高压压力开关 2 个,控制压力开关 1 个,低压压力开关 1 个。当制冷系统的压力异常高时,高压压力开关动作,使压缩机停止运行,避免意外事故的发生和设备的损坏,根据压力动作值的不同设置,高压开关的设有自动复位和手动复位两种。

图 10-16　压力开关

(11)温度传感器。

空调系统分别在客室、新风入口、送风管道处设有温度传感器(图 10-17),用于监测客室温度、环境温度和已处理空气的温度,通过对温度采样值的判断来控制空调机组的运行模式。广州地铁 1 号线空调机组的温度传感器采用的是 NTC 型,这种传感器的温度与电阻呈负曲线关系,既温度值越高电阻值越低。

图 10-17　温度传感器

（12）混合风过滤网。

在蒸发器的前部,设置了一个混合风过滤网(图 10-18),过滤来自客室内部和外部新风中的杂质和灰尘颗粒,保持蒸发器翅片的清洁;过滤网一般一月清理一次,可以重复使用三次左右(视具体情况而定)。

图 10-18　混合风过滤网

（13）新风滤网。

新风滤网(图 10-19)用来阻止环境中的杂质和粗大的灰尘颗粒进入空调机组内部,新风滤网由不锈钢制成,具有良好的耐腐蚀性,并且新风滤网设置在机组外部,清洗和更换时不用打开机组即可完成。

（14）雨水分离器(图 10-20)。

雨水分离器的主要作用是阻止雨水和细小的灰尘颗粒进入空调机组内部。雨水分离器为铝合金材料,外部喷漆,具有良好的耐腐蚀性,并且设置在机组外部,方便清洗和维护。

图 10-19　新风滤网

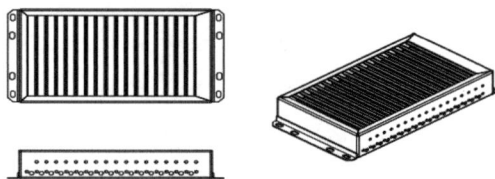

图 10-20　雨水分离器

## 二、空调机组的制冷原理

### 1.制冷循环的基本原理

（1）制冷循环。制冷剂在制冷回路中循环流动,并且不断地与外界发生能量交换,即不断地从被冷却对象中吸取热量,向环境介质排放热量。为了实现制冷循环,必须消耗一定的能量。

在制冷方法中,液体汽化制冷应用最为广泛,车辆空调机组采用的是蒸汽压缩式制冷,它属于液体汽化制冷。

(2)空调用蒸汽压缩式制冷系统的原理。制冷系统主要由压缩机、冷凝器、膨胀阀、蒸发器等部件组成,并用管道将各部件连接成一个封闭的回路。液态制冷剂通过制冷系统回路循环,并在蒸发器内蒸发,制冷剂在蒸发器内与被冷却空气发生热量交换,吸收被冷却空气的热量并汽化成蒸气,压缩机不断地将产生的蒸汽从蒸发器中抽走,并压缩制冷剂,使其在高压下被排出;经压缩后的高温、高压蒸汽在冷凝器内被周围的空气冷却,凝结成高压液体;利用热力膨胀阀使高压液体节流,节流后的低压、低温湿蒸气进入蒸发器,再次汽化,吸收被冷却空气的热量,如此周而复始。

广州地铁 1 号线空调机组采用的是 R134a 制冷剂,它是一种环保型的制冷剂,属于中温制冷剂,它的标准沸点为 $-26.2℃$,凝固温度为 $-101℃$,其热力性能与 R12 接近。

2. 空调机组的制冷过程

如图 10-21 所示,制冷剂在压缩机内被压缩,成为高温、高压的气体,被分成两路经两侧风冷冷凝器的冷凝、冷却,通过冷凝风机吸入外界空气来强化对流,增强换热效率,且由控制压力开关来控制冷凝风机的运行台数,使经过冷凝器后的制冷剂成为常温、高压的液体,液体制冷剂进入储液筒、干燥过滤器、流量显示器后,再次被分成两路,每一路都先通过液体管路电磁阀到达热力膨胀阀,制冷剂在膨胀阀中被节流降压,变成低温、低压的气液混合状态,液体制冷剂在蒸发器管内吸收需冷却的空气热量,并由液态蒸发变成气态,气态的制冷剂被再次吸入到压缩机,重新被压缩,压缩机的不断工作和系统的往复循环,达到连续制冷的效果。

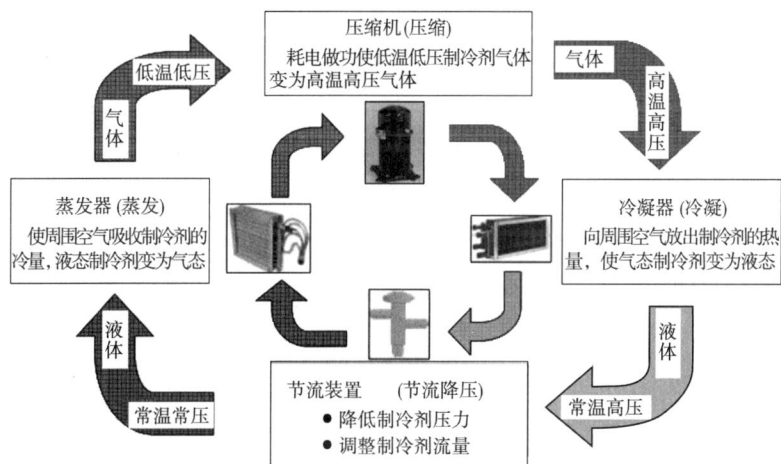

图 10-21　制冷过程

在制冷状况下,通过蒸发器的空气在蒸发器外被冷却,空气中的水分冷凝成水珠,通过机组上设的排水孔排到车顶上,最终通过设在车顶两侧的排水道排到车下。

3. 空气处理过程

空调系统采用的是上送侧回式送风方式,车外的新风通过新风口的挡水百叶窗和金属过滤网被吸入,并与部分来自客室的回风混合后被过滤,过滤后空气进入蒸发器,经过蒸发器后被降温、去湿后由送风机送到风道内,然后沿车上的送风道、送风口被送到客室;客室内的一部分空气从座椅下方及车内墙板的后面导向车顶排出车外,另一部分空气通过回风道回风,再次送入蒸发器循环使用。由蒸发器冷却、除湿了的空气通过机组的两台离心通风机输送到客室的送风道中,并通过送风道均匀地被分配到整个车厢中,如图10-22所示。

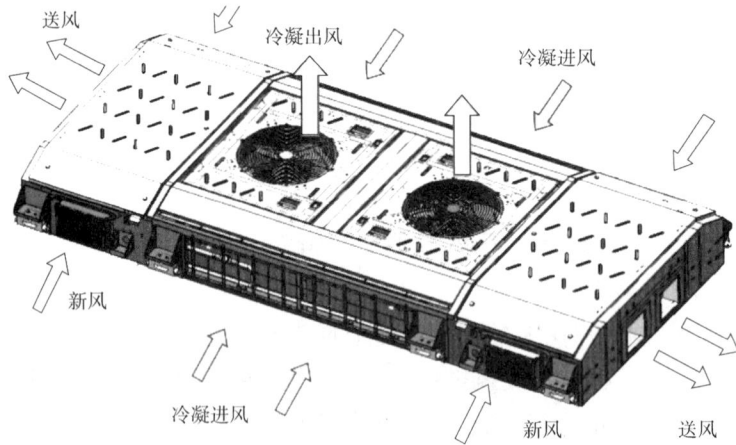

图 10-22  空气处理过程

通过驾驶室的连接风道,与驾驶室相邻的空调机组将部分已处理的空气直接送到驾驶室,驾驶室内的配有的独立风机可用来调节风量大小,通过顶部的旋钮来调节风量,风量调节范围设有三级,送风方向通过可调叶片调节。

### 三、空调系统（VAC）的功能

根据车厢内部和外部的条件,VAC 具备以下功能:

1. 预冷（仅当空调系统首次得电并检测到车厢内有制冷需求时）

当空调控制系统首次得电时,将会自动对系统进行安全检查,确认空调系统的状态是否正常。当自检完成,空调系统一切正常时,此时空调控制系统将会根据温度传感器监测到的车内温度、车外温度以及车内设定温度判断车辆是否有制冷需求。当空调控制系统判断此时车内存在制冷需求时,将会自动进入预冷模式。

在预冷模式下,空调机组的新风门将会全部关闭,回风门全部打开,此时空调机组将使用100%的回风进行制冷。这样,最大的好处就是能节省能量,最大限度地缩短车厢降温的时间,使车厢内的温度尽快达到设定温度值。当车厢内的空气温度达到系统设定温度值和预冷运行15min以后,预冷模式将会自动结束。

如司机判断此时不需要运行预冷模式,可以通过驾驶台上 HMI 中止预冷模式。

2. 制冷（分全冷和半冷两种工况）

当空调控制系统检测到车内有制冷需求时,将会运行制冷模式。其运行由空调控制器控制。当制冷回路出现压力保护（制冷回路高压保护或低压保护）或压缩机电动机过载时,控制器将会自动切换至安全运行状态。

空调机组能够提供两级制冷能力,以满足不同制冷需求下的运行要求:

(1)制冷需求较大时,空调机组将运行全冷模式。此时压缩机将满负荷工作,空调机组将输出 100% 的制冷能力。

(2)制冷需求较小时,空调机组将运行半冷模式。此时,压缩机将启动旁通卸载,运行在减载工况,空调机组将输出约 50% 的制冷能力。

3. 通风

当空调控制系统检测到车内没有制冷需求时,空调机组将运行在通风模式。此时,压缩机将停止工作,制冷回路中的制冷剂将停止流动,只有送风机运行,为车厢内提供新风和回风。在送风机过载的情况下,控制器会自动切断电动机电源。当空调控制器检测到车内有制冷需求时,系统将自动转为制冷模式。

4. 紧急通风

当空调系统失去 AC 380V 电源时,空调将启动紧急通风。紧急通风时,空调机组制冷压缩机和冷凝风机将停止工作,新风门打开,回风门关闭,紧急逆变器将蓄电池提供的 DC 110V 电源变频变压为 AC 230V 电源供给空调送风机。此时,空调将向客室内输送 $4000m^3/h$ 的 100% 室外新风。紧急通风时,驾驶室通风单元的风机如果在此列车出现 AC 380V 电源恢复或蓄电池低压保护时,列车空调机组将停止紧急通风运行。

5. 紫外线杀菌装置

紫外线杀菌装置(图 10-23)安装在空调机组的回风口,由控制器控制其开关。

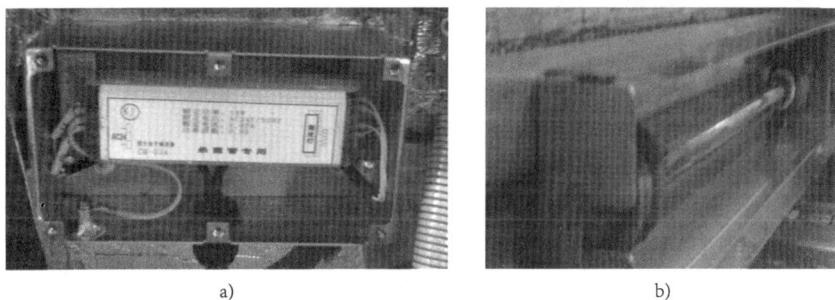

a)                                    b)

图 10-23　紫外线杀菌装置

# 单元 10.3 | 典型车辆空调控制系统

## 一、概述

列车空调系统中,每节车有一个控制模块,监控空调单元的运行。控制模块根据对比所需达到的温度和各个温度传感器的信号来控制空调单元的运行与否,同时还监测空调运行的安全因素,保证空调单元高效、安全地运行。下面以广州地铁 3 号线北延段车辆空调控制系统为例进行介绍。

## 二、空调控制系统的组成

空调控制系统是由空调控制柜、相关传感器(如温度传感器、压力传感器等)和空调控制电路等组成。

(1)空调控制柜。

空调控制柜其主要由 2 个空调控制器、断路器、接触器和电压探测器等主要部件组成,如图 10-24 所示,其中空调控制器用来控制空调机组的 2 个空调单元和紧急逆变器,同时通过 MVB 网络与车辆进行通信,执行车辆发来的命令,发送状态信息、故障信息等,并自动记录空调的故障信息供维护人员下载数据。因此空调控制柜能控制车辆空调的通风和制冷,保证空调压缩机、冷凝器风机正常工作,还能对电气系统运行故障进行诊断、显示并进行保护,方便维修。当前,空调控制柜已实现电气控制系统的小型化、智能化和系统化,它能根据预设参数实现自动控制,减轻了操作人员的工作强度,避免由于人为误操作引起的事故,便于操作和维护。

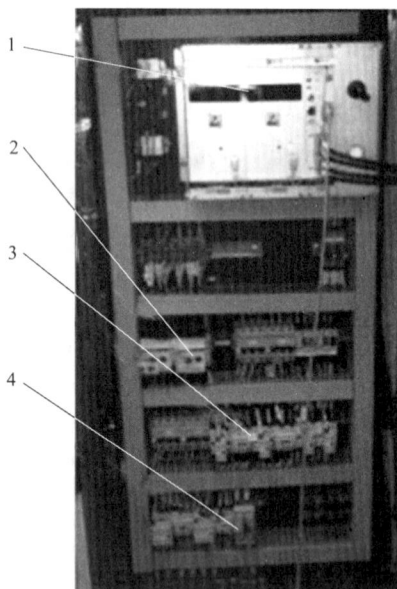

图 10-24 空调控制柜主要部件
1-空调控制器;2-断路器;3-接触器;4-电压探测器

(2)相关传感器。

为实现完成空调自动控制,空调系统常设有若干传感器,其中主要由高压开关、低压开关和温度传感器等组成;高低压开关是用来保护空调压缩机组,当系统检测到管道压力过高或过低时,压缩机停止工作,从而起到保护空调压缩机的作用。温度传感器主要有 1 个车厢温度传感器、1 个新鲜空气温度传感器和 2 个送风空气温度传感器,其中新鲜空气温度传感器和送风温度传感器均安装在空调机组内。

(3)空调控制电路。

列车空调控制电路分为压缩机电路和供风控制电路。

如图 10-25 所示,压缩机控制电路的启动逻辑控制顺序严格,启动顺序为送风机、冷凝风机、压缩机,若前级不能启动,后级则不被允许启动。当空调控制器接收到空调开启信号,将首先启动送风机,进入通风模式;当通风机正常运行后,由空调控制器发出指令控制冷凝风机三相电源的接触器闭合,启动冷凝风机;若送风机和冷凝风机正常运行,并且压缩机温度与空调系统管路高低压开关正常,则压缩机将由辅助逆变器供电正常启动,空调控制器才开始进行温度调节。

供风控制电路通常用于新风和回风循环的切换,由空调控制器发出相应的指令控制新风阀和回风阀的开启,其控制电路如图 10-26 所示。

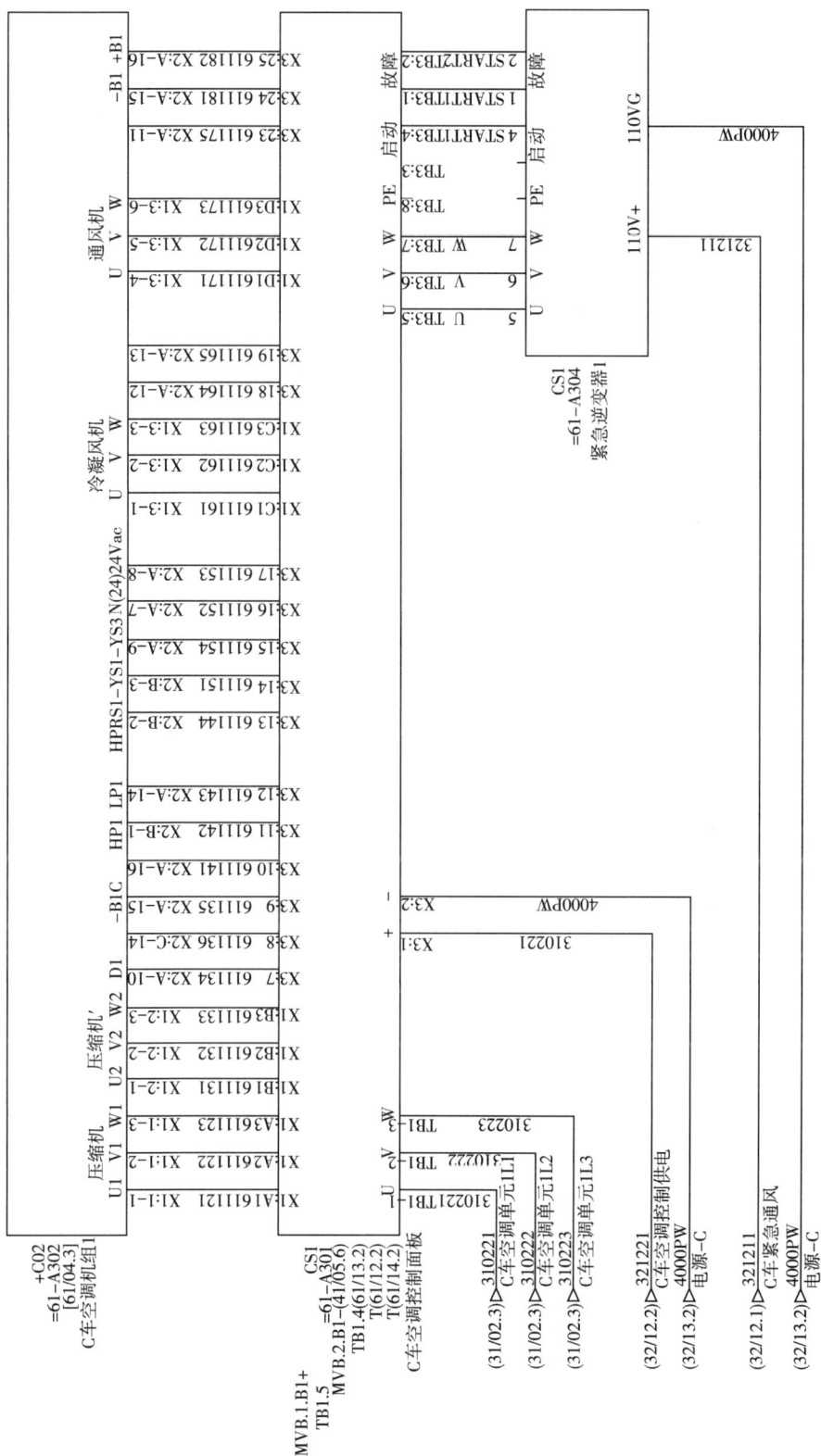

图 10-25　空调压缩机控制电路图

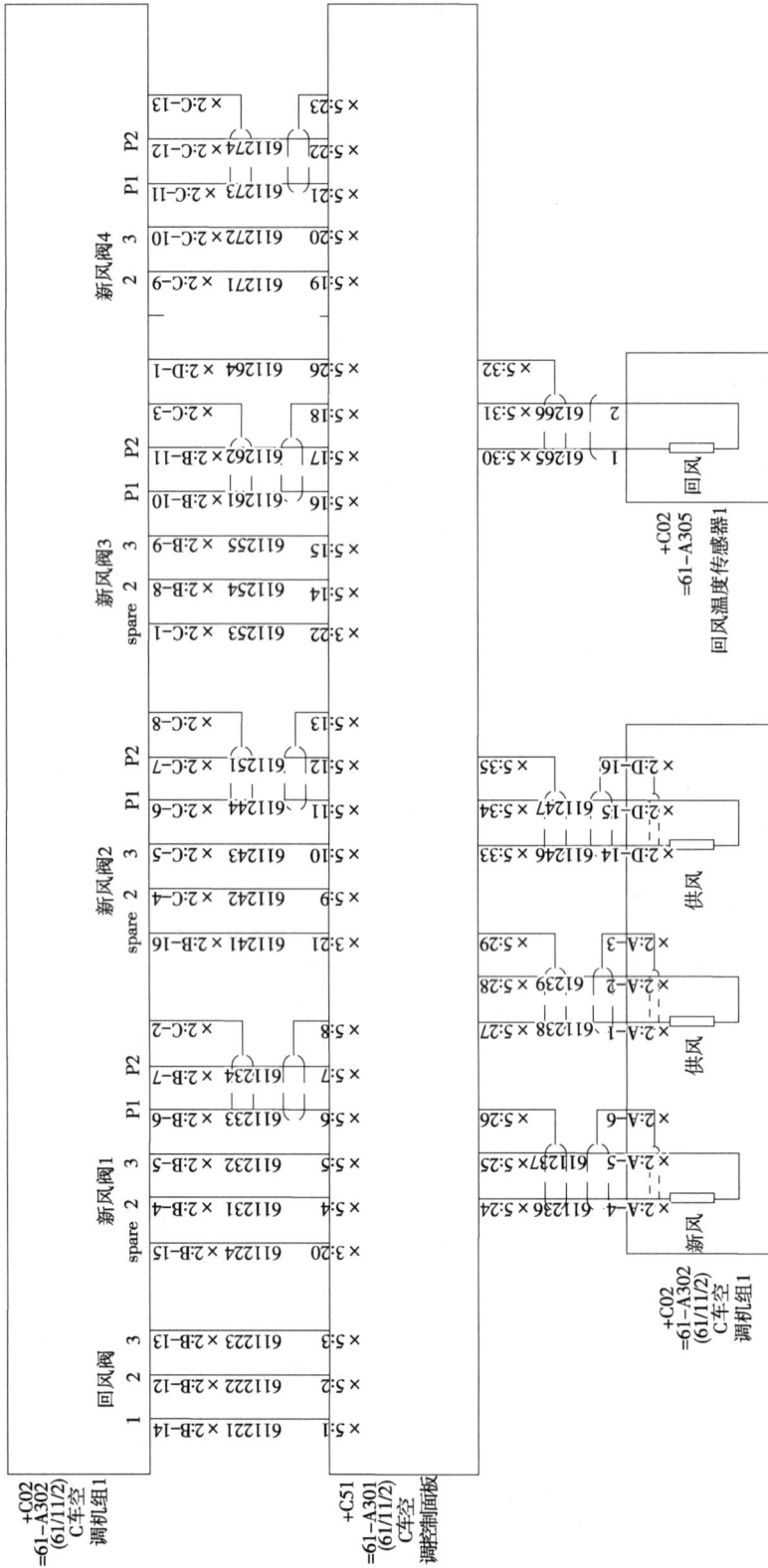

图 10-26 空调供风控制电路

### 三、空调系统控制模式

**1.列车空调开启和关闭**

列车空调系统必须在激活端的驾驶室操作其运行或停机,通过按压设在副驾驶台的空调"开""关"按钮,即可开启或关闭整列车的空调机组,若开停"空调 A"按钮则仅开停列车头端 A 车的空调机组。每节车的电子柜内装有一个空调控制板和温度控制板,温度控制板可对单节车空调机组的运行模式和温度值进行设定,空调控制板控制了每节车的两台空调机组,并能完成故障的诊断和记录,通过相关应用软件可以进行实时通信功能。

**2.HMI 状态界面(驾驶室触摸屏)**

驾驶室内除了操纵台上的三个按钮开关之外,其他所有对空调系统的操作均通过 HMI 进行。在 HMI 的主界面选择空调按钮,进入空调界面(图 10-27)。

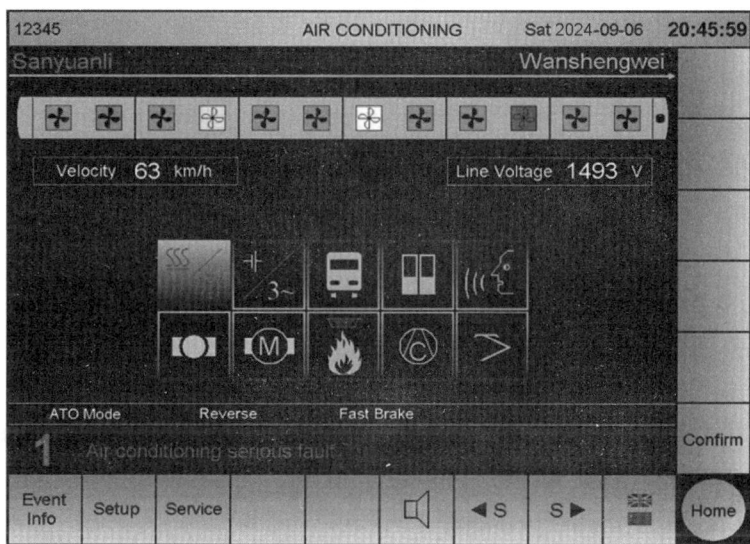

图 10-27　空调界面

在空调界面中,空调机组的运行状态通过不同的符号予以表示,便于司机快速查看各空调机组的运行状态。各种符号表示状态和优先级见表 10-1。

空调运行符号　　　　　　　　　　　　　　　　　表 10-1

| 优先级 | 符号 | 指示的状态 |
|:---:|:---:|:---:|
| 1 |  | 空调故障 |
| 2 |  | 空调警告 |

续上表

| 优先级 | 符号 | 指示的状态 |
|---|---|---|
| 3 |   | "紧急通风"模式,由蓄电池供电 |
| 4 |   | 能见模式,由辅助电源供电 |
| 5 |   | "限制制冷"模式 |
| 6 |   | 空调运行,无故障 |
| 7 |   | 空调断开,无故障 |

空调系统提供四种控制模式:本机模式、集控模式、故障模式和减载模式。

3. 本机控制模式

在本机控制时,通过控制面板上的8位开关,实现如下几种运行模式:

(1)停机:当空调控制盘上的模式开关处于此位置时,空调机组停止工作。

(2)自动:空调机组根据 UIC553 曲线自动运行,调节车厢内的温度。在此模式下,VCU 可以向空调系统发送温度调节指令。

(3)试验:当模式开关处于此模式时,空调机组将对本机的主要部件进行检测,强制启动制冷,为保护压缩机,15min 后系统将自动转为通风模式。

(4)24℃、25℃、26℃、27℃、28℃模式。

当模式开关处于任何一设定值时,空调机组将以此为目标温度,进行运行。当客室内的温度达到设定值时,空调机组自动转入通风模式。

4. 集控模式

当空调控制板8位选择开关置于自动位时,机组就工作于集控模式,此时可以通过操作驾驶室集控旋钮来开启或关闭空调,也可通过 HMI(驾驶室触摸屏)选择如图 10-28 所示的5种工作模式。

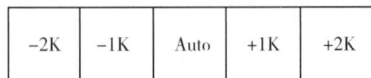

| -2K | -1K | Auto | +1K | +2K |
|---|---|---|---|---|

图 10-28　5 种工作模式

5. 故障模式

当 MVB 故障,空调控制器与 VCU 通信中断时,空调机组将继续运行于当前的运行模式,直到达到需要改变运行模式时,自动转入通风模式或停机。压缩机不允许再次启动和加载。即：

（1）若空调机组当前处于停机模式,则继续停机。

（2）若空调机组当前运行于通风模式,将继续运行于通风模式。

（3）若空调机组当前运行于半冷模式,将继续运行于半冷模式,直到客室内温度达到设定的目标温度,则自动转入通风模式。

（4）若空调机组当前运行于全冷模式,将继续运行于全冷模式,直到客室内温度达到设定的目标温度,则自动转入通风模式。

（5）若空调机组当前运行于紧急通风模式,则继续进行紧急通风,直到紧急通风45min 后停止。

6.减载模式

当仅有一台辅助逆变器发生故障,将不切除空调机组,发生故障的辅助逆变器所承载的负载自动分散到其余辅助逆变器。当两台辅助逆变器发生故障,将切除每台空调中的一台压缩机,发生故障的辅助逆变器所承载的负载自动分散到其余辅助逆变器。当更多的辅助逆变器发生故障,将切除全部的压缩机,此时将运行通风模式。当所有辅助逆变器均发生故障时,为保持客室的风量供应,紧急逆变器将被激活,并将电池提供的 DC 110V转换成交流电为送风机供电。在此情况下,两个使用正常电源 DC 110V 的回风门也将被关闭,每台机组中的回风阀将被阀门的弹簧回复力驱动并关闭。所以此时只有新风进入车厢。由于回风阀的关闭对整个空气通道的影响很小,而根据风机原理紧急运行中的送风机的转速也是精心设计的,一节车厢的送风量可以达到 $4000m^3/h$。在紧急运行中,驾驶室通风单元的风机关闭,在中央送风风道正压的作用下,送风被吹入驾驶室。

## ● 实训任务

本模块实训任务见附录任务9。

## ● 知识巩固

### 一、判断题

1.制冷剂在冷凝器中放出的热量就是一部分。　　　　　　　　　　　　　　　（　　　）

2.回风道是车厢与通风机之间,用于传输再循环空气的通道。　　　　　　　　（　　　）

3.现城市轨道交通车辆空调选用的制冷剂主要有两种类型:R134a 和 R407c。（　　　）

4.城市轨道交通车辆空调的冷凝风机通常是使用轴流式风机。　　　　　　　　（　　　）

5.城市轨道交通车辆空调机组的主要部件包括压缩机、蒸发器、冷凝器、节流装置。

　　　　　　　　　　　　　　　　　　　　　　　　　　　　　　　　　　　（　　　）

### 二、选择题

1.空调视液镜为系统含水量超标时显示(　　　),正常时显示(　　　)。

　　A.红色　　　　　　　　B.蓝色　　　　　　　　C.绿色　　　　　　　　D.黄色

2. 制冷时,空调各部件的启动顺序为(　　)。

　　A. 压缩机、送风机、冷凝风机

　　B. 压缩机、冷凝风机、送风机

　　C. 送风机、冷凝风机、压缩机

　　D. 冷凝风机、压缩机、送风机

3. 下列对于制冷剂在空调中工作的描述错误的是(　　)。

　　A. 低温低压的液体经过蒸发器变为低温低压的蒸气

　　B. 视液镜内颜色为黄色,说明系统含水量超标

　　C. 常温高压的气体经过节流阀变为低温低压的液体

　　D. 高温高压的气体进入冷凝器变为常温高压的液体

4. 在空调机组中,起提升制冷剂压力和温度作用的部件是(　　)。

　　A. 压缩机　　　　　　B. 冷凝器　　　　　　C. 节流阀　　　　　　D. 蒸发器

5. 导致空调冷凝风机不工作的原因,以下错误的是(　　)。

　　A. 冷凝风机接触器不吸合

　　B. 送风机接触器不吸合

　　C. 空气开关 F3/F4 跳闸

　　D. 空调压缩机接触器不吸合

三、简答题

1. 简述空调的工作原理。

2. 城市轨道交通车辆空调通风系统的特点是什么?

3. 为什么在冷凝器后面设置干燥过滤器?

4. 制冷剂含水量过高会对制冷系统及其运行产生什么影响?

# 参考文献

[1]邱志华,陈柳栋.城市轨道交通车辆基础[M].北京:人民交通出版社股份有限公司,2025.

[2]仇海兵.城市轨道交通车辆及操作[M].2版.北京:人民交通出版社股份有限公司,2019.

[3]管春玲,许迎杰.轨道交通车辆制动系统维护与运用[M].北京:高等教育出版社,2022.

[4]温志强,李瑞荣.城市轨道交通车辆电气控制系统[M].北京:中国铁道出版社有限公司,2022.

[5]陈思斌,杨培盛.全自动运行地铁车辆[M].北京:中国铁道出版社有限公司,2021.

[6]刘柱军.城市轨道交通车辆构造[M].2版.北京:人民交通出版社股份有限公司,2025.

[7]侯秀芳.2023年中国内地城市轨道交通运营线路概况[J].都市快轨交通,2024,37(1):10-16.

[8]张程光,吴奇.城市轨道交通车辆构造[M].北京:人民交通出版社股份有限公司,2021.

[9]刘敏.城市轨道交通车辆故障分析与处理[M].北京:人民交通出版社股份有限公司,2022.

[10]彭育强,黎新华.城市轨道交通车辆机械系统检修[M].2版.北京:人民交通出版社股份有限公司,2025.

[11]席艳丽.地铁车辆制动国产化项目简介及典型故障分析[J].轨道交通装备与技术,2021(1):44-46.

[12]曹成鹏,闫俊材,王兴佳.城市轨道交通车辆减重节能技术[J].城市轨道交通研究,2024:242-246.

[13]朱鹏飞.北京地铁车辆轻量化设计研究[D].北京:北京理工大学,2013.

[14]李培.地铁不锈钢车体结构性能研究[D].大连:大连交通大学,2010.

[15]何德军.中国南车城市轨道交通装备产业发展战略改善研究[D].长沙:湖南大学,2010.

附录
# 实训任务单

## 任务 1丨车辆总体结构认知

班　　级：_____　　学　　号：_____　　姓　　名：_____

指导教师：_____　　实训时间：_____　　成　　绩：_____

### 实训目标

(1)能通过维修手册查询城市轨道交通车辆有关参数；

(2)能根据城市轨道交通车辆的参数判断车辆的类型；

(3)能运用网络或专业书籍查询城市轨道交通车辆生产企业信息；

(4)能认识城市轨道交通车辆的车顶设备、车内设备和车底设备。

### 设备、工具和材料

城市轨道交通车辆、受电弓、空调、转向架等实训设备。

### 保护性衣物

标准作业着装(戴安全帽、穿安全鞋和工作服等)。

### 实训步骤

(1)车辆设备分为车顶设备、车内设备和车底设备,在城市轨道交通车辆上查找附表1-1中所列设备,并描述其作用和安装位置。

车辆设备查找

附表1-1

| 序号 | 设备名称 | 作用 | 位置 |
|:---:|:---:|:---:|:---:|
| 1 | 空调机 |  | □车内　□车顶　□车底 |
| 2 | 转向架 |  | □车内　□车顶　□车底 |
| 3 | 蓄电池 |  | □车内　□车顶　□车底 |
| 4 | 制动电阻 |  | □车内　□车顶　□车底 |

| 序号 | 设备名称 | 作用 | 位置 |
|---|---|---|---|
| 5 | 司机操纵台 | | □车内　□车顶　□车底 |
| 6 | 车门 | | □车内　□车顶　□车底 |
| 7 | 轮对 | | □车内　□车顶　□车底 |
| 8 | 牵引电动机 | | □车内　□车顶　□车底 |
| 9 | 乘客座椅、扶手 | | □车内　□车顶　□车底 |
| 10 | 车钩缓冲装置 | | □车内　□车顶　□车底 |
| 11 | 空气压缩机 | | □车内　□车顶　□车底 |

（2）利用维修手册补充学校实训车辆（或你所在城市某条线路车辆）技术参数，完成附表 1-2。

某车辆技术参数　　　　　　　　　　　　　　附表 1-2

| 序号 | 项目名称 | 技术参数 | 序号 | 项目名称 | 技术参数 |
|---|---|---|---|---|---|
| 1 | 列车长度 | | 6 | 转向架中心距 | |
| 2 | 车辆宽度 | | 7 | 车辆中心高度（客室净高） | |
| 3 | 车辆高度（不含受电弓） | | 8 | 最高运行速度 | |
| 4 | 轴距 | | 9 | 车钩距轨面高度 | |
| 5 | 车轮直径 | | 10 | 轴重（AW2） | |

## 任务 2 | 车体结构认知与客室检查

班　　级：_____　学　　号：_____　姓　　名：_____

指导教师：_____　实训时间：_____　成　　绩：_____

### 实训目标

(1)能根据维修手册识别车辆车体的材料；

(2)能识别驾驶室的主要设备；

(3)能识别客室的主要设备；

(4)能按要求完成客室设备检查。

### 设备、工具和材料

具有驾驶室和客室的城市轨道交通车辆。

### 保护性衣物

标准作业着装(戴安全帽、穿安全鞋和工作服等)。

### 实训步骤

(1)查询维修手册,实训用车辆的车体采用_____(铝合金、不锈钢、耐候钢)材料制造而成。

(2)识别车辆驾驶室实训设备,填写附表2-1。

驾驶室设备　　　　　　　　　　　　　　　　　　　　　　附表2-1

| 设备名称 | 安装位置 | 作用 |
|---|---|---|
| 主控手柄 | | |
| 警惕按钮 | | |
| 方向手柄 | | |
| 紧急停车按钮 | | |
| 设备柜 | | |
| 雨刮器 | | |

(3)认识车辆客室设备,填写附表2-2。

客室设备 附表 2-2

| 设备名称 | 是否配置 | 数量 |
|---|---|---|
| 车窗 | □有　□无 | |
| 座椅 | □有　□无 | |
| 立柱 | □有　□无 | |
| 扶手 | □有　□无 | |
| 车门 | □有　□无 | |
| 灭火器 | □有　□无 | |

（4）在城市轨道交通车辆客室内按附表 2-3 的作业标准与要求，完成检查作业。

客室检查 附表 2-3

| 序号 | 作业项 | 作业标准与要求 | 是否完成 | |
|---|---|---|---|---|
| 1 | 客室车窗 | 保持车窗干净，无油污等 | □是 | □否 |
| | | 检查玻璃是否有裂纹和严重划伤 | □是 | □否 |
| | | 检查玻璃夹层密封条状况 | □是 | □否 |
| | | 玻璃夹层是否有进气和进水现象 | □是 | □否 |
| | | 检查窗户是否安装牢固 | □是 | □否 |
| 2 | 顶板、侧墙 | 检查顶板各紧固件是否松动<br>作业说明：螺栓松动必须紧固且需加螺纹紧固胶 | □是 | □否 |
| | | 保持外表光滑洁净<br>作业说明：用清水或中性水清洗和擦拭内顶板表面，去除油污、汗渍等 | □是 | □否 |
| 3 | 客室座椅 | 检查座椅面，干净、无油污等 | □是 | □否 |
| | | 检查座椅面是否严重破坏，座椅骨架安装螺栓、座椅面安装螺栓是否松动脱落 | □是 | □否 |
| 4 | 内部辅助设施 | 检查残疾人座椅固定扣、标识标语贴纸、广告贴、广告框是否有损坏 | □是 | □否 |
| 5 | 灭火器 | 检查灭火器压力表<br>作业说明：如果压力小于工作压力下限则须更换灭火器 | □是 | □否 |
| | | 检查灭火器安装罩的安装螺栓，如有松动及时紧固<br>作业说明：日常检查、使用、取放灭火器时应轻拿轻放，不可用力过猛 | □是 | □否 |
| 6 | 扶手、立柱、吊环 | 检查扶手杆各紧固件是否松动；若有松动，必须紧固螺钉 | □是 | □否 |
| | | 检查吊环是否损坏、安装紧固件是否松动；若吊环损坏必须立刻更换，若有松动情况，必须紧固螺钉 | □是 | □否 |
| | | 清洁扶手杆及吊环<br>作业说明：可用中性或弱酸、弱碱性的清洁剂（如肥皂水、洗衣粉水等）对扶手杆及吊环进行清洁 | □是 | □否 |
| 7 | 地板 | 检查地板清洁状况 | □是 | □否 |

## 任务 3 | 转向架检查

班　　级：_____　　学　　号：_____　　姓　　名：_____

指导教师：_____　　实训时间：_____　　成　　绩：_____

### 实训目标

(1)认识城市轨道交通车辆转向架的主要部件；

(2)指认出动车转向架的主要组成,说出机械组成的名称；

(3)能按照实训任务单完成转向架的日常检查。

### 设备、工具和材料

带闸瓦制动的转向架实训总成、城市轨道交通车辆、手电筒、擦拭纸、酒精、划线笔(油漆笔)和标签。

### 保护性衣物

标准作业着装(戴安全帽、穿安全鞋和工作服等)。

### 实训步骤

在转向架实训台上按附表 3-1 作业标准与要求,完成检查作业。

转向架检查作业　　　　　　　　　　　　　　　　　附表 3-1

| 序号 | 作业项 | 作业标准与要求 | 是否完成 |
|---|---|---|---|
| 1 | 转向架铭牌号检查 | 转向架铭牌清晰可见,无油污 | □是　□否 |
| 2 | 轮对踏面检查 | 车轮外观良好,无裂纹、无损伤 | □是　□否 |
|  |  | 油漆防松线无错位 | □是　□否 |
|  |  | 降噪阻尼环无脱落迹象 | □是　□否 |
|  |  | 注油孔螺栓无丢失 | □是　□否 |
|  |  | 检查踏面有无擦伤<br>标准:踏面擦伤长度<60mm,深度<0.5mm,剥离长度一处<30mm,连续剥离长度<40mm,深度<0.5mm,辗边<5mm;无多处擦伤、剥离、沟状磨耗等特殊情况 | □是　□否 |
| 3 | 一系橡胶弹簧检查 | 检查一系橡胶弹簧与构架安装螺栓安装紧固无松动,防松线清晰无错位 | □是　□否 |
|  |  | 橡胶件无裂纹、无破损剥离 | □是　□否 |
|  |  | 橡胶弹簧的橡胶部分在垂直方向塌陷距离<3cm | □是　□否 |
|  |  | 底部安装螺栓安装紧固无松动,防松线清晰无错位 | □是　□否 |

| 序号 | 作业项 | 作业标准与要求 | 是否完成 |
|---|---|---|---|
| 4 | 轴箱检查 | 检查轴箱表面油漆无脱落、无裂纹 | □是　□否 |
|  |  | 检查提升止挡、撞击止挡无损坏、无丢失 | □是　□否 |
|  |  | 各紧固螺栓无松动,安装螺栓、端盖内六角螺栓安装紧固无松动,防松线清晰无错位 | □是　□否 |
|  |  | 检查轴箱两侧下部无漏油现象,若漏油严重,须做好记录并报修 | □是　□否 |
|  |  | 检查轴端电缆线,安装紧固,防松线清晰无错位 | □是　□否 |
|  |  | 端盖安装螺栓防松线清晰无错位,外观无破损裂纹,线缆接头安装紧固密贴,紧固螺栓防松线清晰无错位 | □是　□否 |
| 5 | 构架表面状态检查 | 确认构架组成表面无划伤、磕伤、碰伤痕迹,焊缝处无裂纹,表面油漆无脱落,记录异常点状态 | □是　□否 |
| 6 | 接地电缆线检查 | 检查接地电缆线无断股、散股,无异常磨损 | □是　□否 |
|  |  | 安装螺栓紧固,防松线清晰无错位 | □是　□否 |
| 7 | 二系空气弹簧检查 | 检查空气弹簧表面无损伤、无鼓包、无棉线外露、无明显漏气声,无明显结构性损伤 | □是　□否 |
|  |  | 检查空气弹簧附件齐全 | □是　□否 |
| 8 | 抗侧滚扭力杆组件检查 | 检查扭臂侧面外观良好,无刮擦痕迹 | □是　□否 |
|  |  | 检查抗侧滚扭杆安装螺栓安装紧固无松动,防松线清晰无错位 | □是　□否 |
|  |  | 杆件外观无损坏变形 | □是　□否 |
|  |  | 橡胶关节裂纹宽度不超过2mm,若发现橡胶节点位置相对连杆偏心,需更换垂向连杆 | □是　□否 |
| 9 | 垂向液压减振器检查 | 检查垂向液压减振器安装螺栓安装紧固无松动,防松线清晰无错位 | □是　□否 |
|  |  | 钢外套状态良好,无润滑油泄漏 | □是　□否 |
|  |  | 橡胶关节无裂纹、无脱出 | □是　□否 |
| 10 | 高度阀组检查 | 检查高度阀和连接杆外观完好 | □是　□否 |
|  |  | 水平连杆及阀体安装螺栓安装紧固无松动,防松线清晰无错位 | □是　□否 |
|  |  | 连接杆无变形 | □是　□否 |
|  |  | 清洁表面积尘 | □是　□否 |
| 11 | 横向液压减振器检查 | 检查横向液压减振器安装螺栓安装紧固无松动,防松线清晰无错位 | □是　□否 |
|  |  | 钢外套状态良好,无润滑油泄漏 | □是　□否 |
|  |  | 橡胶关节无裂纹、无脱出 | □是　□否 |

| 序号 | 作业项 | 作业标准与要求 | 是否完成 |
|---|---|---|---|
| 12 | 风管及电缆防松标记检查 | 检查各风管连接紧固,耳听无漏气声,管路连接处防松线清晰无错位 | □是　□否 |
| | | 检查各电缆线连接紧固,防松线清晰无错位 | □是　□否 |
| 13 | 齿轮箱各部件及安装座检查 | 检查齿轮箱外观良好无损伤,底部无刮擦痕迹 | □是　□否 |
| | | 油面镜外观无损伤,安装螺栓安装紧固无松动 | □是　□否 |
| | | 齿轮箱底部油漆完好,无刮伤 | □是　□否 |
| | | 齿轮箱无漏油,若有轻微渗油,擦干净做好标记 | □是　□否 |
| | | 润滑油无明显变色,油位在上下刻度线之间,若不符合要求及时补油 | □是　□否 |
| | | 放油孔油堵安装紧固,无漏油 | □是　□否 |
| | | 防脱铁丝无断裂 | □是　□否 |
| | | 铭牌无丢失 | □是　□否 |
| | | 检查齿轮箱合箱螺栓、合箱对位螺母、齿轮箱轴承密封盖安装螺栓、齿轮箱安装座吊杆安装螺栓等可见安装螺栓紧固无松动,防松线清晰无错位 | □是　□否 |
| 14 | 联轴节检查 | 检查联轴节外观无损伤、无漏油 | □是　□否 |
| | | 检查与齿轮箱安装螺栓、联轴节紧固螺栓和放油螺栓安装紧固无松动,螺栓防松线清晰无错位,无切断 | □是　□否 |
| 15 | 牵引电动机各部件及安装座检查 | 检查牵引电动机外观状态良好,无刮擦痕迹 | □是　□否 |
| | | 牵引电动机线端标志、接地标志及铭牌等紧固良好,无丢失 | □是　□否 |
| | | 牵引电动机速度传感器和温度传感器安装稳固,传感器线牢靠无断裂破损现象 | □是　□否 |
| | | 检查滤尘器安装牢靠,无松动,安装螺栓防松线清晰无错位 | □是　□否 |
| | | 检查滤尘器及出风口没有堵塞现象,若有则用毛刷对堵塞的风口进行清洁,或用压缩空气进行清洁 | □是　□否 |
| | | 检查牵引电动机驱动端及非驱动端无漏油、无过热现象,若有则立即安排拆解检查。检查电动机端盖外观良好无裂纹,油堵完整,防尘盖无缺失 | □是　□否 |
| | | 检查外部螺栓、垫片状态:紧固螺栓无松动、无丢失、无腐蚀、无损坏,防松线清晰无错位 | □是　□否 |
| | | 检查牵引电动机橡胶套是否有裂纹,裂纹深度不超过衬套长度的10% | □是　□否 |
| 16 | 构架内侧检查 | 检查构架内侧各焊缝无裂纹 | □是　□否 |
| | | 构架内侧及底部无撞击、划伤痕迹,外观良好无掉漆 | □是　□否 |
| 17 | 横向止挡检查 | 检查横向橡胶止挡无丢失,安装螺栓紧固无松动,防松线清晰无错位 | □是　□否 |

续上表

| 序号 | 作业项 | 作业标准与要求 | 是否完成 |
|---|---|---|---|
| 18 | 中心牵引装置、横向减振器及抗侧滚扭杆检查 | 检查中心销与车体安装螺栓无松动,弹簧垫压平 | □是　□否 |
| | | 检查牵引拉杆与构架安装螺栓,安装紧固无松动,防松线清晰无错位 | □是　□否 |
| | | 两端橡胶套是否损坏,裂纹最大允许深度不大于 8mm,长度不超过 20mm | □是　□否 |
| | | 检查抗侧滚扭杆外观良好,无刮擦痕迹,无裂纹、无损伤,安装组成螺栓紧固无松动,防松线清晰无错位 | □是　□否 |
| | | 检查横向液压减振器与安装座安装螺栓、安装座与车体安装螺栓,安装紧固无松动,防松线清晰无错位 | □是　□否 |
| | | 钢外套状态良好,无润滑油漏 | □是　□否 |
| | | 橡胶关节无裂纹、无脱出 | □是　□否 |

# 任务 4｜客室车门整体外观检查

班　　级：_____　　学　　号：_____　　姓　　名：_____

指导教师：_____　　实训时间：_____　　成　　绩：_____

## 实训目标

(1)认识城市轨道交通客室车门的主要部件；

(2)指认出客室车门的主要组成，说出机械组成的名称；

(3)能按照实训任务单完成客室车门的日常检查。

## 设备、工具和材料

城市轨道交通车辆客室车门实训总成、城市轨道交通车辆、手电筒、无纺布、清洗剂。

## 保护性衣物

标准作业着装(戴安全帽、穿安全鞋和工作服等)。

## 实训步骤

按附表 4-1 作业标准与要求，完成客室车门检查作业。

客室车门整体外观检查 附表 4-1

| 序号 | 作业项 | 作业标准与要求 | 是否完成 |
|---|---|---|---|
| 1 | 检查门驱盖板、盖板锁、指示灯状态 | 检查门驱盖板外观，要求盖板表面无污渍、无裂纹，漆膜完好 | □是　□否 |
| | | 锁芯和锁舌固定螺栓紧固无松动 | □是　□否 |
| | | 指示灯安装良好 | □是　□否 |
| 2 | 检查客室车门门页、玻璃、护指胶条、密封橡胶外观及玻璃粘接状态 | 门页及玻璃表面无污渍、无裂纹、无破损，划痕不超过 50mm | □是　□否 |
| | | 胶条间隙无漏光 | □是　□否 |
| | | 胶条无破损、无脱落，无横向裂损，纵向裂损长度不超 50mm | □是　□否 |
| | | 车门玻璃粘接胶条无脱出 | □是　□否 |
| 3 | 检查机构安装架状态 | 机构安装架表面无裂纹 | □是　□否 |
| | | 安装螺栓紧固无松动 | □是　□否 |

续上表

| 序号 | 作业项 | 作业标准与要求 | 是否完成 |
|---|---|---|---|
| 4 | 检查蜂鸣器状态 | 蜂鸣器安装牢固、防松线无错位 | □是　　□否 |
| | | 蜂鸣器表面无裂纹<br> | □是　　□否 |
| 5 | 检查锁到位开关 S1 状态 | 行程开关组件安装牢固,表面状态良好,部件无缺损 | □是　　□否 |
| | | 行程开关接线端子插接牢固,线缆无破损<br> | □是　　□否 |
| 6 | 检查上滑道、上滑道滚轮状态 | 滑道无变形,紧固螺栓紧固无松动 | □是　　□否 |
| | | 滚轮无破损、无裂纹、无缺块 | □是　　□否 |
| 7 | 检查门驱电动机、安装座、电缆状态 | 电动机外观无损伤,固定螺栓紧固无松动 | □是　　□否 |
| | | 电动机安装座无裂纹、无损坏,紧固螺栓紧固无松动 | □是　　□否 |
| | | 电动机电缆绑扎无松动,连接插头无损坏 | □是　　□否 |
| 8 | 检查丝杠、丝杠螺母和丝杠安装座状态 | 丝杠表面无异物 | □是　　□否 |
| | | 锁紧螺栓紧固,防松线清晰无错位 | □是　　□否 |
| | | 丝杠螺母表面无裂纹 | □是　　□否 |
| | | 安装座表面无裂纹 | □是　　□否 |
| 9 | 检查端部解锁装置、解锁开关 S3 状态 | 解锁钢丝绳端部接头处无错位,钢丝绳可视部分无断股 | □是　　□否 |
| | | S3 开关安装及外观良好,接线端子插接牢固,线缆无破损 | □是　　□否 |
| 10 | 检查直线轴承状态 | 表面无污渍、无擦伤、无脱漆,注油嘴外观良好、无损坏 | □是　　□否 |
| 11 | 检查长导柱状态 | 长导柱表面无异物、无划痕、无锈迹 | □是　　□否 |
| | | 长导柱两端端盖无脱出、无缺失 | □是　　□否 |

| 序号 | 作业项 | 作业标准与要求 | 是否完成 |
|---|---|---|---|
| 12 | 检查携门架状态 | 表面无开裂、无脱漆 | □是　□否 |
| | | 携门架和门页的连接螺栓及偏心轮紧固无松动 | □是　□否 |
| | | 偏心销表面无裂纹、螺纹销紧固、防松线清晰无错位 | □是　□否 |
| | | 开门止挡外观良好、无破损<br> | □是　□否 |
| 13 | 检查平衡轮、门页压板状态 | 门页与平衡轮压板无碰伤、无松动、无变形 | □是　□否 |
| | | 安装座固定螺栓紧固无松动，压轮无破损、无裂纹、无松动 | □是　□否 |
| | | 门页上的压板无松动 | □是　□否 |
| 14 | 检查客室内紧急解锁装置状态 | 紧急解锁装置的紧固螺栓齐全 | □是　□否 |
| | | 紧急解锁装置透明罩无缺失、无损坏 | □是　□否 |
| 15 | 检查下滑道、下摆臂状态 | 下滑道无松动，表面无变形 | □是　□否 |
| | | 下摆臂表面无污渍、无裂纹，防脱销无丢失 | □是　□否 |
| | | 下摆臂安装螺栓齐全，防松线清晰无错位，卡簧无丢失 | □是　□否 |
| 16 | 检查门页门槛状态 | 部件表面无污渍、无变形、无裂纹，紧固螺栓齐全、紧固、无脱出 | □是　□否 |
| 17 | 检查门控器及端子排状态 | 门控器安装螺栓齐全，防松线清晰无错位 | □是　□否 |
| | | 门控器各连接插头外观良好，目视检查插头无脱出 | □是　□否 |
| | | 端子排接线整齐，无破损、无松脱 | □是　□否 |

## 任务5 | 车辆连接装置认知

班　　级：＿＿＿＿＿　　学　　号：＿＿＿＿＿　　姓　　名：＿＿＿＿＿
指导教师：＿＿＿＿＿　　实训时间：＿＿＿＿＿　　成　　绩：＿＿＿＿＿

### 实训目标

（1）通过维修手册查询城市轨道交通车辆车钩有关参数；

（2）能认识车钩缓冲装置的结构及各部件作用；

（3）能认识贯通道装置的结构及各部件功能。

### 设备、工具和材料

城市轨道交通车辆车钩实物模型3套（半自动、全自动、半永久车钩各1套）。

### 保护性衣物

标准作业着装（戴安全帽、穿安全鞋和工作服等）。

### 实训步骤

（1）根据你所在城市各城市轨道交通线路车辆编组情况，完成附表5-1该线路各车辆连挂方式。

该线路各车辆连挂方式　　　　　　　　　　　　附表5-1

| 地铁线路 | 车辆编组 | 车辆连挂方式 |
|---|---|---|
| 广州地铁1号线 | 四动二拖 | －A＊B＊C＝C＊B＊A－ |
|  |  |  |
|  |  |  |
|  |  |  |
|  |  |  |
|  |  |  |
|  |  |  |

（2）根据实训车钩的模型，识别车钩各部件，并写出其位置及功能，完成附表5-2。

车钩各部件位置及功能　　　　　　　　　　　　附表5-2

| 部件名称 | 所安装位置 | | | 功能 |
|---|---|---|---|---|
| 风管连接器 | □钩头 | □钩身 | □钩尾 | 实现气路连接 |
|  | □钩头 | □钩身 | □钩尾 |  |

| 部件名称 | 所安装位置 | | | 功能 |
|---|---|---|---|---|
| | □钩头 | □钩身 | □钩尾 | |
| | □钩头 | □钩身 | □钩尾 | |
| | □钩头 | □钩身 | □钩尾 | |
| | □钩头 | □钩身 | □钩尾 | |
| | □钩头 | □钩身 | □钩尾 | |
| | □钩头 | □钩身 | □钩尾 | |
| | □钩头 | □钩身 | □钩尾 | |

（3）查询实训设备的维修资料，写出该车钩缓冲装置的参数，完成附表5-3。

车钩主要参数　　　　　　　　　　　　　附表5-3

| 车钩长度(连挂面到安装面) | | 连挂最小速度 | |
|---|---|---|---|
| 水平最大摆角 | | 垂直最大摆角 | |
| 质量 | | 对中角度 | |
| 缓冲装置吸收能量 | | 可压溃变形管吸收能量 | |

## ◎ 任务 6 │ 制动系统总体结构认知与制动闸瓦检查

班　　级：＿＿＿＿＿＿　　学　　号：＿＿＿＿＿＿　　姓　　名：＿＿＿＿＿＿
指导教师：＿＿＿＿＿＿　　实训时间：＿＿＿＿＿＿　　成　　绩：＿＿＿＿＿＿

## 实训目标

(1)认识城市轨道交通车辆制动系统主要部件；

(2)能按照实训任务单完成制动闸瓦检查；

(3)能按照实训任务单完成基础制动装置固定状态检查。

## 设备、工具和材料

带闸瓦制动的转向架、城市轨道交通车辆、手电筒、擦拭纸、酒精、油漆笔、标签。

## 保护性衣物

标准作业着装(戴安全帽、穿安全鞋和工作服等)。

## 实训步骤

(1)根据实训车辆空气制动系统的安装位置,认识附表 6-1 中所列设备结构,并找出其在车辆上的具体位置。

空气制动设备位置　　　　　　　　　　　　附表 6-1

| 部件名称 | 部件位置 | 部件名称 | 部件位置 |
|---|---|---|---|
| 供风设备 | □A 车　□B 车　□C 车 | 空气悬挂设备 | □A 车　□B 车　□C 车 |
| 制动控制设备 | □A 车　□B 车　□C 车 | 汽笛及操作按钮 | □A 车　□B 车　□C 车 |
| 基础制动设备 | □A 车　□B 车　□C 车 | 受电弓驱动设备 | □A 车　□B 车　□C 车 |
| 防滑保护装置 | □A 车　□B 车　□C 车 | 车钩操作设备 | □A 车　□B 车　□C 车 |
| 箱体通风装置 | □A 车　□B 车　□C 车 | | |

(2)在实训车辆上找到表 6-2 中所列的空气制动系统设备,补充完成附表 6-2 设备数量及作用。

空气制动设备　　　　　　　　　　　　附表 6-2

| 设备名称 | 设备数量 | 作用 |
|---|---|---|
| 空气压缩机 | | |

| 设备名称 | 设备数量 | 作用 |
| --- | --- | --- |
| 滤油器 | | |
| 干燥器 | | |
| 制动控制单元（BCU） | | |
| 基础制动装置 | | |

（3）按附表 6-3 作业标准与要求，完成闸瓦检查作业。

制动闸瓦作业检查 附表6-3

| 序号 | 作业项 | 作业标准与要求 | 是否完成 |
|---|---|---|---|
| 1 | 制动闸瓦检查 | 检查闸瓦与闸瓦托之间安装严密,间隙不大于2mm,否则重新调整安装闸瓦 | □是 □否 |
| | | 检查闸瓦磨耗至距离磨耗到限标识为不低于5mm,若超限则更换新闸瓦<br> | □是 □否 |
| | | 检查闸瓦摩擦体无裂损(指闸瓦裂损宽度方向的裂损不大于30mm,贯穿性裂纹长度小于25mm,深度不超过10mm或裂纹开度不大于2mm)、无掉块,否则更换新闸瓦;对于未达到更换标准的裂损闸瓦,则用划线笔将裂纹区域圈注,并标注日期进行跟踪 | □是 □否 |
| | | 从两侧检查闸瓦瓦鼻处无裂纹,否则更换新闸瓦 | □是 □否 |
| | | 闸瓦掉块总面积不应超过闸瓦与车辆踏面接触面积的1% | □是 □否 |
| | | 检查开口销完好,开口角度60°~70°,有1~2mm的移动量,安装牢固。闸瓦钎安装正确:在两瓦鼻之间,从两侧目视检查闸瓦瓦鼻处无裂纹,否则更换新闸瓦;从两侧检查闸瓦瓦背处无裂纹,否则更换新闸瓦 | □是 □否 |
| 2 | 基础制动装置固定状态检查 | 踏面制动单元4个固定螺栓防松线清晰无错位,扭簧安装牢固,无断裂<br> | □是 □否 |
| 3 | 基础制动装置部件及安装状态检查 | 检查基础制动装置表面无裂损,制动装置紧固螺栓、端盖螺栓、底部安装螺栓、闸瓦托安装螺栓紧固,防松线清晰无错位,制动装置波纹管无裂损,呼吸塞无丢失,各管路连接紧固,听检管路无漏气声 | □是 □否 |
| | | 检查基础制动装置顶部扭簧状态良好、无断裂 | □是 □否 |

## ◎ 任务 7 | 受电弓检查

班　　级：_____　　学　　号：_____　　姓　　名：_____

指导教师：_____　　实训时间：_____　　成　　绩：_____

### 实训目标

(1)认识受电弓的主要部件；

(2)能按照实训任务单完成受电弓检查。

### 设备、工具和材料

受电弓 1 套、钢板尺、手电筒、检查反光镜、塞尺、清洗剂、无纺布、油漆笔。

### 保护性衣物

标准作业着装(戴安全帽、穿安全鞋和工作服等)。

### 实训步骤

按附表 7-1 作业标准与要求,完成受电弓检查作业。

受电弓检查作业　　　　　　　　　　　　　　　　附表 7-1

| 序号 | 作业项 | 作业标准与要求 | 是否完成 |
|---|---|---|---|
| 1 | 检查弓头组成 | 外观良好,无磕碰划伤、无裂纹或缺失,表面无污迹,如有污迹或异物,需要清理干净 | □是　□否 |
| | | 碳滑板碳层和铝托板之间无间隙 | □是　□否 |
| | | 用手摇动碳滑板,碳条应与铝托板连接牢靠 | □是　□否 |
| | | 弓头组件与上框架顶管之间的连接无松动 | □是　□否 |
| 2 | 测量碳滑板厚度 | 测量两条碳滑板中间及两侧的厚度(工作区),计算平均值,然后分别记录平均值<br> | □是　□否 |

续上表

| 序号 | 作业项 | 作业标准与要求 | 是否完成 |
|---|---|---|---|
| 3 | 测量弓角间隙 | 测量4个弓角和碳滑板之间的间隙宽度并记录相应的测量结果,标准为0.5~2.5mm<br><br> | □是　□否 |
| 4 | 检查导流线 | 检查受电弓所有导流线,要求其不能被拉紧或与其他部件接触,不能出现松股,断股不超过1/10,否则记录相应位置<br><br> | □是　□否 |

| 序号 | 作业项 | 作业标准与要求 | 是否完成 |
|---|---|---|---|
| 5 | 检查气囊 | 表面橡胶无老化,无破损、无裂纹或缺失 | □是 □否 |
| | | 表面无污渍,如有污迹或异物,需要清理干净 | □是 □否 |
| | | 要求开口销无缺失且开度大于60° | □是 □否 |
| 6 | 检查钢丝绳 | 检查升弓钢丝绳外观良好,无断股,钢丝绳两端端部接头压接良好,目视端头可以清晰看到钢丝绳 | □是 □否 |
| | | 表面无污渍,如有污迹或异物,需要清理干净 | □是 □否 |
| 7 | 检查阻尼器 | 外观完好,无漏油现象(车顶表面是否有阻尼器渗漏的油),否则需要记录具体现象 | □是 □否 |
| | | 元件无老化,否则需要记录具体现象 | □是 □否 |
| | | 标牌字体清晰,标牌向上无破损 | □是 □否 |
| 8 | 检查底架 | 外观良好,无磕碰划伤、无裂纹或缺失 | □是 □否 |
| | | 表面无污迹、无异物,如有污迹或异物,需要清理干净 | □是 □否 |
| 9 | 检查下臂杆 | 外观良好,无磕碰划伤、无裂纹或缺失 | □是 □否 |
| | | 表面无污迹、无异物,如有污迹或异物,需要清理干净 | □是 □否 |
| | | 无气孔沙眼,否则记录现象和位置 | □是 □否 |
| | | 焊缝无脱焊,否则记录现象和位置 | □是 □否 |
| | | 橡胶元件无老化,否则需要更换 | □是 □否 |
| 10 | 检查上框架 | 外观良好,无磕碰划伤、无裂纹或缺失 | □是 □否 |
| | | 表面无污迹、无异物,如有污迹或异物,需要清理干净 | □是 □否 |

续上表

| 序号 | 作业项 | 作业标准与要求 | 是否完成 |
|------|--------|----------------|----------|
| 11 | 检查拉杆 | 外观良好、无缺失 | □是　□否 |
| | | 表面无污迹、无异物,如有污迹或异物,需要清理干净 | □是　□否 |
| 12 | 检查平衡杆 | 外观良好、无缺失 | □是　□否 |
| | | 表面无污迹、无异物,如有污迹或异物,需要清理干净 | □是　□否 |
| 13 | 检查气阀箱及气路软管 | 气阀箱外观完好、安装牢固 | □是　□否 |
| | | 气路软管无破损、无脆裂、无鼓包、无断层、无灼伤现象,否则需要记录具体现象 | □是　□否 |
| | | 管路绑扎紧固良好,朝向一致,否则重新绑扎 | □是　□否 |
| 14 | 检查电气控制箱及降弓位置传感器 | 电气控制箱外观良好、安装牢固、螺栓锁定良好 | □是　□否 |
| | | 测量降弓位置传感器与感应铝板间距离并记录,要求测量值在6~10mm范围内 | □是　□否 |
| | | 如有污迹或异物,需要清理干净(注:感应器上表面及感应板下表面需用无纺布清洁) | □是　□否 |
| 15 | 检查绝缘子 | 外观良好,表面无裂纹、无破损、无污迹,若有裂纹破损需要记录具体现象 | □是　□否 |
| | | 表面无污迹、无异物,如有污迹或异物,需要记录相应位置和现象并清理干净 | □是　□否 |
| 16 | 检查避雷器 | 外观良好,表面无裂纹、无破损、无污迹,若有裂纹或破损需要记录具体现象 | □是　□否 |
| | | 表面无污迹、无异物,如有污迹或异物,需要记录相应位置和现象并清理干净 | □是　□否 |

## ◉ 任务 8 ┃ 辅助供电系统装置认知与操作

班　级：_____　　学　　号：_____　　姓　　名：_____

指导教师：_____　　实训时间：_____　　成　　绩：_____

### 实训目标

(1)能在车辆上找出辅助供电系统设备；

(2)能识别辅助供电系统的结构及各设备的作用；

(3)能进行列车的启动和关闭操作。

### 设备、工具与材料

城市轨道交通车辆。

### 保护性衣物

标准作业着装(戴安全帽、穿安全鞋和工作服等)。

### 实训步骤

(1)在实训车辆上找出辅助供电系统装置,认识附表 8-1 所列设备的结构,并完成表格内容的填写。

辅助供电系统各部件的安装位置及作用　　　　　　　　附表 8-1

| 部件名称 | 安装位置 | 作用 |
|---|---|---|
| 辅助逆变器 | □A 车　□B 车　□C 车 | |
| 蓄电池 | □A 车　□B 车　□C 车 | |
| 蓄电池充电器 | □A 车　□B 车　□C 车 | |
| 车间电源 | □A 车　□B 车　□C 车 | |

（2）按照附表 8-2 操作步骤及内容，完成列车的启动和关闭操作，并记录观察结果，完成附表 8-2 的填写。

列车的启动和关闭操作                      附表 8-2

| 操作步骤 | 操作内容 | 记录结果 |
|---|---|---|
| 列车激活 | 将驾驶室电气柜面板上的列车激活开关旋转至"合"位 | 蓄电池电压：_____ V<br>□正常　□异常 |
| 驾驶室激活 | 将主控制器钥匙插入司机操纵台的钥匙开关中并且打到"开"位 | 车辆显示屏：□亮　□灭 |
|  |  | "停放制动施加"按钮指示灯：□亮　□灭<br>"停放制动缓解"按钮指示灯：□亮　□灭 |
|  |  | "升弓"按钮指示灯：□亮　□灭<br>"降弓"按钮指示灯：□亮　□灭 |
|  |  | "HSCB 合"按钮指示灯：□亮　□灭<br>"HSCB 分"按钮指示灯：□亮　□灭 |
| 灯测试 | 按下司机控制台面板上的"灯测试"按钮 | 面板所有指示灯点亮：<br>□正常　□异常 |
| 升弓 | 按下司机控制台面板上的"升弓"按钮 | 本单元受电弓状态：□升起　□降下<br>另一单元受电弓状态：□升起　□降下 |
|  |  | "升弓"按钮指示灯：□亮　□灭<br>"降弓"按钮指示灯：□亮　□灭 |
|  |  | 车辆显示屏显示电压：_____ V |
|  |  | 车辆显示屏显示受电弓状态：<br>□正常　□异常 |
| 合主断 | 按下司机控制台面板上的"HSCB 合"按钮 | "HSCB 合"按钮指示灯：□亮　□灭<br>"HSCB 分"按钮指示灯：□亮　□灭 |
|  |  | 车辆显示屏显示 HSCB 状态：<br>□正常　□异常 |
| 列车关闭 | 在断开 HSCB、降下受电弓后，用主控制器钥匙将开关打到"关"位，关闭驾驶台；当把"列车激活"开关打到"分"位时，蓄电池关闭 | —— |

# 任务 9 | 空调机组的检查与维护

班　　级：＿＿＿＿＿　　学　　号：＿＿＿＿＿　　姓　　名：＿＿＿＿＿

指导教师：＿＿＿＿＿　　实训时间：＿＿＿＿＿　　成　　绩：＿＿＿＿＿

## 实训目标

(1)认识城市轨道交通车辆空调机组的主要部件；

(2)能按照实训任务单完成城市轨道交通车辆空调机组的检查与维护。

## 设备、工具和材料

城市轨道交通车辆空调、万用表、棘轮扳手、扭力扳手、四角钥匙、一字螺丝刀、套筒、电动吹风机、美工刀、油漆记号笔、保温棉、胶水、毛刷、清洗剂、无纺布。

## 保护性衣物

标准作业着装(戴安全帽和手套,穿安全鞋和工作服等)。

## 实训步骤

按附表9-1作业标准与要求,完成空调机组的检查与维护作业。

特别提醒:附表9-1的空调机组检查与维护的每项作业均需要断开电源!

请确认:空调机组电源断开　　　　　　□是　　　□否

空调机组处于无电状态　　　　□无电　□有电

空调机组的检查与维护　　　　　　　　　　　　　　　　附表9-1

| 序号 | 作业项 | 作业标准与要求 | 是否完成 |
|---|---|---|---|
| 1 | 机组安全检查 | 检查机组各回路连接器紧固到位、无松动 | □是　□否 |
| | | 检查机组、控制盘接地正常 | □是　□否 |
| | | 检查机组、控制盘各螺栓紧固牢固、无松动 | □是　□否 |
| | | 检查机组、控制盘外观无明显缺陷 | □是　□否 |
| | | 检查机组冷凝水排水管无脏污、无堵塞 | □是　□否 |
| 2 | 盖板和部件表面检查 | 打开并检查蒸发腔盖板、压缩机腔盖板、冷凝腔盖板及各部件表面无明显的损伤、变形、生锈,否则需要记录具体现象 | □是　□否 |
| | | 检查机组表面防滑条无脱落、无破损,否则需要记录具体现象 | □是　□否 |
| | | 检查蒸发腔盖板开口销开口大于60° | □是　□否 |

续上表

| 序号 | 作业项 | 作业标准与要求 | 是否完成 |
|---|---|---|---|
| 2 | 盖板和部件表面检查 | 盖上各盖板,恢复机组<br> | □是　□否 |
| 3 | 管路固定器检查 | 打开蒸发腔盖板、压缩机腔盖板、冷凝腔大盖板 | □是　□否 |
| | | 检查管路固定器的固定螺栓是否松动,若松动需紧固 | □是　□否 |
| | | 检查管路固定器的橡胶垫片是否有损坏或脱落,如有必要,更换橡胶垫片(注意:管路固定器紧固时,须使管路仅受管路固定器的抱紧力,不得因管路固定器的安装使管路产生额外的受力) | □是　□否 |
| | | 管路固定器固定螺栓紧固到位后,涂打防松标记 | □是　□否 |
| | | 盖上各盖板,恢复机组 | □是　□否 |
| 4 | 保温材料检查 | 打开蒸发腔盖板 | □是　□否 |
| | | 目测盖板保温棉有无龟裂及破损(若保温棉只是小面积破损则将此破损部位用美工刀裁掉,用新的保温棉进行粘贴更换,并记录相应现象;若保温棉出现大面积龟裂,则须更换整块保温棉) | □是　□否 |
| | | 盖上各盖板,恢复机组<br> | □是　□否 |

续上表

| 序号 | 作业项 | 作业标准与要求 | 是否完成 |
|---|---|---|---|
| 5 | 紧固件检查 | 打开蒸发腔盖板、压缩机腔盖板、冷凝腔大盖板 | □是 □否 |
| | | 目测检查所有螺栓连接,如紧固件上的红线与所连接设备上的红线没有对齐,说明螺栓有松动,需将紧固件重新紧固、施加力矩,并重新按要求涂打防松标记 | □是 □否 |
| | | 盖上各盖板,恢复机组 | □是 □否 |
| | | | □是 □否 |
| 6 | 蒸发风机检查 | 打开机组蒸发腔顶盖 | □是 □否 |
| | | 检查设备固定螺栓紧固到位 | □是 □否 |
| | | 检查蒸发风机(通风机)外观完好、安装牢靠,电气连接安装良好 | □是 □否 |
| | | 检查电动机轴承无变形、无松动,否则需要记录具体现象 | □是 □否 |
| | | 检查风机扇叶无灰尘、无污迹,如有灰尘或污迹,需要记录相应位置和现象,并清理干净 | □是 □否 |
| | | 使用电动吹风机清理风机扇叶上的灰尘 | □是 □否 |
| | | 用手转动风机扇叶,检查风机转动流畅 | □是 □否 |
| | | 检查完成后恢复蒸发器腔顶盖 | □是 □否 |
| | | 1-风筒;2-风机电动机;3-叶轮;4-底座 | □是 □否 |

续上表

| 序号 | 作业项 | 作业标准与要求 | 是否完成 |
|---|---|---|---|
| 7 | 冷凝风机检查 | 打开冷凝腔大盖板,检查冷凝风机固定螺栓无松动,否则需要记录相应位置,将螺栓紧固 | □是　□否 |
| | | 拆下冷凝风机保护罩,露出扇叶 | □是　□否 |
| | | 用手转动风机扇叶,检查风机转动流畅 | □是　□否 |
| | | 检查冷凝风机扇叶表面无污迹、无异物,如有污迹或异物,需要记录相应位置和现象,并清理干净 | □是　□否 |
| | | 使用电动吹风机清理扇叶灰尘 | □是　□否 |
| | | 恢复冷凝风机保护罩、冷凝腔大盖板<br> | □是　□否 |
| 8 | 压缩机检查 | 打开机组压缩机腔盖板 | □是　□否 |
| | | 检查安装螺栓无松动,如有松动,记录相应位置并紧固 | □是　□否 |
| | | 检查压缩机腔表面无污迹、无异物,如有污迹或异物,需要记录相应位置和现象并清理干净,检查线束捆扎良好,无未固定线束 | □是　□否 |
| | | 使用电动吹风机清理压缩机腔内灰尘 | □是　□否 |
| | | 恢复压缩机腔盖板 | □是　□否 |
| | | 打开机组压缩机腔盖板<br> | □是　□否 |
| 9 | 电气连接端子/连接器检查 | 打开压缩机腔、蒸发腔、冷凝腔顶盖 | □是　□否 |
| | | 检查各电气部件接线端子无松动、无未拧紧现象,并确认接线端子处配线应无过热变色痕迹或损伤,配线符号标记等无脱落,各连接器安装牢固 | □是　□否 |

续上表

| 序号 | 作业项 | 作业标准与要求 | 是否完成 |
|---|---|---|---|
| 9 | 电气连接端子/连接器检查 | 检查完成后盖好空调机组各盖板,恢复机组<br> | □是　□否 |
| 10 | 电加热器检查 | 打开蒸发腔盖板 | □是　□否 |
| | | 检查电加热器供电、温度保护开关连接器连接良好 | □是　□否 |
| | | 检查电加热器安装螺栓安装良好,地线安装良好 | □是　□否 |
| | | 检查电加热器表面无污物及易燃物,如果有,需要记录位置并清理干净 | □是　□否 |
| | | 使用电吹风机对电加热器表面进行清理 | □是　□否 |
| | | 恢复蒸发腔盖板<br> | □是　□否 |
| 11 | 传感器测量 | 拆下机组电气连接器 CN2 | □是　□否 |
| | | 根据图纸测量新风温度传感器的阻值,阻值范围 $3.5 \sim 53k\Omega$,超出此范围需要对故障进行排查 | □是　□否 |
| | | 根据图纸测量送风温度传感器 1、2 的阻值,阻值范围 $3.5 \sim 53k\Omega$,超出此范围需要对故障进行排查 | □是　□否 |
| | | 根据图纸测量回风温度传感器的阻值,阻值范围 $3.5 \sim 53k\Omega$,超出此范围需要对故障进行排查 | □是　□否 |
| | | 根据图纸测量电加热器温度开关状态,若与图纸不符,需要对故障进行排查 | □是　□否 |
| | | 恢复 CN2 传感器,施加力矩并涂打防松标记<br> | □是　□否 |

续上表

| 序号 | 作业项 | 作业标准与要求 | 是否完成 |
|---|---|---|---|
| 12 | 风机、电加热器测量 | 拆下机组电气连接器 CN1 | □是　□否 |
| | | 根据图纸测量电加热器 1、2 的相间阻值,若存在开路,需要对故障进行排查 | □是　□否 |
| | | 根据图纸测量蒸发风机 1、2 的相间阻值,若存在开路,需要对故障进行排查 | □是　□否 |
| | | 根据图纸测量冷凝风机 1、2 的相间阻值,若存在开路,需要对故障进行排查 | □是　□否 |
| | | 根据图纸测量压缩机 1、2 的相间阻值,若存在开路,需要对故障进行排查 | □是　□否 |
| | | 恢复 CN1 传感器,施加力矩并涂打防松标记<br> | □是　□否 |
| 13 | 新风阀检查 | 打开蒸发腔盖板、压缩机腔盖板 | □是　□否 |
| | | 检查机组两侧新风阀动作连杆安装牢固,无缺失 | □是　□否 |
| | | 检查机组两侧新风阀电气插头连接良好,无脱落、无虚接 | □是　□否 |
| | | 检查机组两侧新风阀无阻塞叶片动作的污渍、异物 | □是　□否 |
| | | 恢复蒸发腔盖板、压缩机腔盖板 | □是　□否 |
| | | 打开蒸发腔盖板、压缩机腔盖板<br> | □是　□否 |
| 14 | 回风阀检查 | 打开蒸发腔盖板 | □是　□否 |
| | | 检查混合风箱内回风阀动作连杆安装牢固,无缺失 | □是　□否 |
| | | 检查混合风箱内回风阀电气插头连接良好,无脱落、无虚接 | □是　□否 |
| | | 检查混合风箱内回风阀无阻塞叶片动作的污渍、异物 | □是　□否 |
| | | 恢复蒸发腔盖板、压缩机腔盖板<br> | □是　□否 |